기독교문서선교회 (Christian Literature Center, 약칭 CLC)는 1941년 영국 콜체스터에서 켄 아담스에 의해 시작되었으며 국제 본부는 미국 필라델피아에 있습니다. 국제 CLC는 59개 나라에서 180개의 본부를 두고, 와 650여 명의 선교사들이 이동도서차량 40대를 이용하여 문서 보급에 힘쓰고 있으며 이메일 주문을 통해 130여 국으로 책을 공급하고 있습니다. 한국 CLC는 청교도적 복음주의 신학과 신앙서적을 출판하는 문서선교기관으로서, 한 영혼이라도 구원되길 소망하면서 주님이 오시는 그날까지 최선을 다할 것입니다.

기독교 복음의 핵심은 예수께서 메시아/그리스도 되심이다. 하나님은 말씀을 통해 이 메시아의 오심, 죽으심, 부활하심 그리고 다시 오심을 미리 나타내셨다. 또한 예수께서 바로 그 모든 약속을 성취한 메시아이다. 하나님은 그 이름을 믿는 모든 자에게 구세주가 되신 것과 심판주로서 다시 오실 분임을 선포하셨다. 그러므로 우리는 메시아/그리스도 예수에 대한 진정한 이해와 깨달음, 만남의 경험 없이는 하나님의 사랑을 제대로 알 수도 없고 구원에 대한 바른 이해도 불가능하고, 참 구원의 백성이 될 수도 없게 될 것이다.

혼합주의적 기복적 기독교가 난무하고 삶이 없는 값싼 구원의 이해로 세상을 염려해야 할 교회가 오히려 세상으로부터 염려를 당하는 현실 속에서 메시아 되신 예수님에 대한 중요성은 아무리 강조하여도 지나치지 않을 것이다. 메시아에 대한 바른 이해와 그 속에서 메시아 되신 예수님을 인격적으로 참된 만남을 경험하지 않고는 진정한 복음의 열매를 맺을 수 없다. 참 구원도 보장될 수 없다. 이런 측면에서 한민수 목사가 쓴 『예수 그는 메시아』는 정말 소중한 보물이다. 논리적이고 통시적인 성경적 고찰에서 나온 이 책의 갈피 갈피는 독자들로 하여금 예수께서 메시아 되심을 확실하게 보여줄 것이다. 더욱이 믿음과 구원에 대한 본질의 이해를 통하여 영적인 성숙과 깊이를 더해 줄 것이다. 신학적 용어를 가급적 피하고 성도들이 쉽게 이해하도록 한 본문 중심의 기술이 독자를 향한 저자의 세심한 배려를 엿보게 한다. 좋은 책이다. 책을 잡은 분들은 이미 보화를 잡으셨다.

이성희 박사 | 미국 California University of Missions 총장

인간의 역사에서 가장 핵심적인 질문 중에 하나는 '예수는 누구인가?'였다. 그 이해에 따라서 다양한 공동체가 분류되어 발전해 왔다. 로마 제국 시대에 예수님을 메시아로 고백하는 사람들의 영적인 공동체가 초대 교회이다. 로마 제국이 게르만족에 의해서 몰락한 이후에는 이들에 의해서 형성된 유럽에서 예수님을 메시아로 믿는 신앙의 공동체의 역사는 지속되었다. 16세기 종교개혁을 거치면서 메시아 예수의 신앙은 각 민족 단위로 더욱 심화되어 근대에는 유럽을 넘어 전 세계에 전파되었다.

결국 교회의 역사는 예수님을 메시아로 고백하는 신앙의 공동체가 세계사 속에서 어떻게 세워져갔는가의 역사라고 할 때, 한민수 목사의 역작인 이 책은 교회사를 관통하는 본질적인 신앙이 무엇인지를 매우 명쾌하게 그려내 주고 있다. 특히 신학자들만의 용어를 뛰어넘어 일상의 삶을 살아가는 청년들이 이 책을 읽고 자신의 신앙을 더욱 공고하게 할 수 있도록 성경을 많이 사용하였다. 그래서 성경공부 교재로도 사용할 수 있게 배려한 점이 특징이라고 할 수 있다. 이미 여러 편의 빼어난 저작을 통해서 한국 교회에 기여해 온 저자는 이 책 『예수 그는 메시아』를 통해서 신앙적으로 혼란스러운 시대를 살아가고 있는 한국 교회의 성도들과 목회자들이 신앙과 교회의 기초를 든든하게 할 것으로 기대하기에 적극적으로 추천한다.

안인섭 박사 | 총신대학교 신학대학원 역사신학 교수

저자는 목사이다. 그것도 늘 공부하는 목사이다. 자신의 지적 만족이 아니라 하나님의 백성들을 더 잘 섬기기 위해 공부한다. 이번에 출간한 책에도 목회자로서 저자의 마음이 듬뿍 담겨 있다. 이 책에서 저자는 신학생, 목회자, 성도를 위해 기독교의 핵심 진리인 "예수가 메시아/그리스도"라는 명제를 다양한 각도에서 해설한다. 복음에 대해 성도들이 던질 수 있는 정직한 질문에 자세하고 친절하게 대답한다. 기독교의 기본 진리를 더 잘 이해하기 원하는 모든 이들에게 추천한다.
김구원 박사 | 개신대학원대학교 구약학 교수

이 책은 '예수가 왜, 메시아인가?'라는 질문에 대면하며 그 대답을 찾기 위한 진솔하고도 진지한 고민과 사색의 산물이다. 이 책의 논의는 전문성과 학술성을 반영하여 예수님의 메시아 되심에 대한 충실하고도 건전한 성경신학적 결론을 도출하고 있다. 구약에 나타난 메시아 본문들의 신약적 성취와 그 의미를 깨닫기 원하는 독자들에게 이 책의 일독을 추천하는 바이다.
장세훈 박사 | 국제신학대학원대학교 구약학 교수

한민수 목사는 한국에서 신학을 공부하고 이스라엘에 와서 유대인들의 삶과 성서의 땅을 모두 돌아보면서 많은 시간을 보냈다. 이 책은 만물의 근원부터 시작하여 성경의 구속사의 전체 영역을 넘나들면서 구세주이신 예수님을 가르쳐 주고 있다. 저자는 이스라엘에서의 경험을 극대화시켜서 유대인들의 생각과 성경 이해를 함께 하여 일반인들이 깨닫지 못한 부분들을 설명한다. 따라서 이 책을 읽게 되는 많은 독자들에게 큰 도움을 주리라 믿는다. 바쁜 가운데 좋은 책을 출판하는 저자에게 큰 박수를 보내드리며 생명의 말씀을 깊이 알고 싶은 분들과 하나님을 믿고 구세주이신 예수님을 좀 더 잘 이해하기를 원하는 분들에게 이 책을 권해 드린다.
조형호 목사 | 이스라엘 한국문화원장

그리스도인에게 이 책을 추천하는 이유는 무엇인가?
그리스도인들은 메시아 곧 그리스도 안에서 자기의 정체성과 현재의 삶과 미래에 대한 소망을 가지고 사는 사람들이다. 그러기에 예수님이 하나님께서 약속하신 메시아이신 것을 믿고 영접하는 것은 신앙의 생명과도 같다. 그리스도인의 신앙이 흔들리고 삶이 선명하지 못한 이유는 하나님이 보내신 메시아를 인격적으로 확실히 만나지 못했다는 데 있다. 성경에서 증거 하고 있는 예언과 성취를 통해서 세부적으로 예수께서 메시아이신 것을 확신할 때 그 믿음으로 인하여 신앙생활과 삶에 변화가 시작될 것이다. 그 변화는 하나님께서 메시아를 통해서 이루시고자 하는 목적들이 믿는 사람들 안에서 아름답게 나타나는 것이다.
모두 다 아는 말씀들이라고 여겨지기 쉬운 말씀들이지만 사실은 가장 중요할 뿐만 아니라 신앙에 영향을 미치는 말씀이 참으로 예수님을 메시아라고 믿는가? 하는 것이다. 이 책을 통해서 자신의 신앙을 재점검해 보는 것은 자기를 참으로 사랑하는 방법이며, 성도들에게 읽도록 권하는 것은 그들을 사랑하는 마음의 선물이 될 것이다.
서석만 목사 | 여수새중앙교회 담임, 품성세미나 강사

예수 그는 메시아

예수 그는 메시아

2018년 5월 10일 초판 1쇄 발행
지은이 한민수

편집 정희연 | 디자인 박인미, 서민정
펴낸곳 (사) 기독교문서선교회
등록 제16-25호(1980.1.18)
주소 서울특별시 서초구 방배로 68
전화 02-586-8761~3(본사) 031-942-8761(영업부)
팩스 02-523-0131(본사) 031-942-8763(영업부)
이메일 clckor@gmail.com 홈페이지 www.clcbook.com

ISBN 978-89-341-1811-4 (93230)

이 도서의 국립중앙도서관 출판시 도서목록(CIP)은
서지정보유통지원시스템 홈페이지(http://seoji.nl.go.kr)와 국가자료공동목록시스템
(http://www.nl.go.kr/kolisnet)에서 이용하실 수 있습니다. (CIP제어번호: CIP2018011408)

이 책의 저작권은 저자와 도서출판 (사)기독교문서선교회가 소유합니다.
신저작권법에 의하여 한국 내에서 보호받는 저작물이므로 무단 전재와 무단 복제를 금합니다.

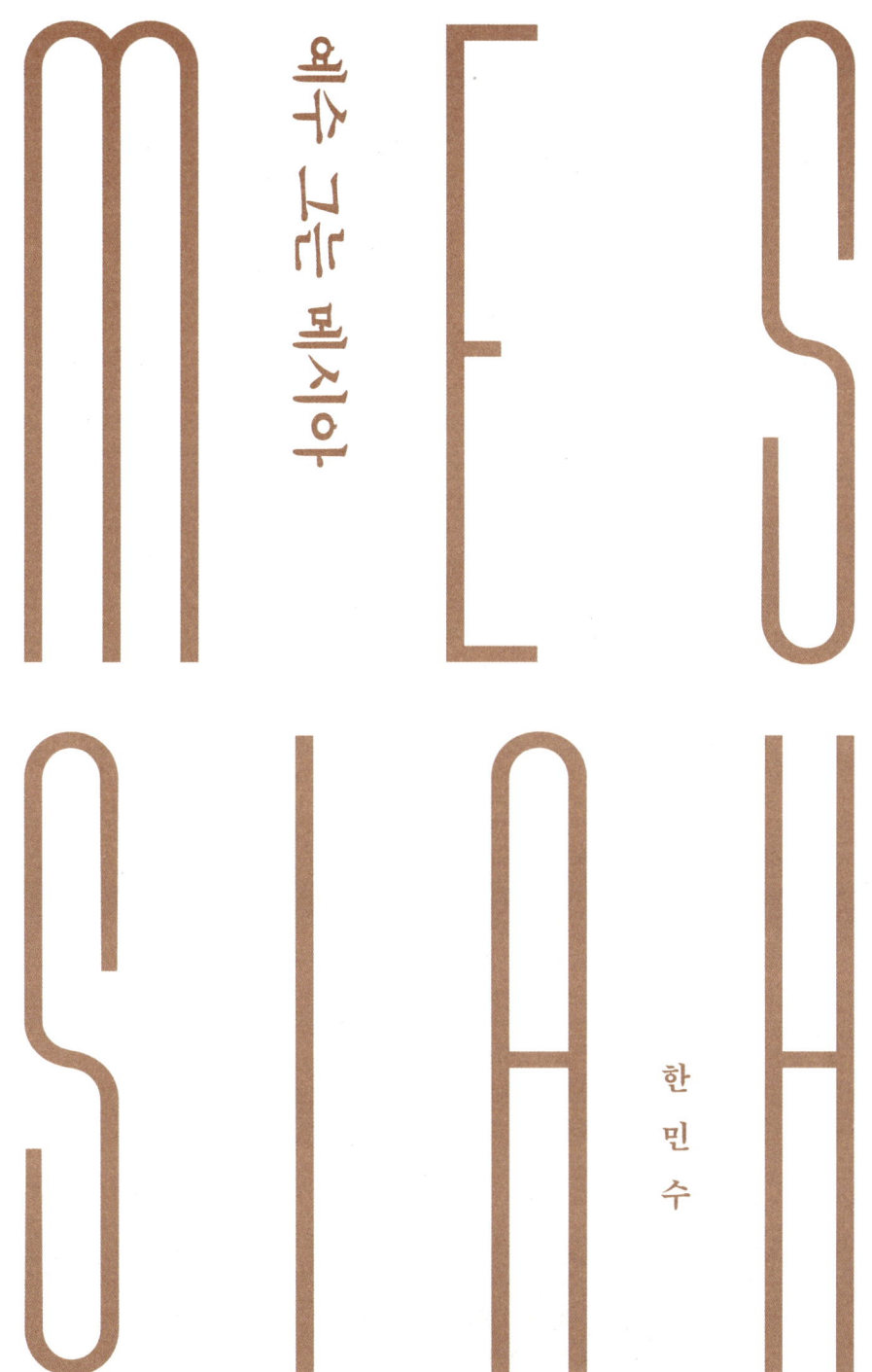

MESSIAH

예수 그는 메시아

한민수

CLC

차례

추천사 1 _이성희 박사/미국 California University of Missions 총장
추천사 2 _안인섭 박사/총신대학교 신학대학원 역사신학 교수
추천사 3 _김구원 박사/개신대학원대학교 구약학 교수
추천사 4 _장세훈 박사/국제신학대학원대학교 구약학 교수
추천사 5 _조형호 목사/이스라엘 한국문화원장
추천사 6 _서석만 목사/여수새중앙교회 담임. 품성세마나 강사
책을 열며 _12

제1장 탄생과 죽음　　　　　　　　　　　　　　　　　　16

1. 왜, 하나님의 창조만이 탄생의 비밀을 풀 수 있을까? _16
　　1) 생물진화론　2) 우주진화론(cosmogony)　3) 하나님의 창조

2. 왜, 인간은 죽게 될까? _26
　　1) 모든 인간은 죄인　2) 죄와 죽음의 기원　3) 에덴에서 쫓겨남

3. 왜, 성경은 죽음을 다양하게 표현할까? _33
　　1) 죄의 값으로 표현된 죽음　2) 잠으로 표현된 죽음　3) 본향으로 돌아감으로 표현된 죽음　4) 육체에서 영혼이 떠남이 죽음　5) 영적인 죽음

제2장 메시아 예수의 탄생　　　　　　　　　　　　　　　44

1. 왜, 예수님은 베들레헴에서 태어나야 했을까? _44
　　1) 메시아의 탄생지 베들레헴　2) 베들레헴의 역사적 변천

2. 왜, 예수님은 다윗의 후손으로 태어나야 할까? _76

   1) 아담에서 셋으로 2) 셋부터 노아까지 3) 노아에서 셈으로 4) 아브라함에서 이삭으로 5) 이삭에서 야곱 그리고 유다 자손으로 6) 다윗에게 7) 영원한 다윗의 왕조로

3. 왜, 아기 탄생의 기사들이 메시아 예언의 성취일까? _103

   1) 아우구스투스 황제의 인구조사 2) 동방 박사들과 헤롯 대왕의 증언 3) 천사들의 메시아 선포와 목자들 4) 성전에서 시므온과 안나의 증언 5) 마태와 마가의 이집트 이주에 대한 시각 차이 6) 이집트 피난 7) 헤롯의 유아 살해 명령 8) 아켈라오를 두려워한 이유 9) 나사렛으로 이주한 이유 10) 갈릴리 사역

제3장 여자의 후손과 메시아   125

1. 왜, 예수님은 여자의 후손으로 오셔야 했을까? _125

   1) 창세기 3:15 2) 마태의 족보 증언 3) 사도 바울의 증언

2. 왜, 예수님은 처녀에게서 탄생해야 했을까? _129

   1) 구약의 처녀 탄생 예언 2) 신약의 처녀 탄생 성취

제4장 예수의 정체성   135

1. 하나님(God) _135

2. 인간(Man) _141

3. 하나님의 아들(the Son of God) _143

4. 인자(the Son of Man) _149

5. 메시아(משיח)/그리스도(Χριστός) _159

   1) 왕의 직분 2) 제사장 직분2 3) 선지자 직분

6. 주(Κύριος) _174

제5장 십자가: 메시아 예수의 사명　　　　　　　　　　179

1. 왜, 나무에 달려 죽으셔야 했을까? _179
　1) 율법의 저주 2) 해지기 전 내려짐 3) 장대에 달린 놋뱀같이 4) 율법의 저주를 속량한 "나무" 십자가의 죽음

2. 예수님의 죽음과 메시아의 관계 _187
　1) 십자가의 죽음 예고 2) 수전절에 메시아를 밝힘 3) 죽음으로 가는 길과 부활 4) 죽음을 준비한 마리아의 향유 5) 죽음의 길과 메시아의 환호 6) 죽음과 새 언약의 선포 7) 대제사장 앞에서 메시아 선포 8) 빌라도의 메시아 인정 9) 메시아로서의 죽음

3. 왜, 예수님은 십자가에 못 박히셨을까? _206
　1) 십자가에 달리신 이유 2) 십자가의 역사 3) 유대인의 십자가 역사 4) 사실로서의 십자가 5) 신앙고백으로서의 십자가 6) 기독교의 상징으로서의 십자가

제6장 예수의 부활　　　　　　　　　　242

1. 왜, 예수님의 부활이 중요할까? _242
　1) 영원히 살고자 하는 꿈 2) 부활의 약속 3) 죽은 자를 살리신 예수님 4) 예수님의 죽음 5) 예수님의 부활 증거

제7장 제사와 예수　　　　　　　　　　262

1, 왜, 제사는 중요할까? _262
　1) 제사의 기원 2) 율법으로서 제사 3) 피와 생명의 관계

2. 왜, 예수님은 제사의 완성일까? _272
　1) 동물제사는 불완전하기 때문 2) 세상 죄를 지고 가는 하나님의 어린 양 3) 유월절의 양 4) 산 제물 된 예수님

3. 왜, 대제사장이 되셔야 했을까? _277

제8장 성전과 예수   280

1. 제단의 역사 _280
    1) 돌제단 2) 성막의 제단

2. 성막의 역사 _284
    1) 광야생활의 성막 2) 가나안 땅 성막

3. 성전의 준비 _288
    1) 모리아 땅 2) 여호와의 이름을 두려고 택한 장소 3) 오르난의 타작 마당

4. 다윗의 성전 준비 _295
    1) 성전 건축의 태동 2) 다윗의 성전 준비

5. 솔로몬의 성전 건축 _300

6. 솔로몬 성전의 파괴 _301
    1) 성전파괴의 원인 2) 죄의 결과

7. 스룹바벨 성전 _311

8. 에스겔 성전 _317

9. 헤롯 성전 _324

10. 성전이 된 예수 _325
    1) 예수님의 성전 인식 2) 성전보다 큰 이 3) 제자들의 깨달음 4) 죽음과 부활의 시간
    5) 성전의 완성

11. 성전에서 교회로 _337
    1) 교회의 단어 의미 2) 예수님의 죽음과 부활로 3) 믿음의 공동체 등장 4) 복음과 교회의 확장 5) 바울의 복음 전파 6) 성전과 교회에 대한 바울의 관점

제9장 메시아와 하나님 나라   348

1. 하나님 나라의 시작 _348
   1) 창조와 함께 시작된 하나님 나라 2) 상실된 하나님의 나라: 오시는 메시아

2. 다시 시작되는 하나님의 나라 _353
   1) 아담부터 노아까지 2) 족장들에게 3) 이스라엘 민족으로 4) 가나안 땅에서

3. 왕을 거부하는 이스라엘 _357

4. 왕정과 하나님의 통치 _361
   1) 사무엘에게 2) 사울에게 3) 다윗에게

5. 이스라엘의 배교와 멸망 _367

6. 회개와 새 언약을 주심 _369

7. 예수: 하나님 나라의 임함 _372

8. 초대 교회의 선포의 중심 메시아 _377

참고문헌 _379

사진 목록

⟨사진 1⟩ 베들레헴 전경 / 45
⟨사진 2⟩ 예수탄생교회 / 45
⟨사진 3⟩ 헤롯 성전 모형 / 50
⟨사진 4⟩ 맛사다 / 51
⟨사진 5⟩ 헤로디온 / 51
⟨사진 6⟩ 마케루스 / 51
⟨사진 7⟩ 세바스테(사마리아) / 51
⟨사진 8⟩ 라헬의 가묘 / 56
⟨사진 9⟩ 실로의 성막 터 / 58
⟨사진 10⟩ 기브아 / 61
⟨사진 11⟩ 헤스본에서 바라본 모압 들판 / 64
⟨사진 12⟩ 벧엘 주변의 양 / 70
⟨사진 13⟩ 텔 아세가에서 본 소고와 아세가 사이 / 75
⟨사진 14⟩ 하란 전경 / 85
⟨사진 15⟩ 세겜 전경 / 86
⟨사진 16⟩ 텔 발라타(바알브라심) / 86
⟨사진 17⟩ 야곱의 우물 / 86
⟨사진 18⟩ 사마리아인 토라 / 87
⟨사진 19⟩ 사마리아인 유월절 / 87
⟨사진 20⟩ 벧엘과 아이 사이 전경 / 87
⟨사진 21⟩ 막벨라 굴 전경 / 91
⟨사진 22⟩ 사라의 묘 / 91
⟨사진 23⟩ 헤로디온에 있는 헤롯의 무덤 / 105
⟨사진 24⟩ 목자 기념교회 / 112
⟨사진 25⟩ 양 우리 유적 / 112
⟨사진 26⟩ 이집트의 예수 피난 기념교회 / 117
⟨사진 27⟩ 가버나움 회당 / 123
⟨사진 28⟩ 갈릴리 바다와 주변 / 123
⟨사진 29⟩ 수태고지 기념교회 / 134
⟨사진 30⟩ 수태고지 기념교회 내 천사를 만난 장소 / 134
⟨사진 31⟩ 성묘교회 / 205
⟨사진 32⟩ 성묘교회 내 예수님의 무덤 내부 / 205
⟨사진 33⟩ 헤롯 가문의 무덤 / 250
⟨사진 34⟩ 베드로 수위권교회와 갈릴리 / 261

그림 목록

⟨그림 1⟩ 빅뱅이론 진행도 / 21
⟨그림 2⟩ 정교한 태양계 / 23
⟨그림 3⟩ 고레스 원통 비문 / 313

책을 열며

한 민 수 목사
미국 California University of Missions 성서신학 교수

"예수는 누구인가?"

그리스도인들에게 가장 중요한 질문이며 주제이다. 예수님은 제자들에게 "너희는 나를 누구라 하느냐?"고 물으셨다. 베드로는 "주는 그리스도시요 살아 계신 하나님의 아들이시니이다"라고 고백했다(마 16:15-16). 지금도 예수님은 "너희는 나를 누구라 하느냐?"고 묻고 계신다.

성경은 '예수는 누구인가?'에 대해 정의한다. 태초에 하나님과 함께 계신 창조주이며, 하나님이시다(요 1:1-2; 요일 5:20). 알파(A)와 오메가(Ω). 이제도 있고 전에도 있었고 장차 올 자요 전능한 자(계 1:8), 하나님의 아들(마 3:17; 16:16), 주와 그리스도/메시아(요 1:41; 행 2:36), 임마누엘(마 1:23), 교회의 머리(엡 1:22), 영생의 떡(요 6:50-51), 양의 문(요 10:7), 선한 목자(요 10:11), 참포도나무(요 15:1), 생명의 빛(요 1:4), 부활과 생명(요 11:25), 인자(the Son of God)이며 안식일의 주인(마 12:8), 길이요 진리요 생명이다(요 14:6).

성경은 예언과 성취로 구성되었다. 하나님은 아담의 죄 때문에 죽게 된 인류를 구원하시기 위해 예수님을 이 땅에 보내기로 작정하셨다. 성경은 예수께서 여자의 후손으로(창 3:15), 유다 자손으로(창 49:10), 다윗의 후손으로(사 11:1; 마 1:1; 막 10:47), 다윗의 왕권을 가지고(삼하 7:12), 베들레헴에서 태어나게 될 것이라고 예언했다(미 5:2). 예수님은 예언대로 이 땅에 오셨으며 죄인을 구원하실 구원자, 메시아(משיח)가 되셨다. 예수님에게 성령께서 임하실 것이며 그는 아름다운 하나님의 나라를 이루실 것이다(사 11:2-10).

이 책은 '예수는 그리스도/메시아'라는 진리를 탐험하는 책이다. 예수님은 메시아로 이 땅에 오셨고 구원을 이루셨다. 그는 자신을 그리스도/메시아로 소개했으며(마 11:2-6; 16:20) 그리스도/메시아의 사명을 이루시기 위해 십자가에 죽으시고 부활하셨다. 베드로는 예수님을 그리스도/메시아로 고백했다(마 16:16). 초대 교회의 가장 중요한 선포는 "예수는 그리스도/메시아"라는 사실이었다. 오순절 성령 강림 이후 베드로는 유대인들에게 "너희가 십자가에 못 박은 이 예수를 하나님이 주와 그리스도(메시아)가 되게 하셨느니라"고 담대히 선포했다(행 2:36). 다메섹 도상에서 부활하신 예수님을 만난 바울의 전 생애의 선포도 예수 그리스도/메시아였다.

그러나 우리에게 '예수 그리스도,' '그리스도 예수'는 익숙하지만 '메시아 예수'는 익숙하지 않다. 그 이유는 메시아라는 말이 신약성경에 단 두 구절만 나오기 때문이다. 안드레가 베드로에게 예수님을 소개할 때 "우리가 메시야를 만났다 하고 (메시아는 번역하면 그리스도라)"(요 1:41), 예수님을 만난 사마리아 수가 성 여인이 "…이르되 메시야 곧 그리스도라 하는 이가 오실 줄을 내가 아노니…"(요 4:25)라는 말씀이다. 두 구절의 말씀에서 보듯이 메시아와 그리스도는 같은 의미이다. 구약 히브리어 메시아(משיח)는 '기름 부음 받은 자'라는 뜻인데 메시아를 신약 헬라어

(그리스어)로 번역하면 그리스도(Χριστός)이다. 그러므로 메시아=그리스도 (משיח=Χριστός)이다.

이 책은 예수께서 메시아/그리스도이심을 증거 하기 위해서 썼으며 세 가지 특징을 갖는다.

첫째, "왜?"(Why)라는 질문을 던지고 해답을 제시했다.

둘째, 신학적 탐구와 함께 성경 본문에 더 중심을 두고 기술했다.

셋째, 어떻게 구약의 메시아 예언이 신약에서 예수님을 통해 성취되었는가를 탐구했다.

또한 이 책은 크게 다섯 가지 주제를 다룬다.

첫째, 메시아 예수의 탄생.

둘째, 예수의 정체성.

셋째, 메시아 예수의 삶과 죽음.

넷째, 예수와 성전, 제사.

다섯째, 예수와 하나님의 나라.

마지막으로 이 책은 이미 『메시야 예수』(킹덤북스, 2014)로 출판했는데 신학적 수정과 보완을 거쳐 이번에 기독교문서선교회(CLC)에서 『예수 그는 메시아』로 다시 출판하게 되었다. 필자는 이 책을 읽는 모든 독자들이 '예수는 누구인가'를 깊이 알고 '메시아 예수'라는 말이 친근하게 다가오기를 기대한다.

그리고 기꺼이 추천사를 써주셔서 책을 빛내주신 미국 California University of Missions를 세운 이성희 총장님, 총신대학교 신학대학원의 안인섭 교수님, 개신대학원대학교의 김구원 교수님, 국제신학대학원대학교 장세훈 교수님, 이스라엘에서 아름다운 선교를 감당하고 계신 이스라엘 한국문화원장 조형호 목사님, 품성세미나로 한국 교회와 목회자를 섬기며 아름다운 목회를 하시는 여수새중앙교회 서석만 목사님, 그리고

CLC 대표 박영호 목사님과 직원들께 감사를 드린다.

항상 목회의 여정에 함께 하는 아내와 세 자녀 시은, 세진, 세현이를 사랑하며, 모든 독자들이 예수 그리스도로 충만하기를 기도한다. 부연하여 이 책에 수록된 사진들은 저자가 직접 촬영했다.

하나님의 은혜를 사모하는 종

제1장

탄생과 죽음

1. 왜, 하나님의 창조만이 탄생의 비밀을 풀 수 있을까?

모든 생명체는 우주라는 시공간(時空間) 속에서 살아간다. 시간과 공간의 개념은 인류의 오랜 숙제이다. 고대 철학자 아리스토텔레스부터 물리학의 신기원을 이룬 아인슈타인, 그리고 수많은 학자들이 시간과 공간의 실체를 밝히기 위해 노력하고 있다. 특별히 지난 300년간 물리학의 성장과 함께 학자들에게 시간과 공간은 중요한 주제로 다뤄졌다.

뉴튼(I. Newton)은 시간과 공간이 '자력으로 움직이지 못하는' 이 우주를 구성하고 있으며, 삼라만상이 발생하고 사라지는 무대가 곧 시간과 공간이다. 라이프니츠(G. W. Leibniz)는 시간과 공간이란 모든 사물들이 존재하는 모든 사건이 발생하는 무대를 칭하는 하나의 어휘에 불과하다. 아인슈타인(A. Einstein)은 우주의 진화에 가장 중요한 역할

을 해 온 주역은 시간과 공간이다라고 주장했다.[1]

학자들에게 시간과 공간의 문제는 풀리지 않는 난제(難題)로 남아있다. 생명체는 특별히 지구에 존재하고, 시공간 안에서 태어나고, 늙고, 병들고, 죽는다.

공간은 무엇인가?

시간은 무엇인가?

시간과 공간은 언제부터 존재했는가?

왜, 모든 생명체는 생로병사(生老病死)를 경험하는가?

무생물인 은하, 별들도 탄생하고 소멸한다.

그 원인은 무엇일까?

진화론과 하나님의 창조는 생명의 기원을 어떻게 설명할까?

1) 생물진화론

진화론(evolutionary theory, 進化論)은 "생물의 진화에 대한 이론"이다. 진화론은 오랜 역사를 가진다. 고대 그리스 철학자들은 자연의 생성과 소멸의 문제에 관심을 가졌다. 엠페도클레스(Empedocles. B.C. 490-430)는 세상 만물이 4원소(물, 공기, 불, 흙)의 사랑과 다툼 속에서 발생했다고 보았다. 아낙사고라스(Anaxagoras. B.C. 500-428)는 원소들의 혼동에 질서를 지우는 원인인 누스(Nous)를 강조하면서 사람은 물고기 모양의 조상에서 유래했다고 주장했다. 아리스토텔레스(Aristoteles. B.C. 384-322)는 생물의 종을 분류(分類)하여 자연의 단계(scala naturae)를 설명했다.

---

[1] 브라이언 그린,『우주의 구조』, 박병철 역 (서울: 도서출판 승산, 2005), pp. 30-31.

근대에 들어서면서 모페르튀(Pierre Louis Maupertuis)는 『사람 및 동물의 기원』(1745)에서 식물과 동물의 종(種)의 변화를 기술했고, 올바크(P. H. T. d'holbach)는 『자연의 체계』(System of Nature, 1770)에서 인간을 자연의 역사적 변화의 소산으로 보았다. 그러나 진화론을 체계적으로 발전시킨 사람은 라마르크(Jean-Baptiste Lamarck)이다. 그는 『동물철학』(Philosophie Zoologique, 1809)에서 생물종은 점진적으로 변화한다고 주장했다.

라마르크가 주장한 진화의 원리는 다음과 같다.

첫째, 종(種) 내에서 특정한 형질의 변화가 일어난다.

둘째, 종의 번식 과정에서 다음 세대까지 점진적으로 변화가 일어난다.

그의 진화 원리인 용불용설(用不用說, Use and Disuse)은 신체의 특정 기능을 사용할 때 진화하고, 사용하지 않으면 퇴화한다는 논리였다. 그 예로, 기린은 목을 계속 사용해 목이 길어졌고, 물새는 물고기를 잡아먹기 위해 물속에서 헤엄쳐야 했기 때문에 수영이 용이하도록 발가락에 물갈퀴가 발달했다고 주장했다. 라마르크는 진화된 형질이 그 세대로 끝나지 않고 다음 세대에 유전되는 것을 획득형질의 유전(Lamarckian Inheritance)이라고 했다. 그러나 그의 이론은 멘델(Gregor Mendel)에 의해서 한계를 드러냈다. 멘델은 유전의 분자적인 특성을 연구하여 획득된 형질은 다음 세대에 유전되지 않는다는 사실을 밝혀냈다.

진화론을 학문적으로 체계화하고 확고히 한 사람은 다윈(Charles Darwin)이다. 다윈이 진화의 메카니즘을 형성하도록 영향을 준 사람은 맬서스(Thomas Robert Malthus)이다. 다윈은 멘델스의 『인구론』(An Essay on the Principle of Population, 1798)에서 영감을 받았다. 다윈은 『종의 기원』(The Origin of Species, 1859)에서 생물진화론과 자연도태설(theory of natural selection)을 주창했다. 그는 라마르크의 용불용설은 수용했지만 점진적 진화는 받아들이지 않았다. 다윈은 생물의 종(種)이 자연선택을 통해 변화하고 진화한다고 주장했다. 다윈이 주장하는 자연도태설은 세 가지로 구분된다.

① 개체의 형질과 관계없이 작용하는 전체도태(全體淘汰, total selection).
② 개체의 형태, 기능과 같은 형질에 따라 도태가 되는 표현형도태(表現型淘汰, phenotypic selection).
③ 특정한 유전자형과 관련한 유전자형도태(遺傳子型淘汰, genotypic selection).

다윈이 진화론을 주장하면서 '진화론 대 창조론'이라는 대립 구도가 생겼다. 진화론과 창조론은 생명의 기원과 인간의 기원에 대해 전혀 다른 각도로 설명한다. 그러나 진화론은 생물의 '진화'를 설명하지만 '생명의 기원'에 대해서는 설명하지 못한다.

생명체는 어디에서 왔을까?

진화론자들에 의하면 지구의 나이는 약 45억 년으로 추정한다. 지구와 생명, 그리고 진화에 대해 설명하지만 지구에서 어떻게 "생명"이 탄생했는가를 밝힐 수 없다. 수많은 이론들이 있지만 결국 "우연히" 지구가 탄생했고, "우연히" 오랜 시간이 지나 지구의 환경이 생명체가 살아갈 수 있는 환경으로 바뀌었다. "우연히" 태양계에서 지구만이 생명체가 살 수 있는 자연조건이 되었다. "우연히" 무기물(inorganic substance), 유기물(organic matter), 단백질(protein)도 생겨났다. "우연히" 단백질이 생명체가 되어 최초의 단세포 생명체가 되었다. 그러나 생명이 없는 물질에서 어떻게 살아 있는 "생명"이 되었는지는 설명할 수 없다. "우연히" 단세포에서 다세포 생물로 진화되었다. "우연히" 하등에서 고등동물로의 진화가 일어났다. 진화론은 '종(種) 변화,' '진화'를 설명하지만 결코, "생명의 기원"은 설명하지 못한다.

2) 우주진화론(cosmogony)

우주진화론도 "진화"라는 관점으로 우주를 연구하는 하나의 가설(hypothesis) 또는 이론(theory)이다. 현대 과학에서 우주론은 크게 두 이론이 팽팽히 맞서고 있다. '우주는 처음이 있다'는 빅뱅 우주론(the Big Bang theory)과 '우주는 영원하다'는 정상우주론(steady-state cosmology)이다.

우주진화론을 대표하는 빅뱅이론은 1920년대 러시아 수학자 프리드만(A. Friedmann)과 벨기에의 신부 르메트르(G. Lemaître)가 제안했고 가모브(G. Gamow, 1904-1968)가 체계화했다. 이들은 우주는 시간에 따라 진화했다는 이론을 펼쳤다. 우주는 어느 시점에서 초고온, 초밀도를 가진 물질 덩어리가 폭발했고 팽창하면서 우주가 만들어졌다는 주장이다. 가모브는 우주의 별들이 수소와 헬륨으로 된다는 사실을 착안해 빅뱅이론[2]을 설명했다.

---

[2] 1960년대 우주 전역에 분포해 했던 마이크로 복사파가 발견되면서, 1970년대에 우주의 구성요소들에 열과 온도의 변화에 반응하는 방식들이 연구되면서 빅뱅이론이 많이 보완 되었다. 그러나 그린은 "우주의 공간은 왜 지금과 같은 형태를 취하고 있는가? 마이크로 복사파의 온도는 왜 우주 전역에 걸쳐 균일하게 분포되어 있는가? 등은 아직 빅뱅이론이 해결하지 못하는 문제이다. 1980년대 초반 등장한 인플레이션 우주론(inflationary cosmology)은 우주 탄생 최기에 우주가 엄청나게 빠른 속도로 팽창을 겪었다는 전제를 깔고 있는데(인플레션이론에 의하면 우주의 크기는 100만×1조×1조분의 일 초 사이에 100만×1조×1조 배 이상 팽창되었다) 이토록 엄청난 속도의 팽창을 가정하면 빅뱅이론의 단점(마이크로 복사파가 전 공간에 골고루 분포되어 있는 이유와 우주공간이 지금과 같은 모습을 하고 있는 이유, 그리고 초기 우주에 고도의 질서가 존재하게 된 이유 등) 등이 일부 보완되었다. 그러나 인플레이션 우주론도 아인슈타인의 일반상대성이론에 도입한 방정식을 기초로 하는데 빅뱅 후 몇 분의 일 초 정도 지난 작은 우주를 다룰 때 양자역학이 필연적으로 도입되어야 하는데 상대성이론의 방정식과 양자역학을 한데 섞어 놓으면 거의 재난과도 같은 일대 모순"이 발생한다고 밝히고 있다. 브라이언 그린, 『우주의 구조』, p. 43.

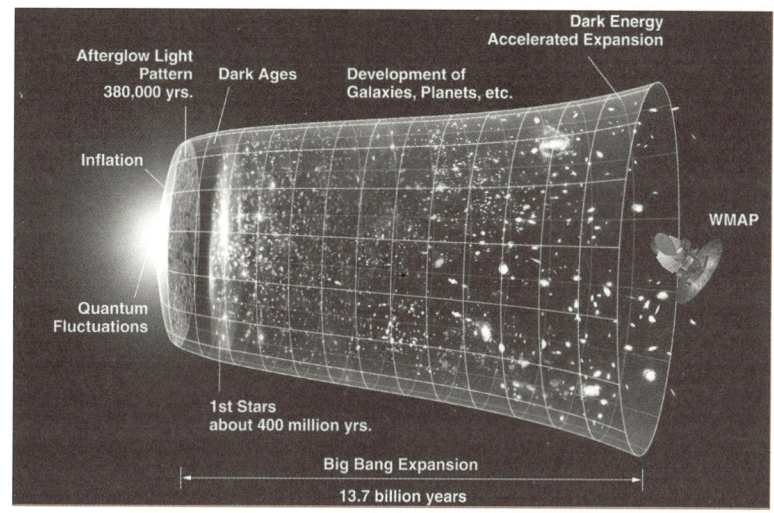

〈그림 1〉 빅뱅이론 진행도[3]

그러나 빅뱅이론은 많은 한계를 드러냈다.

첫째, 빅뱅 시점에 수소로부터 모든 원소들이 합성된다는 가설은 원소 생성은 헬륨 단계에서 멈춰버린다는 사실이 밝혀지면서 이론의 한계를 드러냈다.

둘째, 우주의 나이 문제였다. 허블(Edwin Hubble, 1929)은 우주의 팽창 속도를 발견했는데 우주 나이를 허블 상수 값 H=320km/s/Mpc으로 계산해 약 20억 년으로 발표했다.[4] 하지만 지구의 나이는 운석으로 계산해 약 45억 년으로 나타난다(지구의 나이도 많은 문제를 가지고 있다). 빅뱅이론은 우

---

[3] https://en.wikipedia.org/wiki/Big_History#/media/File:CMB_Timeline75.jpg

[4] 우주의 나이는 학자들마다 큰 차이를 보이며 일치하지 못하고 있다. 하윗(Harwit, 1973)은 H=75km/s/Mpc으로 계산해 90억 년으로, 그리븐(Gribbin, 1993)은 H=35km/s/Mpc으로 250억 년, 프리드먼(Freedman, 1994)은 H=65-99km/s/Mpc으로 80-120억 년, 매튜스(Matthews, 1994)은 H=80km/s/Mpc으로 80억 년, 호킹(Hawking)은 H=43km/s/Mpc으로 계산해 150억 년이라 발표했다.

주 탄생을 최대 약 200억 년, 보통 약 137억 년[5]으로 보고 있는데 허블상수의 팽창 속도로 계산할 때 우주의 나이와는 너무 큰 차이가 발생한다. 우주의 나이의 문제와 함께 태양계 탄생에 많은 물음이 생겨난다.

어떻게, 허블은 우주의 나이가 약 20억 년으로 보았는데 지구의 나이보다 젊은 우주의 나이를 설명할 수 있을까?

어떻게, 과학자들마다 다른 연대의 차이를 설명할 수 있을까?

어떻게, 우주탄생 이후 약 92억 년이 지난 약 45억 년 전에 지구가 탄생했을까?

어떻게, 태양과 태양계 행성들은 동일하게 45억 년 전에 탄생했을까?

어떻게, 태양계 행성들과 그 위성들은 45억 년 동안 질서정연(秩序整然)하고, 정확한 주기로 자전과 공전을 하고 있을까?

어떻게, 대폭발과 함께 엄청난 속도로 우주로 날아가던 물질덩어리가 질서정연하고, 정교한 은하들, 블랙홀 등으로 만들어졌을까?

셋째, 빅뱅이론의 가장 큰 문제는 '우주의 지평 문제'(Horizon problem)이다. 우주의 모든 방향에서 관측되는 우주 배경 복사는 우주가 한 때 뜨거웠다는 빅뱅 우주론의 증거로 제시된다.[6] 그러나 문제는 약 136억 년의 A와 B지점에 도달한 빛의 온도가 같다. 같은 온도와 같은 온도 변이를 보인다는 것은 빅뱅 우주론의 가장 큰 암초[7]로 작용한다.

---

5 2001년도에 발사된 WMAP 위성(Wilkinson Microwave Anisotropy Probe)은 우주에 떠돌던 원시에너지를 받아 원시에너지 분포 데이터를 전송했고, 학자들은 우주배경복사(cosmic background radiation, 우주의 잔해로 우주공간에 퍼져 있는 복사에너지)의 지도를 만들었다. 이를 토대로 우주의 나이를 137억 년으로 추정했다. 미치오 카쿠,『평행우주』, 박병철 역 (경기: 김영사, 2006), pp. 26-32.

6 이석영,『모든 사람을 위한 빅뱅 우주론 강의』(서울: 사이언스북스, 2009), p. 131.

7 이석영,『모든 사람을 위한 빅뱅 우주론 강의』, pp. 132-134; 미치오 카쿠,『평행우주』, pp. 82-84.

〈그림 2〉 정교한 태양계[8]

넷째, 편평도의 문제(Flatness problem)이다. 빅뱅은 플랑크 시간 10^{-43}초 이전에 발생했다고 가정하며, 그 이전 시간에는 어떤 일이 일어났는지를 알 수 없다. 빅뱅 우주론의 가정에 의하면 초기 우주는 어떤 이유인지를 알 수 없지만 정확한 임계밀도(critically density) $\Omega=1$을 가졌다. 우주를 편평하게 만드는 밀도는 1㎤ 당 447,225,917,218,507,401,284,016g이다. 그보다 1이 높은 447,225,917,218,507,401,284,017g이면 우주는 너무 빨리 팽창하고, 그보다 1일 낮은 447,225,917,218,507,401,284,015g이 되면 우주는 너무 빨리 수축해 버린다. 그래서 어떤 알 수 없는 이유로 우주는 '편평한 우주'가 되었으며 영원히 편평한 우주를 유지하게 되었다고 가정한다. 그러나 문제는 편평한 우주만이 안정적인 우주인데 현재의 우주밀도는 임계밀도 4퍼센트밖에 안 되는 열린 우주(open universe)[9]이다.[10]

---

8 https://en.wikipedia.org/wiki/Big_History#/media/File:Solar_sys.jpg.
9 열린 우주는 시간과 공간이 무한대로 뻗어 나갈 수 있다는 의미이다.
10 이석영, 『모든 사람을 위한 빅뱅 우주론 강의』, pp. 135-137.

이러한 밀도를 가진 우주에서는 태어나고 발전해 갈 확률이 전혀 없는 우주인데 관측되는 우주는 새롭게 태어나고 죽고 계속해서 외부로 진행해 나간다. 이 문제를 '우주 편평도의 문제'라고 한다. 이 문제가 빅뱅이론이 설명하지 못하는 가장 큰 난제로 남아 있다.

다섯째, 원시 입자 문제이다. 빅뱅이론에서는 빅뱅 이전의 원시 입자는 빅뱅으로 우주가 탄생할 때 수소 원자의 질량보다 약 1억의 1억 배가 된다고 가정한다. 빅뱅 당시 일반 입자보다 원시 입자가 더 많이 존재할 것으로 보았다. 그러나 1970년대부터 스퀴드(SQUID) 프로젝트와 다양한 실험을 통해 원시 입자를 찾으려 했지만 결국 실패로 끝났다.[11] 원시 입자를 찾지 못하면 빅뱅이론은 증명할 수 없다.

그래서 프레드 호일(Fred Hoyle, 1915-2001)은 토마스 골드(T. Gold, 1920-2004), 헤르만 본디(H. Bondi, 1919-2005)와 함께 우주의 나이가 별들의 나이보다 젊다는 것과 빅뱅 이전의 일을 설명할 수 없는 빅뱅이론을 비판하면서 '정상상태이론'(Steady State theory)을 주장하였다. 이들은 진화하면서도 변화하지 않는 우주모델을 생각했다. 정상우주론에 의하면 우주는 늘 같은 상태를 유지하며 변화하지 않는다. 그래서 우주는 항상 팽창하되 지속적으로 새로운 물질이 탄생해서 팽창에 의한 감소를 보충하고 일정한 평균 밀도를 유지해야하기 때문에 우주는 진화하지 않고 항상 똑같은 모습을 가진다. 또한 어느 우주에 있든지 동일한 시간을 갖는다고 주장했다. 문제는 이 두 우주이론에서 해결할 수 없는 난제들이 발생한다.

첫째, 최초 폭발 이전의 상태는 어떤 물질이며, 어떤 상태였는가?
둘째, 최초 물질은 어디에서 왔는가? 어떻게 존재했는가?
셋째, 우주 공간은 언제부터 존재했는가? 넓이는 얼마나 되는가?

---

11 이석영, 『모든 사람을 위한 빅뱅 우주론 강의』, p. 141.

넷째, 우주에서 계속 생성되는 물질은 어디에서 왔는가?

다섯째, 우주의 생명은 언제, 어떻게 존재하게 됐는가?

과학계에서 정설(定說)로 받아들여지는 생명진화론과 우주진화론은 가장 중요한 근본적인 문제들을 해결하지 못한다. 진화우주론들도 생명과 죽음의 기원과 의미를 해결할 수 없다.

3) 하나님의 창조

우주진화론이나 지구의 생물진화론에서는 생명의 탄생에 대한 비밀을 해결하지 못한다. 생명을 모르면 죽음도 모르고 사후세계(死後世界)는 더더욱 설명할 수 없다.

그렇다면 해결할 수 있는 방법은 무엇일까?

생명과 죽음의 기원과 의미를 어떻게 알 수 있을까?

해답은 오직 성경뿐이다. 성경은 생명과 죽음의 모든 의미를 밝혀 주신다.

태초에 하나님이 천지를 창조하시니라(창 1:1).

하나님의 창조 이전에는 물질, 공간, 시간은 존재하지 않았다. 오직 영이신 삼위 하나님과 그분의 창조물이며, 영적 존재인 천사들뿐이었다. 삼위(三位) 하나님은 영원하시기(시 90:2; 사 40:28; 계22:13) 때문에 시간은 무의미하고 영(靈)이기 때문에 공간과 물질도 의미가 없었다. 하나님은 우주만물을 창조하셨다. 말씀으로 무(無)에서 유(有)를 창조하셨다(Create ex nihilo, 창 1장). "창조"의 히브리어 "바라"(ברא)는 하나님의 창조에만 쓰였다. 하나님은 천지를 창조하셨다(창 1:1).

첫째, 우주와 그 속의 모든 무생명체인 은하, 별, 운석들(창 1:14-18)과 어둠과 빛(창 1:3-5), 궁창(창 1:6-8)을 창조하셨다.

둘째, 생명체를 창조하셨다. 땅에서 모든 식물들(창 1:9-12), 하늘의 새들(창 1:20), 물의 모든 생명체들(창 1:20-32), 그리고 육상의 모든 동물들(창 1:25), 사람까지 창조하셨다(창 1:26-27).

셋째, 인간의 영혼을 창조하셨다(창 2:7).

> 여호와 하나님이 땅의 흙으로 사람을 지으시고 생기를 그 코에 불어넣으시니 사람이 생령이 되니라(창 2:7).

하나님은 세 영역인 무생명체, 생명체, 영혼(靈魂)을 창조하셨다. 그러므로 진화론적 사고에서는 결코, 이 세 영역의 기원과 의미를 밝힐 수 없다.

2. 왜, 인간은 죽게 될까?

1) 모든 인간은 죄인

성경은 모든 인간은 '죄인'이라고 단언한다.

> [10]기록된 바 의인은 없나니 하나도 없으며 [11]깨닫는 자도 없고 하나님을 찾는 자도 없고 [12]다 치우쳐 함께 무익하게 되고 선을 행하는 자는 없나니 하나도 없도다(롬 3:10-12).

> 모든 사람이 죄를 범하였으매 하나님의 영광에 이르지 못하더니
> (롬 3:23).

솔로몬도 하나님께 "범죄하지 아니하는 사람이 없사오니"(왕상 8:46)라고 기도했다. 시인은 "주의 눈 앞에는 의로운 인생이 하나도 없나이다"(시 143:2), 잠언은 "내가 내 마음을 정하게 하였다 내 죄를 깨끗하게 하였다 할 자가 누구냐"라고 묻는다(잠 20:9). 바울은 "성경이 모든 것을 죄 아래에 가두었으니"(갈 3:22)라고 했고, 사도 요한도 "죄 없는 사람은 없다"고 지적한다.

> [8]만일 우리가 죄가 없다고 말하면 스스로 속이고 또 진리가 우리 속에 있지 아니할 것이요…[10]만일 우리가 범죄하지 아니하였다 하면 하나님을 거짓말하는 이로 만드는 것이니 또한 그의 말씀이 우리 속에 있지 아니하니라(요일 1:8, 10).

성경은 아담의 범죄 이후 원죄 아래 있는 모든 사람이 죄인이라고 정의한다.

2) 죄와 죽음의 기원

모든 생명체는 죽는다. 인간도 반드시 죽는다.

> 한번 죽는 것은 사람에게 정해진 것이요 그 후에는 심판이 있으리니
> (히 9:7).

인간의 기원은 무엇인가?

죽음의 기원은 무엇인가?

왜, 인간은 죽을 수밖에 없는가?

모든 문제의 시작은 인간에게 있다. 비과학적이며 오류투성이 진화론은 인류의 조상을 유인원이라고 주장하지만 인류의 첫 조상은 현재 인간과 똑같은 아담이다. 삼위일체(三位一體) 하나님은 "우리의 형상을 따라 우리의 모양대로 우리가 사람"을 창조하고자 하셨다(창 1:26). 그래서 하나님은 자기 형상(image) 곧 하나님의 형상대로 사람을 창조하시되 남자와 여자로 창조하셨다(창 1:27). 하나님은 남자인 아담을 흙(먼지)으로 만들고 그 코에 생기(the breath of life)를 불어 넣으심으로 살아 있는 영, 생령(a living Soul 또는 being)이 되도록 하셨다(창 2:7). 하나님은 잠든 아담의 갈빗대 하나를 취하고 살로 대신 채우셔서 여자를 만드셨다(창 2:21). 하나님은 하와를 지으시기 전, 동산에 홀로 있던 아담에게 말씀하셨다.

> [16]…동산 각종 나무의 열매는 네가 임의로 먹되 [17]선악을 알게 하는 나무의 열매는 먹지 말라 네가 먹는 날에는 반드시 죽으리라(창 2:16-17).

어느 날, 간교한 뱀은 홀로 있던 하와에게 찾아와 하나님의 명령에 의심을 품도록 유혹했다.

> [4]뱀이 여자에게 이르되 너희가 결코 죽지 아니하리라 [5]너희가 그것을 먹는 날에는 너희 눈이 밝아져 하나님과 같이 되어 선악을 알 줄 하나님이 아심이니라(창 3:4-5).

하와는 '눈이 밝아져 하나님과 같이 된다'는 것과 '선악을 알게 된다'는 뱀의 유혹에 넘어갔다. 이제 하와의 눈에 비친 선악과는 완전히 다르게 보였다.

> 여자가 그 나무를 본즉 먹음직도 하고 보암직도 하고 지혜롭게 할 만큼 탐스럽기도 한 나무인지라 여자가 그 열매를 따먹고 자기와 함께 있는 남편에게도 주매 그도 먹은지라(창 3:6).

하와는 선악과를 따먹었다. 선악과를 먹지 말라는 하나님의 명령을 어긴 것이다. 또 아담도 하와의 유혹을 받고 선악과를 먹었다. 그 결과 죽음이 왔다. 선악과를 먹으면 "반드시 죽으리라"는 하나님의 언약은 반드시 성취되어야 했다. 그래서 하나님은 불순종한 아담에게 "너는 흙이니 흙으로 돌아갈 것이라"고 말씀하셨다(창 3:19). 죄의 삯은 사망이다(롬 6:23). 인간의 죽음은 선악과를 먹지 말라는 명령에 불순종함으로써 "반드시 죽으리라"고 약속하셨던 죽음이 임하게 된 것이다.

인간은 하와가 선악과를 따 먹었기 때문에 죽게 되었을까?

그럴 수도 있고, 아닐 수도 있다. 여호와께서 아담에게 "네가 먹는 날에는 반드시 죽으리라"라는 명령을 하실 때 하와는 아직 창조되지 않았다. 하나님의 명령인 "너"(You)는 아담을 가리킨다. 때문에 아담이 선악과를 먹지 않았다면, 하나님은 전 인류에게 죽음이라는 죗값을 주시지 않았을 수도 있다.

왜, 아담의 범죄가 온 인류(人類)의 범죄가 되었을까?

왜, 아담 한 사람의 범죄가 역사를 초월해 모든 인간이 죽는 결과를 가져왔을까?

그 이유는 아담은 최초의 인간이며 인류의 대표이기 때문이다. 하나님께서 아담에게 주신 명령은 아담 한 개인뿐 아니라 전 인간에게 해당

된다. 그래서 인간의 대표인 아담의 죄는 전 인류의 죄가 되었다. 마치, 한국과 미국의 대표인 대통령이 양 국가를 대표해 조약을 체결하면, 두 나라 국민들은 조약에 찬성하든지 반대하든지 상관없이 조약에 적용되는 것과 같다. 바울은 로마서에서 이 사실을 기록한다.

> 그러나 아담으로부터 모세까지 아담의 범죄와 같은 죄를 짓지 아니한 자들까지도 사망이 왕 노릇 하였나니 아담은 오실 자의 모형이라 (롬 5:14).

> 한 사람(아담)의 범죄로 말미암아 사망이 그 한 사람(아담)을 통하여 왕 노릇 하였은즉 더욱 은혜와 의의 선물을 넘치게 받는 자들은 한 분 예수 그리스도를 통하여 생명 안에서 왕 노릇 하리로다(롬 5:17).

3) 에덴에서 쫓겨남

왜, 죄를 지은 아담과 하와는 에덴 동산에서 계속 살 수 없었을까?
왜, 하나님은 그들을 에덴 동산에서 쫓아내셨을까?
그 이유는 에덴에 있는 생명나무의 열매를 따먹고 영생할 것을 염려하셨기 때문이다.

> [22]여호와 하나님이 이르시되 보라 이 사람이 선악을 아는 일에 우리 중 하나같이 되었으니 그가 그의 손을 들어 생명나무 열매도 따먹고 영생할까 하노라 하시고 [23]여호와 하나님이 에덴 동산에서 그를 내보내어 그의 근원이 된 땅을 갈게 하시니라 [24]이같이 하나님이 그 사람을 쫓아내시고 에덴 동산 동쪽에 그룹들과 두루 도는 불 칼을 두어 생

명나무의 길을 지키게 하시니라(창 3:22-24).

만일, 아담과 하와가 생명나무 열매 때문에 영원히 산다면 어떻게 될까?

하나님은 신실하시며 거짓이 없으시다. 하나님은 아담에게 "선악을 알게 하는 나무의 열매는 먹지 말라 네가 먹는 날에는 반드시 죽으리라"고 명령하셨다(창 2:17).

그런데 죄를 지은 아담과 하와가 에덴 동산에서 생명 나무 열매를 먹으며 영원히 산다면, 하나님의 신실성은 어떻게 될까?

하나님의 공의는 어떻게 될까?

모순(矛盾) 투성이가 될 것이다. 하나님의 언약, 공의, 말씀의 권위가 상실되고 거짓이 된다. 하나님은 거짓된 분이 되며, 인간은 죽음의 심판을 받았어도 생명나무의 열매가 영원한 생명을 주는 신(神)이 될 것이다. 그래서 하나님은 선악과를 먹어 죽게 된 아담과 하와가 영원히 살 수 없도록 에덴 동산에서 쫓아내셨다.

동산에서 쫓겨난 아담과 하와에게 위기가 찾아왔다. 먹을 음식에 대한 문제였다. 하나님은 에덴에 동산을 창설하실 때 그 땅에서 보기에 아름답고 먹기에 좋은 나무가 나게 하셨다(창 2:9). 하나님은 아담에게 "동산 각종 나무의 열매는 네가 임의" 먹으라는 은혜를 주셨다(창 2:16). 에덴 동산에서는 먹을 것에 대한 걱정이 없었다. 그러나 동산에서 쫓겨난다면 더 이상 동산에 있는 과일들을 먹을 수 없게 된다.

아담과 하와는 무엇을 먹을 것인가?

하나님은 죄의 결과를 말씀하시며 먹고 사는 문제를 해결해 주신다.

[17]아담에게 이르시되 네가 네 아내의 말을 듣고 내가 네게 먹지 말라

> 한 나무의 열매를 먹었은즉 땅은 너로 말미암아 저주를 받고 너는 네 평생에 수고하여야 그 소산을 먹으리라 [18]땅이 네게 가시덤불과 엉겅퀴를 낼 것이라 네가 먹을 것은 밭의 채소인즉 [19]네가 흙으로 돌아갈 때까지 얼굴에 땀을 흘려야 먹을 것을 먹으리니 네가 그것에서 취함을 입었음이라 너는 흙이니 흙으로 돌아갈 것이니라 하시니라 (창 3:17-19).

죄의 결과는 죽음이 들어왔을 뿐 아니라 땅도 저주를 받았다. 저주받은 땅은 창조 때와 같은 효력을 내지 못한다. 비옥했던 땅은 거칠어졌고 가시덤불과 엉겅퀴가 나게 되었다. 아담과 하와는 더 이상 에덴에서 자라는 과일을 먹을 수 없다. 이제 밭의 채소가 그들의 먹을거리가 되었다. 아담뿐 아니라 모든 사람들은 저주받은 땅에서 평생 수고해야 먹을 것을 얻을 수 있다. 그러나 죄의 값도 하나님의 은혜였다. 하나님은 땅에서 먹을 것을 얻도록 하셨고, 밭에서 채소를 얻는 방법도 주셨기 때문이다.

음식에 대한 하나님의 은혜는 노아 홍수에서도 나타난다. 하나님은 노아 시대의 죄악으로 인류를 홍수로 심판하셨다. 하나님은 홍수 이후 방주에게 나온 노아와 아들들에게 창조언약을 다시 말씀하셨다.

> [1]하나님이 노아와 그 아들들에게 복을 주시며 그들에게 이르시되 생육하고 번성하여 땅에 충만하라 [2]땅의 모든 짐승과 공중의 모든 새와 땅에 기는 모든 것과 바다의 모든 물고기가 너희를 두려워하며 너희를 무서워하리니 이것들은 너희의 손에 붙였음이니라(창 9:1-2).

노아 홍수로 지구의 자연환경은 변화되었다. 음식도 달라져야 했다. 에덴 동산에서는 과실수의 열매들이었고, 아담의 불순종으로 밭의 채소가 추가되었다. 하나님은 노아 홍수 이후 육식(肉食)도 허락하셨다.

> ³모든 산 동물은 너희의 먹을 것이 될지라 채소같이 내가 이것을 다 너희에게 주노라 ⁴그러나 고기를 그 생명 되는 피째 먹지 말 것이니라 (창 9:3-4).

홍수로 변화된 자연환경 속에서 살아야 하는 사람은 채소뿐 아니라 고기도 먹어야 했다. 하나님의 명령이고, 허락이다. 하나님의 끊임없는 사랑이다. 에덴 동산의 과일도, 죄의 결과 밭의 채소도, 홍수 이후 고기도 하나님께서 은혜로 주시는 음식들이다. 음식은 생명이고, 즐거움이다. 하나님의 사랑의 표현이다.

하나님께서 베푸시는 은혜를 잊은 사람은 "무엇을 먹을까 무엇을 마실까 무엇을 입을까"를 염려한다(마 6:31). 그러나 예수님은 염려하지 말라고 말씀하신다. 그것은 하나님의 사랑을 모르는 이방인들이 구하는 것이다. 하나님은 우리에게 있어야 할 것을 아신다(마 6:32). 하나님은 광야 40년간 이스라엘에게 만나와 메추라기, 그리고 반석의 물을 공급해 주셨다. 출애굽과 40년 광야생활, 그리고 가나안 땅으로 인도하셨다. 하나님은 우리들을 먹이시고, 입히고, 인도하시는 목자이다.

3. 왜, 성경은 죽음을 다양하게 표현할까?

1) 죄의 값으로 표현된 죽음

성경은 육체와 영 모두 죽음은 죄에 대한 하나님의 심판 형벌로 간주

한다.[12] 인간의 죽음은 아담이 지은 원죄(Original Sin)의 결과였다.

> 선악을 알게 하는 나무의 열매는 먹지 말라 네가 먹는 날에는 반드시 죽으리라 하시니라(창 2:17).

> [17]아담에게 이르시되 네가 네 아내의 말을 듣고 내가 네게 먹지 말라 한 나무의 열매를 먹었은즉 땅은 너로 말미암아 저주를 받고 너는 네 평생에 수고하여야 그 소산을 먹으리라 [18]땅이 네게 가시덤불과 엉겅퀴를 낼 것이라 네가 먹을 것은 밭의 채소인즉 [19]네가 흙으로 돌아갈 때까지 얼굴에 땀을 흘려야 먹을 것을 먹으리니 네가 그것에서 취함을 입었음이라 너는 흙이니 흙으로 돌아갈 것이니라 하시니라 (창 3:17-19).

> 그러므로 한 사람으로 말미암아 죄가 세상에 들어오고 죄로 말미암아 사망이 들어왔나니 이와 같이 모든 사람이 죄를 지었으므로 사망이 모든 사람에게 이르렀느니라(롬 5:12).

> 사망이 한 사람으로 말미암았으니 죽은 자의 부활도 한 사람으로 말미암는도다(고전 15:21).

선지자 에스겔은 죄 때문에 영혼이 죽는다고 선포했다.

---

12 J. I. 패커, 『성경에 나타난 열 일곱 주제의 용어들』, 홍병창 역 (서울: 도서출판 엠마오, 1991), p. 279.

> 모든 영혼이 다 내게 속한지라 아버지의 영혼이 내게 속함 같이 그
> 의 아들의 영혼도 내게 속하였나니 범죄하는 그 영혼은 죽으리라
> (겔 18:4).

성경은 죽음이 죄의 결과임을 분명히 했다.

> 죄의 삯은 사망이요…(롬 6:23).

인간은 죄의 종으로 사망에 이른다(롬 6:16). 죄를 범하는 것은 사형에 해당한다고 정하셨다(롬 1:32). 인간은 죽지 않을 수 있는 존재(posse non mori)로 창조되었으나 죄 때문에 죽지 않을 수 없는 존재(non posse non mori)로 전락하게 되었다. 아담의 범죄로 인간은 전적으로 부패(total depravity)한 존재가 되었다.

2) 잠으로 표현된 죽음

성경은 죽음을 '잠자는 상태'로 표현했다. 하나님은 모세가 죽을 것에 대해 "너는 네 조상과 함께 누우려니와"라고 말씀하셨다(신 31:16). 그런데 모세는 조상들의 묘지에 장사되지 않았다. 모세는 느보 산(Mt. Nebo)에 올라 약속의 땅인 요단 서편 가나안 땅을 보았다. 그리고 "벳브올 맞은편 모압 땅에 있는 골짜기에 장사"되었고 그가 묻힌 곳을 아는 사람이 없었다(신 34:6). 하나님은 모세의 죽음을 조상들과 함께 '잠자는 것'으로 말씀하셨다. 다윗도 "그의 조상들과 함께 누워 다윗 성에 장사되니"라고 성경은 기록했다(왕상 2:10). 다윗의 조상들은 다윗 성에 매장되지 않았다. "조상들과 함께 잠잔다"라는 의미는 무덤에 매장되었다는 의미가 아니라 '죽은

자들의 세계에 가서 조상들과 다시 만난다'는 의미이다.[13] 다니엘서에도 '죽음'을 '잠'으로 표현했다.

> ²땅의 티끌 가운데에서 자는 자 중에서 많은 사람이 깨어나 영생을 받는 자도 있겠고 수치를 당하여서 영원히 부끄러움을 당할 자도 있을 것이며 ³지혜 있는 자는 궁창의 빛과 같이 빛날 것이요 많은 사람을 옳은 데로 돌아오게 한 자는 별과 같이 영원토록 빛나리라(단 12:2-3).

본문에 나타난 "자는 자 중에서 많은 사람이 깨어나 영생을 받는 자"는 구체적으로 몸의 부활을 가리킨다. 성경은 자주 죽음을 '잠'이라는 은유적 표현을 사용한다. 땅의 티끌/먼지/흙 속에서 잠자는 것은 죽은 자들을 가리키며 몸의 부활을 "깨어나다"라고 표현하는 것은 자연스러운 성경적인 방식이다.[14] 죽음/잠은 지금 현재 일어나는 것이며 깨어남/부활은 미래에 일어나는 것이다.

N. T. 라이트는 "죽은 자의 부활"의 문제가 단순히 한 인간의 죽음과 부활, 잠자는 자들이 깨어나는 것으로만 보지 않다. 그는 "죽은 자들의 몸의 부활"과 "포로된/고난받는 이스라엘의 민족적 회복"이 밀접하게 관계된다고 주장한다.[15]

다니엘 12:2은 예레미야 30:7을 반영하는데 다니엘 12:2-3은 개인의 몸의 부활뿐 아니라 포로된 민족에 대한 하나님의 회복의 행위를 의미한다. 이사야 53장은 고난받는 종의 예언이지만 그 속에 죽음과 부활을

---

13 N. T. 라이트, 『하나님의 아들의 부활』, 박문재 역 (서울: 크리스챤다이제스트, 2005), p. 164.
14 N. T. 라이트, 『하나님의 아들의 부활』, p. 195.
15 N. T. 라이트, 『하나님의 아들의 부활』, p. 218.

함축하고 있다. 더 나아가 에스겔 37장의 마른 뼈들이 살아나는 사건은 포로생활의 회복을 보여준다. 마른 뼈가 살아나는 새 창조를 통해 이스라엘이 회복하며, 이교도들의 지배에서 해방되고, 이스라엘을 재정착시키는 것을 의미한다.[16] 구약성경에 나타난 죽음과 부활은 이스라엘의 포로와 회복과 연관성을 가진다.

신약에도 죽음을 잠으로 표현했다. 예수님은 나사로의 죽음에 대해 "우리 친구 나사로가 잠들었도다 그러나 내가 깨우러 가노라"고 말씀하셨다(요 11:11). 스데반의 죽음도 잠으로 표현했다.

> [59]…스데반이 부르짖어 이르되 주 예수여 내 영혼을 받으시옵소서 하고 [60]무릎을 꿇고 크게 불러 이르되 주여 이 죄를 그들에게 돌리지 마옵소서 이 말을 하고 자니라(행 7:59-60).

성경은 죽음이란 육체나 영혼의 완전한 소멸이나 다시 살아나지 못하는 것으로 보지 않는다. 죽음은 부활의 시작이고 영원한 천국에서 새로 태어난 것이다.

> [16]만일 죽은 자가 다시 살아나는 일이 없으면 그리스도도 다시 살아나신 일이 없었을 터이요 [17]그리스도께서 다시 살아나신 일이 없으면 너희의 믿음도 헛되고 너희가 여전히 죄 가운데 있을 것이요 [18]또한 그리스도 안에서 잠자는 자도 망하였으리니 [19]만일 그리스도 안에서 우리가 바라는 것이 다만 이 세상의 삶뿐이면 모든 사람 가운데 우리가 더욱 불쌍한 자이리라 [20]그러나 이제 그리스도께서 죽은 자 가운데서

16　N. T. 라이트, 『하나님의 아들의 부활』, pp. 204-213.

다시 살아나사 잠자는 자들의 첫 열매가 되셨도다(고전 15:16-20).

바울은 예수님의 부활을 죽음이라는 잠에서 깨어남으로 설명한다. 잠자는 자는 반드시 잠에서 깨어난다. 잠은 깨어남/부활을 전제한다. 그리스도인들의 죽음은 부활을 가져온다. 그리스도 안에서 잠자는 자들은 영원한 천국에서 새로운 삶의 시작이다. 부활 소망은 죽은 자들이 잠자고 있다고 전제한다. 하나님은 죽음의 상태 이후 죽은 자들에게 새로운 부활을 주실 것을 말씀하신다.[17] 죽음은 잠이며, 부활은 깨어남이다.

3) 본향으로 돌아감으로 표현된 죽음

우리나라는 전통적으로 죽음을 '돌아가셨다'라고 표현해왔다. 우리나라뿐 아니라 전 세계적으로, 시대를 초월해서 사람들은 죽음을 "어디론가 되돌아가는 것"으로 생각해왔다.

그렇다면 인간이 죽으면 영혼은 어디로 되돌아가는 것일까?

성경은 영원한 하나님의 나라로 간다고 말씀한다. 하나님은 인간에게 영혼을 주셨고 영혼의 본향은 하나님의 나라이다. 하나님은 에녹을 죽음 없이 하나님의 나라로 데려가셨다(창 5:24). 아브라함과 이삭은 죽어 자기 열조에게로 돌아갔다(창 25:8; 35:29). 야곱은 자녀들에게 축복하고 숨을 거두고 그의 백성에게 돌아갔다(창 49:33). 다윗은 죽음을 눈 앞에 두고 "세상 모든 사람이 가는 길로 가게 되었노니"(왕상 2:2), 훌다는 "보라 내가 너로 너의 조상들에게 돌아가서"고 말했다(왕하 22:20). 인간에게 죽음이란 끝이 아니라 영원한 본향인 하나님의 나라로 되돌아가는 것이다.

---

17 N. T. 라이트,『하나님의 아들의 부활』, p. 217.

4) 육체에서 영혼이 떠남이 죽음

일반적으로 육체적 죽음(Physical death)은 심폐사(心肺死), 뇌사(brain death) 등을 포함하는 육체의 모든 기능 상실을 의미한다. 그러나 성경은 육체의 기능 상실뿐 아니라 육체와 영혼의 분리를 의미한다.[18] 인간은 육체와 영혼의 결합체이다. 그 이유는 하나님께서 흙으로 인간의 육체를 지으시고 그 코에 생기를 부어 생령이 되도록 하셨기 때문이다(창 2:7). 예수님은 "몸은 죽여도 영혼은 능히 죽이지 못하는 자들을 두려워하지 말고 오직 몸과 영혼을 능히 지옥에 멸하실 수 있는 이를 두려워하라"고 말씀하셨다(마 18:28). 인간은 육체와 영혼의 결합체이기 때문에 육체에서 영혼이 떠날 때 죽는 것이다.

> 영혼 없는 몸이 죽은 것 같이 행함이 없는 믿음은 죽은 것이니라
> (약 2:26).

라헬이 베냐민을 낳으며 죽으려 할 때 "그의 혼이 떠나려 할 때에"라고 표현했다(창 35:18). 스데반은 죽을 때 "주 예수여 내 영혼을 받으시옵소서"라고 고백했다(행 7:59). 예수님은 십자가에서 "아버지 내 영혼을 아버지 손에 부탁하나이다"라 외치며 죽으셨다(눅 23:46). 솔로몬은 "흙은 여전히 땅으로 돌아가고 영은 그것을 주신 하나님께로 돌아가기 전에 기억하라"고 했다(전 12:7). 하나님은 흙으로 사람을 지으시고 생기를 불어 넣으셨다. 죽음으로 흙으로 돌아간다는 것은 흙에서 영혼이 분리됨을 의미

---

[18] 신복윤, 『종말론』 (서울: 개혁주의신행협회, 2001), p. 105.

한다.[19] 성경은 진정한 육체적 죽음이란 하나님께서 주신 영혼이 인간의 육체에서 떠나는 것이라고 말씀한다.

5) 영적인 죽음

죄의 결과는 영적인 죽음(Spiritual death)을 가져왔다. 영적인 죽음은 하나님과 인간이 분리된 상태를 의미한다.

> 오직 너희 죄악이 너희와 너희 하나님 사이를 갈라 놓았고 너희 죄가 그의 얼굴을 가리어서 너희에게서 듣지 않으시게 함이니라(사 59:2).

> 우리는 다 양 같아서 그릇 행하여 각기 제 길로 갔거늘 여호와께서는 우리 모두의 죄악을 그에게 담당시키셨도다(사 53:6).

> 내 백성이 두 가지 악을 행하였나니 곧 그들이 생수의 근원되는 나를 버린 것과 스스로 웅덩이를 판 것인데 그것은 그 물을 가두지 못할 터진 웅덩이들이니라(렘 2:13).

하나님은 순결하시고, 죄가 없으시고, 빛이다. 그래서 죄로 더럽혀진 인간은 거룩하신 하나님 앞으로 스스로 나갈 수 없다. 어둠은 빛과 함께 할 수 없다. 죄는 하나님과 인간 사이를 갈라놓았다. 인간은 하나님을 떠나 죄악의 어둠 속에서 살았다. 하나님과 교제할 수 없다는 것은 하나님의 은혜 아래 살 수 없다는 것이다. 하나님은 생명의 빛, 생수, 양식이다.

---

[19] J. I. 패커, 『성경에 나타난 열 일곱 주제의 용어들』, p. 275.

그러나 죄인은 하나님께 영의 양식, 생명, 은혜를 받아 누릴 수 없기 때문에 항상 영적 굶주림 속에서 살아간다.

예레미야는 이스라엘 백성들과 우리들이 생수(생명)의 근원이신 하나님을 버렸기 때문에 영적으로 갈급할 수밖에 없다고 선포했다. 죽은 영혼은 생명수를 찾기 위해 스스로 웅덩이를 파지만 물을 가두지 못할 터진 웅덩이뿐이다. 거짓된 종교, 우상, 돈과 권력, 섹스, 쾌락, 지식, 인간관계, 행복, 예술 등으로 생수의 근원을 찾으려하지만 헛수고일 뿐이다. 죄를 해결하지 않고는 결코 하나님과 교제할 수 없고, 구원을 받을 수 없다.

영적인 죽음을 해결하기 위해서는 오직 하나님의 아들 예수 그리스도의 대속의 죽음을 믿음으로써 구원받는다. 죄 용서함을 받는다. 바울은 "그는 허물과 죄로 죽었던 너희를 살리셨도다 …"고 말했다(엡 2:1-2). 그래서 어거스틴(Augustine)은 『고백록』 제1권 1장에서 예수 그리스도 안에서만 참된 쉼을 얻는다고 고백했다.

> 주님, 한줌 흙에 지나지 않는 피조물이오나 감히 입술을 열어 당신에게 찬양을 드립니다. 당신에게 찬양을 드릴 때 우리에게 기쁨이 있습니다. 왜냐하면 당신께서는 우리를 당신을 위한 존재로 창조하셨기 때문이오며, 그리하여 주님 안에서 안식을 발견하기까지 우리 마음은 평화를 누릴 수 없습니다.[20]

육체적 죽음이 첫째 사망이라면, 영적인 죽음은 둘째 사망이다. 영적인 죽음은 이 땅에서 육체가 살아 있을 때 하나님과 영적인 단절뿐 아니라 죽음 이후 영혼이 하나님 앞에서 심판을 받고 영원한 지옥에 가는 것

---

20 어거스틴, 『성 어거스틴 참회록』, 김종웅 역 (고양: 크리스챤다이제스트, 2010), p. 31.

을 말한다.

> ¹²또 내가 보니 죽은 자들이 큰 자나 작은 자나 그 보좌 앞에 서 있는데 책들이 펴 있고 또 다른 책이 펴졌으니 곧 생명책이라 죽은 자들이 자기 행위를 따라 책들에 기록된 대로 심판을 받으니 ¹³바다가 그 가운데에서 죽은 자들을 내주고 또 사망과 음부도 그 가운데에서 죽은 자들을 내주매 각 사람이 자기의 행위대로 심판을 받고 ¹⁴사망과 음부도 불못에 던져지니 이것은 둘째 사망 곧 불못이라 ¹⁵누구든지 생명책에 기록되지 못한 자는 불못에 던져지더라(계 20:12-15).

영적 죽음은 불신자들에게는 저주이며, 죄의 형벌이다. 왜냐하면 죽음 이후 하나님과 함께 살 기회를 영원히 상실하기 때문이다.²¹ 그래서 육체적 죽음 이전, 우리가 세상에 살아 있을 때 '예수님을 믿느냐, 믿지 않으냐?'에 따라 영적 죽음을 받느냐 받지 않느냐가 결정된다. 예수 그리스도를 믿지 않으면 죄인이며, 하나님의 은혜와 복을 받지 못하며, 하나님의 자녀로 살 수 없다. 죽음 이후 영원히 고통스러운 지옥에 가게 된다.

> 그러나 두려워하는 자들과 믿지 아니하는 자들과 흉악한 자들과 살인자들과 음행하는 자들과 점술가들과 우상 숭배자들과 거짓말하는 모든 자들은 불과 유황으로 타는 못에 던져지리니 이것이 둘째 사망이라(계 21:8).

죽음 이전 예수님을 믿으면 하나님의 나라에서 영원히 살게 된다. 그

---

21 밀라드 J. 에릭슨, 『종말론』, 이은수 옮김 (서울: CLC, 1994), p. 56.

리스도인들은 결코 둘째 사망을 경험하지 않는다.

> 이 첫째 부활에 참여하는 자들은 복이 있고 거룩하도다 둘째 사망이 그들을 다스리는 권세가 없고 도리어 그들이 하나님과 그리스도의 제사장이 되어 천 년 동안 그리스도와 더불어 왕 노릇 하리라 (계 20:6).

영적인 죽음은 예수님을 믿지 않는 자들에게 임할 하나님의 심판이다. 그러나 예수 그리스도를 영접하는 자들은 하나님의 자녀로 살며, 죽음 이후에 천국에서 영원히 하나님을 찬양하며, 하나님과 함께 살아가게 된다 (계 21-22장).

제2장

메시아 예수의 탄생

1. 왜, 예수님은 베들레헴에서 태어나야 했을까?

그리스도인들에게 가장 친숙한 이름은 예수께서 탄생하신 마을 베들레헴이다.

그렇다면, 예수님이 베들레헴에서 태어났기 때문에 베들레헴이 유명하게 되었을까?

아니면 베들레헴이 중요했기 때문에 예수께서 베들레헴에서 태어나셨을까?

메시아와 베들레헴은 어떤 관계가 있을까?

1) 메시아의 탄생지 베들레헴

(1) 미가 예언

왜, 메시아는 베들레헴에서 탄생해야 할까?

그 이유는 선지자 미가의 예언 때문이다. 선지자 미가는 5:2에서 메시아가 유다 족속의 땅 베들레헴에서 태어날 것이라 예언했다.

> 베들레헴 에브라다야 너는 유다 족속 중에 작을지라도 이스라엘을 다스릴 자가 네게서 내게로 나올 것이라 그의 근본은 상고에 영원에 있느니라(미 5:2).

〈사진 1〉 베들레헴 전경

〈사진 2〉 예수탄생교회

미가 5:2에서 말하는 "이스라엘을 다스릴 자"는 누구인가?

성경뿐 아니라 현대 유대인들에게조차 이스라엘을 다스린 최고의 왕은 다윗 왕이다. 하지만 미가에서 예언하는 이스라엘을 다스리는 자는 다윗이 아니다. 다윗은 B.C. 1010-970년까지 통일 이스라엘을 다스렸다. 미가는 다윗보다 약 230년 후인 B.C. 약 740-687년경에 활동한 선지자이다(미 1:1, 유다 왕 요담, 아하스, 히스기야 시대 활동). 그러므로 미가 선지자가 선포한 "유다 족속을 다스릴 자"는 베들레헴이 고향이지만 다윗 왕은 아니다.

더욱이 베들레헴에서 태어나 다스릴 자의 기원(근본)은 "상고"(上古)이며, 영원이다. 상고는 히브리어로 "케뎀"(םדק)으로 오래됨(old)을 의미한다. 영원은 히브리어로 "올람"(מעולם)으로 한글 번역과 동일한 영원(everlasting)을 의미한다. 그러므로 베들레헴에서 태어나 유대를 다스릴 자는 단순한 인간이 아니다. 영원 전부터 존재하던 분이 이 땅에 오실 것인데 그 분은 바로 베들레헴에 태어나 이스라엘을 다스릴 메시아이다.

(2) 미가 예언 성취와 헤롯 대왕

마태는 예수 그리스도의 탄생이 미가 5:2의 성취였다고 증거 한다. 예수님은 헤롯 왕 때 유대 베들레헴에서 태어났다(마 2:1a). 그때 동방으로부터 박사(Magi, 점성술사, 마술사)들이 예루살렘에 도착했다(마 2:1b). 박사들은 예루살렘에 있는 헤롯 궁으로 찾아가 "유대인의 왕으로 나신 이가 어디 계시냐 우리가 동방에서 그의 별을 보고 그에게 경배하러 왔노라"고 말한다(마 2:2). 왕자는 왕궁에서 태어난다. 그럼에도 박사들의 말은 헤롯과 온 예루살렘에 큰 충격을 가져왔다.

> **헤롯 왕과 온 예루살렘이 듣고 소동한지라**(마 2:3).

왜, 장차 유대인의 왕이 될 왕자의 탄생 소식이 헤롯과 온 예루살렘을 소동하게 만들었을까?

그 이유는 헤롯 대왕(Herod the Great) 때문이다. 헤롯의 삶을 보면 왜, 헤롯과 온 예루살렘이 충격을 받았는지 이해할 수 있다.

B.C 125년, 하스모니안(the Hasmonean Dynasty) 왕조의 요한 힐카누스(Johan Hyrcanus, B.C 135-104)는 이두매[1]를 정복했다.[2] 힐카누스는 이두매인

---

1 이두매(Ἰδουμαία, 이두마이아)는 성경에 한 번 등장한다. "유대와 예루살렘과 이두매와 요단 강 건너편과 또 두로와 시돈 근처에서 많은 무리가 그가 하신 큰 일을 듣고 나아오는지라"(막 3:8). 개역개정과 개역한글, 표준새번역은 이두매로 번역했고 NIV와 NASB는

들을 '학살할 것인가, 유대교로 개종시켜 살려둘 것인가'를 고민했다. 힐카누스는 이두매인들에게 할례받을 것을 제안했다. 그들은 할례 제안을 받아들였으며, "기꺼이 유대인들의 율법을 지키고자 한다"는 조건으로 이두매 땅에서 살 수 있도록 허락받았다. 고대 세계에서 이두매인들과 같이 대규모 개종과 자기 땅에 살 수 있는 조치는 전래(傳來)가 없었던 일이다.[3] 이두매인들은 강제로 유대교로 개종되었고, 유대인으로 편입되었다.

힐카누스는 헤롯(Herod)의 할아버지인 늙은 안티파테르(Antipater the elder)를 이두매의 총독으로 임명했다. 헤롯 대왕은 정치가의 집안에서 태어났다. 헤롯의 어머니는 페트라 출신이었고, 그의 형제는 파이살(Faisal), 유세프(Yusef)며 여동생은 살라마(Salama)였다. 그러나 헤롯만이 그리스식 이름이었다.[4] 헤롯이 유대의 왕이 되었지만 유대인들은 그를 유대인이나 유대인의 왕으로 인정하지 않았다. 그럼에도 이두매인들은 유대화되었다. 로마의 디도(Titus) 장군이 이스라엘을 정복할 때 2만 명의 이두매인들이 유대인들과 함께 로마 군대와 싸웠다.[5]

그러므로 헤롯의 정체성은 두 가지이다.

첫째, 문화적으로 그리스인이었다.

헤롯의 주요 언어는 그리스어(Greek)였으며 여러 차례 예루살렘의 이

Idumea, KJV는 Idumaea로 번역했다. 이두매는 에돔의 헬라어(그리스어)이다. 이두매(에돔)는 페트라 건설로 잘 알려진 나바테아인(Nabataeans)에 의해 오랫동안 살았던 에돔 지역에서 추방당하자 유대인들이 바벨론의 강제 이주(포로)로 인해 유대인들이 없게 된 유대 땅으로 이주해 브엘세바에서 벧술(Beth Zur)까지 넓은 지역에 살았다.

2 토마스 V. 브리스코, 『Holman Bible Atlas』 강사문 외 9인 공역 (서울: 두란노, 2008), p. 193.
3 앤손 F. 레이니 · R. 스티븐 나틀리, 『성경 역사, 지리학, 고고학 아틀라스』, 강성열 역 (서울: 이레서원, 2010), p. 424.
4 케네스 E. 베일리, 『중동의 눈으로 본 예수』, 박규태 역 (서울: 새물결플러스, 2016), p. 91.
5 임미영, 『고고학으로 읽는 성경』 (서울: CLC, 2016), p. 118.

름을 그리스식으로 바꾸려고 했다.[6]

둘째, 정치적으로 로마인이었다.

헤롯은 B.C. 40년에 유대의 분봉 왕으로 임명받았다. 얼마 지나지 않아 헤롯에게 위기가 찾아왔다. 하스모니안 왕조 안티고노스와 파르티아의 유대 침공으로 헤롯은 허겁지겁 로마로 도망쳤다. 그는 더 이상 정치적으로 회복할 수 없을 것 같아 보였다. 그러나 B.C. 37년, 로마의 원로원은 헤롯을 "유대인의 왕"으로 임명했다. 전쟁의 패배자, 도망자가 로마의 지지를 등에 업은 "유대인의 왕"이 되어 화려하게 예루살렘에 입성했다.

그러나 또 다시 헤롯에게 위기가 찾아왔다. 헤롯은 옥타비아누스(Octavianus Gaius Julius caesar)[7]와 안토니우스(Marcus Antonius)의 싸움에서 친구인 안토니우스의 편을 들었다. 그러나 안토니우스와 이집트의 클레오파트라 연합군이 악티움 해전에서 옥타비아누스에게 패배했다. 헤롯은 로마로 갔다. 헤롯은 옥타비아누스 앞에 섰고, 그의 충성스럽고 재치 있는 답변으로 옥타비아누스의 신임을 얻었다. 헤롯은 옥타비아누스 황제에게 '유대인의 왕'으로 재임명되었다.

> 좋소. 내가 그대를 살려줄 뿐 아니라 전보다 더욱 확고하게 왕으로서 앉게 해주겠소. 그대의 진실성이 누구보다도 뛰어나고 백성들을 다스리기에 충분한 자임을 내가 알았소. 그러므로 그대는 안토니에게 했던 대로 나에게 변함없이 충성하도록 하시오. 나는 그대의 성품을 굳게 믿겠소. 안토니가 그대보다 클레오파트라를 택한 것은 오히려 잘

---

6 케네스 E. 베일리, 『중동의 눈으로 본 예수』, p. 92.
7 옥타비아누스(B.C. 63 - A.D. 14)는 후에 원로원으로부터 B.C. 27년에 '존엄자라는 의미로 '아우구스투스'(Augustus)라 칭해졌다.

된 것이오. 그렇지 않았다면 우리가 어찌 그대와 같은 친구를 얻을 수 있겠소? … 나는 칙령을 선포하여 그대를 유대국의 왕으로 인준할 것이며 또 안토니와의 결별이 결코 섭섭지 않도록 더욱 많은 호의를 베풀 것이니 그리 아시오(『유대 전쟁사 Ⅰ』. 20. 2).[8]

헤롯은 유대의 왕으로 B.C. 37년부터 B.C. 4년까지 유대를 통치했다. 헤롯은 친 로마 정책으로 로마와 좋은 관계를 유지했다.

헤롯은 정치인뿐 아니라 뛰어난 건축가로 명성을 얻었다. 대표적인 도시로 항구도시 가이사랴(Caesarea)[9]와 북이스라엘의 수도였던 사마리아 터에 세운 세바스테(Sebaste)[10]가 있다. 요새로는 맛사다(Masada)[11], 헤로디온

---

8 플라비우스 요세푸스, 『유대 전쟁사 Ⅰ』, 성서자료연구원 역 (서울: 도서출판 달산, 1991), p. 179.

9 가이사랴는 B.C. 22년부터 B.C. 10년 또는 9년까지 약 12년이나 걸리는 대공사였다. 헤롯은 로마 아우구스투스 황제를 기념하기 위해 지었다. 가이사랴의 해안에는 등대역할을 하는 스트라토의 탑(Strato's Tower)이 세워졌고, 반원형의 대형 극장, 3만 명 정도를 수용할 수 있는 경기장, 거대한 방파제, 아우구스투스를 위한 신전 등이 있었다. 또한 본디오 빌라도(Pontius Pilate) 총독(praefectus. A.D. 26-36년)의 집이 있었다. 빌라도는 예루살렘에서 공적 업무를 보는 일 외에 대부분의 시간을 가이사랴에서 보냈다.

10 세바스테는 북이스라엘의 수도 사마리아 터 위에 건설된 도시였다. B.C. 63년 로마의 폼페이우스가 이스라엘을 정복했고, 아우구스투스 황제는 B.C. 37년에 사마리아를 헤롯에게 선물로 주었다. 헤롯은 이곳을 재건하여 아우구스투스를 뜻하는 그리스어 세바스테(Sebaste)로 이름을 바꾸었다. 헤롯은 세바스테를 로마식 도시로 건축하고, 원형 극장과 25m 높이의 로마 신 코르(Kore) 신전, 800m나 되는 도로에 600개의 기둥을 세운 광장 포럼(Forum)을 만들었다.

11 맛사다는 사해 기슭에 있는 400m 높이로 꼭대기는 평평하고 주위는 벼랑인 독특한 지형인 메사(Mesa)에 자리 잡은 바위 요새이다. 맛사다는 하스모니안 왕조 때부터 사용된 요새였다. 헤롯은 전쟁 때 온 가족이 맛사다에 피신해 목숨을 건진 일도 있다. 헤롯은 B.C. 35년에 맛사다를 헤롯 궁전을 비롯한 다양한 부대시설들을 갖춘 더 강력한 요새로 건설했다. 맛사다에는 약 40,000ℓ의 물을 저장할 수 있는 여러 개의 거대한 저수조를 만들어 오랜 시간 물 걱정 없이 적들을 방어할 수 있었다. 필수품들을 저장할 수 있는 저장고와 회당, 군인들의 숙소, 목욕탕, 전쟁 시 군사들의 식량이 될 수 있는 비둘기 양식장 등 다양한 부대시설을 만들어 천혜(天惠)의 요새로 손색이 없었다. A.D. 72년 로마의 장군 플라비우스 실바(Flavius Silva)가 이끄는 로마 군단 15,000명은 맛사다를 포위했으나 속수무

(Herodion/Herodium)[12], 마케루스(Machaerus)[13], 힐카누스(Hyrcanus), 알렉산드리움(Alexandrium) 등이 있다. 더욱이 신약성경에서 가장 중요한 제2성전(the Second Temple)이 헤롯과 관계가 깊다. 헤롯의 가장 위대한 건축물이 헤롯성전(Herod's Temple)이다. 헤롯 성전 건축의 목적은 이두메인이었던 헤롯이 유대인들의 환심을 사기 위해서였다.

〈사진 3〉 헤롯 성전 모형

책이었다. 열심과 960명은 약 2년간을 맛사다에서 저항했다. A.D. 73년 로마군은 포로 유대인들을 동원해 북쪽 경사지를 흙으로 매어 맛사다 성벽에 이르렀다. 그러나 맛사다에 있던 960명은 새벽이 오기 전, 로마에 죽기보다 스스로 자결하여 치욕을 당하지 않기로 결심했다. 몰래 숨어 있던 여자 2명과 5명의 아이들을 뺀 953명 전원이 순교를 택했다. 숨어 있던 7명의 사람들에 의해 맛사다의 최후가 전해지게 되었다. 맛사다는 로마에 점령 당하지 않은 유일한 요새였다. 로마는 맛사다 전쟁을 치욕으로 여겼다. 그래서 맛사다를 파괴하고 더 이상 요새로 사용하지 않았다.

12 헤로디온은 예루살렘에서 13km 떨어진 해발 758m 높이의 지형에 60m로 솟은 원뿔형의 특이한 요새이다. 4개의 망루가 있으며, 회당, 목욕탕, 트리클리움(식당), 요새 궁전과 물을 저장할 수 있는 거대한 저수조가 있다. 그리고 헤롯의 무덤이 헤로디온에 있다.

13 마케루스는 세례 요한이 순교 당한 요단 동쪽의 헤롯 궁전이다.

〈사진 4〉 맛사다　　　　　　　　　〈사진 5〉 헤로디온

〈사진 6〉 마케루스　　　　　　　　〈사진 7〉 세바스테(사마리아)

　　헤롯은 건축가로서의 뛰어난 명성과는 달리 정치와 관련해서는 교활하고 사악했다. 헤롯은 로마 황제와 친한 사이였기 때문에 친로마 정책을 펼쳤다. 헤롯 입장에서는 유대를 다스리는데 로마의 특별한 간섭 없이 정치를 할 수 있었다. 그러나 유대는 로마의 식민지였기 때문에 많은 양의 세금을 바쳐야했다. 유대인들의 입장에서는 고통스러운 삶을 살 수밖에 없었다. 더욱이 요새와 도시, 성전을 건축하기 위해 막대한 세금을 내야 하는 유대인들은 고난의 연속이었다. 더욱이 유대는 로마의 식민지였기 때문에 독립을 꿈꾸는 열심당원과 유대인들 때문에 크고 작은 소요들이 끊이지 않았다.

헤롯은 정치적 정적들을 제거하는 탁월한 능력을 발휘했다. 왕의 자리를 유지하기 위해서는 잔인한 행동을 주저하지 않았다. 헤롯의 정치사를 보지 않고 가족에게 자행한 일들을 보더라도 헤롯의 잔인성을 알 수 있다. 헤롯은 10명의 아내와 그 사이에서 9명의 아들을 낳았다. 그러나 헤롯 자신의 정치적 야욕 때문에 가족사의 비극이 시작되었다.

첫째, 하스모니안 왕조의 공주 미리암메(미리암, Mariamme)와 결혼하기 위해 첫째 부인 도리스(Doris)와 자기 아들 안티 파테르를 헌신짝처럼 버렸다.

둘째, 헤롯의 장모 알렉산드라는 아들 아리스토블루스 3세를 대제사장에 임명하고 이집트의 클레오파트라 여왕을 끌어들여 헤롯에 대항할 음모를 꾸몄으나 헤롯에게 발각되었다. 헤롯은 처남 아리스토블루스 3세와 늙은 힐카누스 2세를 사형시켰다.

셋째, 헤롯은 아내 미리암메의 아버지와 오빠(헤롯의 장인과 처남)를 죽이려는 계획을 세웠다. 이 사실을 알게 된 미리암메는 헤롯을 찾아가 책망했다. 그러나 헤롯은 아내에게 분노하여 B.C. 29년, 평생 가장 사랑했다고 했던 아내 미리암메와 그녀와 사이에서 낳은 두 아들 알렉산더와 아리스토불루스까지도 세바스테에서 처형했다. B.C. 28년에는 미리암메의 어머니도 처형했다.

넷째, 헤롯이 죽기 5일 전, 아들 안티파테르를 사형시켰다.

헤롯 대왕은 바로 그런 자이다. 그래서 로마에서 "헤롯의 돼지가 되는 것이 헤롯의 아들이 되는 것보다 낫다"는 말이 회자 되었다. 이 말은 반쪽 유대인이었던 헤롯이지만 율법에 부정한 동물인 돼지(레 11:7)는 먹지 않아 안전했지만 자기 가족들은 잔인하게 죽였기 때문에 회자된 말이다.

이처럼 '헤롯이 누구인가'를 이해하면 유대인의 왕으로 태어난 왕자를 찾는 박사들의 소식을 듣고 왜 헤롯과 온 예루살렘이 큰 충격에 빠졌는지를 이해할 수 있다. 헤롯은 박사들에게 말한다.

> 모든 대제사장과 백성의 서기관들을 모아 그리스도가 어디서 나겠느냐(마 2:4).

놀랍게도, 헤롯은 박사들이 찾은 "유대인의 왕으로 나신 이"가 누구인지 알았다는 것이다. 헤롯은 모든 대제사장들과 백성의 서기관들을 불러 모아 "그리스도(그리스도는 헬라어, 메시아는 히브리어)가 어디서 나겠느냐?"고 물었다. 헤롯은 정통 유대인은 아니었지만 유대교로 개종한 이두매 사람이기 때문에 구약을 알고 있었다. 더욱이 헤롯은 오랫동안 유대를 통치했기 때문에 유대인들이 메시아를 대망(待望)하고 있음을 알았다. 그래서 헤롯 대왕은 대제사장들과 서기관에게 "그리스도/메시아가 어디에서 나겠느냐?"고 물은 것이다. 헤롯의 물음에 대제사장들과 서기관들이 곧바로 대답한다. 그만큼 구약성경을 아는 사람이라면 누구나 메시아의 고향을 알고 있었다.

> ⁵이르되 유대 베들레헴이오니 이는 선지자로 이렇게 기록된 바 ⁶또 유대 땅 베들레헴아 너는 유대 고을 중에서 가장 작지 아니하도다 네게서 한 다스리는 자가 나와서 내 백성 이스라엘의 목자가 되리라 하였음이니이다(마 2:5-6).

히브리어를 아람어로 번역한 성경 탈굼역(Targums)에서는 미가서 5:2을 확실한 메시아 예언으로 보았다. 이스라엘을 통치할 자를 "기름 부음 받은 자" 곧 "메시아"라고 번역했다.

> 수많은 유다의 족속 가운데 그 수가 가장 작은 너 에브라다의 베들레헴아, 너에게 한 기름 부음 받은 자가 내 앞에서 나와 이스라엘을 통치할 것이며 그의 이름은 상고 오래 전부터 거론되었다.[14]

A.D. 5-9세기에 기록된 맛소라 사본에 있는 미가 5:2의 문자적 번역은 다음과 같다.

> 수많은 유다(족속)민족 가운데 아주 작은(중요치 않은) 에브라다의 베들레헴아, 너로부터 이스라엘의 한 지도자가 나올 것이다.[15]

미가 선지자 당시에도 베들레헴은 유대 땅에서도 가장 작은 마을이었다. 예수님이 메시아로 태어난 A.D. 1세기에도 베들레헴은 작은 마을이었다. 탈굼역과 맛소라는 베들레헴이 작은 마을이라는 사실을 더욱 강조해서 "아주 작은," "가장 작은"이라고 번역했다. 작은 베들레헴에서 반대로 가장 크고 위대한 "기름 부음 받은 자" 곧 "메시아"가 태어날 것이다. 예수님은 다윗의 후손이기 때문에 유대 지파 땅 베들레헴에서 태어났다. 그리고 예수님은 "천하 만민이 복을 받을"(창 22:18) 통로로 아브라함의 자손이기 때문에 "이방의 갈릴리"(마 4:15)로 오신 것이다.[16] 메시아는 여호와의 백성 이스라엘의 참된 목자가 될 것이다. 예수님은 자신을 "양을 위하여 목숨을 버리는 선한 목자"라고 하셨다(요 10:11-15). 예수님은 이스라엘을 다스릴 왕으로, 이스라엘의 참된 목자로 태어날 메시아였다. 이렇듯

---

14 크레이그 L. 블롬버그 · 릭 E. 왓츠, 『마태 · 마가복음』, 김용재 · 우성훈 옮김 (서울: CLC, 2012), p. 62.
15 크레이그 L. 블롬버그 · 릭 E. 왓츠, 『마태 · 마가복음』, p. 62.
16 레이몬드 E. 브라운, 『메시아의 탄생』, 이옥용 옮김 (서울: CLC, 2014), p. 82.

예수님의 탄생은 메시아가 베들레헴에서 탄생할 것을 예언한 미가 5:2의 말씀이 성취된 것이다.

2) 베들레헴의 역사적 변천

성경에서 베들레헴의 역사적 변천을 보면, 중요한 사건들이 기묘하게 짝을 이루고 있다.

A 라헬의 죽음 – 한 가족의 슬픈 소식.
    B 사사기의 사사의 영적 타락과 관계된 장소 – 영적 어둠.
    B′ 룻기의 룻과 관계된 새로운 희망 – 영적 빛.
A′ 예수님의 탄생 – 온 세계의 기쁜 소식.

(1) 라헬의 슬픈 이야기 장소 베들레헴

신약의 베들레헴은 예수님의 탄생으로 온 세상에 구원의 기쁜 소식을 전하는 장소였지만, 성경에 처음 나오는 베들레헴은 슬픔의 장소였다. 야곱은 벧엘을 떠나 아버지 이삭이 있는 기럇 아르바(Kiriath Arba)[17] 곧 헤브론으로 향했다. 야곱과 가족들은 할아버지 아브라함이 하란에서 떠나 가나안 땅 세겜에 도착한 뒤 걸었던 세겜, 벧엘, 헤브론, 브엘세바로 이어지는 중앙산지의 산지길(the Ridge Route) 곧 족장의 도로(Patriarch's Road)를 따

---

17 헤브론의 옛 이름이다. 아브라함이 기럇 아르바에 도착했을 때 헷 족속이 살고 있었다(창 23:2-20). 기럇 아르바는 히브리어로 "네 개의 성읍, 마을," "네 구역의 성읍"의 뜻을 가진다. 여호수아서에는 아르바의 성읍으로 소개된다. "여호와께서 여호수아에게 명령하신 대로 여호수아가 기럇 아르바 곧 헤브론을 유다 자손 중에서 분깃으로 여분네의 아들 갈렙에게 주었으니 아르바는 아낙의 아버지였더라"(수 15:13). "아낙의 아버지 아르바의 성읍 유다 산지 기럇 아르바 곧 헤브론과…"(수 21:11).

라갔다. 벧엘을 떠나 베들레헴 가까운 곳에 이르렀을 때 야곱과 가족에게 기쁨의 소식이 들려왔다. 만삭인 라헬의 해산(解産) 소식이었다. 그러나 라헬은 난산(難産)으로 인해 아들 베냐민을 낳고 죽었다. 야곱은 라헬을 에브랏(Ephrath) 곧 베들레헴 길에 장사하고 그녀의 묘비를 세웠다.

〈사진 8〉 라헬의 가묘

[16]그들이 벧엘에서 길을 떠나 에브랏에 이르기까지 얼마간 거리를 둔 곳에서 라헬이 해산하게 되어 심히 고생하여 [17]그가 난산할 즈음에 산파가 그에게 이르되 두려워하지 말라 지금 네가 또 득남하느니라 하매 [18]그가 죽게 되어 그의 혼이 떠나려 할 때에 아들의 이름을 베노니라 불렀으나 그의 아버지는 그를 베냐민이라 불렀더라 [19]라헬이 죽으매 에브랏 곧 베들레헴 길에 장사되었고 [20]야곱이 라헬의 묘에 비를 세웠더니 지금까지 라헬의 묘비라 일컫더라(창 35:16-20).

야곱은 베들레헴 가까운 길에서 사랑하는 아내 라헬의 죽음을 보는 아픔을 겪었다. 아들 베냐민은 핏덩이로 태어났을 때 어머니의 죽음을 보아야 했고 어머니의 젖 한 번 먹어보지 못한 슬픈 아들이 되었다. 온 가족은 해산의 고통 가운데 쓸쓸히 죽어간 라헬을 보면 슬픔에 잠겼을 것이다. 아이를 낳다 죽은 라헬의 사건은 성경의 가장 애절하고 슬픈 이야기 중 하나가 되었다.

(2) 영적 타락과 베들레헴

베들레헴의 두 번째 기록은 이스라엘의 가나안 정복 이후 영적, 윤리적 타락의 시대가 되었던 사사기에 등장한다. 사사는 히브리어 쇼페트(שפט)로 재판하거나 통치를 하는 사람이다. 하나님은 사사들을 통해 이방의 압제로부터 이스라엘(또는 지파)을 구원하셨다. 베들레헴은 사사 입산의 고향이다(삿 12:8). 그는 아들 30명과 딸 30명을 두었는데, 딸들은 밖으로 시집을 보냈고 아들들을 위해 밖에서(개역개정은 '밖에서,' 개역한글에서는 '타국'으로 번역했다) 여자 30명을 데려왔다(삿 12:9). 자녀가 60명이라는 것은 여러 명의 부인이 있음을 의미한다.

또한 "밖으로"라는 히브리어 호쯔(חוץ)는 "밖," "외부," "해외"라는 뜻을 가진다. 입산은 유다 지파 밖이나 이스라엘 민족을 떠나 해외로 딸들을 시집보내고 며느리들을 맞이했다. 입산은 7년 동안 사사로 있었지만, 60명의 자녀 결혼 이야기 외에 단 한 번도 하나님과 관계된 서술이 없다. 하나님의 구원의 도구로 사용되지 못한 가장 불행한 사사로서 삶을 마감하고 베들레헴에서 죽었다(삿 12:9).

사사 시대의 최악의 영적, 윤리적 타락을 보여주는 것은 미가(삿 17-18장)와 레위 첩(삿 19-21장) 이야기이다. 미가는 에브라임 산지에 살고 있었다. 미가는 어머니의 돈 은 1,000개를 훔쳤다가 어머니의 저주 때문에 다시 돌려주었다(삿 17:1-2). 그의 어머니는 미가에게 돈을 되돌려 주며 "내가 내 아들을 위하여 한 신상을 새기며 한 신상을 부어 만들기 위해 내 손으로 이 은을 여호와께 거룩히 드리노라"고 말한다(삿 17:3).

이 말은 사사기 최악의 영적 어둠을 반영한다. 거룩한 여호와 하나님께 돈을 드리는데, 그 목적이 아들을 위해 신상을 새기고 부어 만들기 위해서였다. 미가의 어머니는 은 200개를 은장색(silversmith)에게 주어 신상(the image and the idol) 하나를 새기고, 하나는 부어 만들었다(삿 17:4). 아들 미가에게는 신당(an house of gods)이 있었다. 신당이 있다는 것은 미가의 영적 타락을 보여준다. 왜냐하면 미가는 여호와 하나님 대신 다른 신들을 자기 집에 모시고 있었기 때문이다. 그가 사는 에브라임 산지에는 "여호와의 성막"이 있는 실로가 있었다. 미가는 실로의 성막에 가서 제사를 드리지 않고 개인 신당에서 우상에게 제사를 지냈다. 미가는 에봇과 이방의 가정 신(神) 드라빔을 만들고 아들을 제사장으로 삼았다(삿 17:5). 사사기는 이때의 영적 타락을 한 문장으로 요약한다.

〈사진 9〉 실로의 성막 터

> 그때에는 이스라엘에 왕이 없었으므로 사람마다 자기 소견에 옳은 대로 행하였더라(삿 17:6).

이때, 유다 베들레헴 출신으로 거주할 곳을 찾아 에브라임 산지까지 오게 된 한 명의 레위인 청년이 등장한다(삿 17:7). 미가는 레위 청년에게 개인 제사장이 되면, 해마다 은 열과 의복 한 벌과 먹을 것을 주겠다고 제안했다. 레위 청년은 제안을 수락하고 미가의 집에 들어갔다(삿 17:10). 미가는 "레위인이 내 제사장이 되었으니 이제 여호와께서 내게 복을 주실 줄 아노라"고 고백한다(삿 17:13). 미가는 개인 신상과 드라빔을 만들고 자기를 위해 레위인 제사장을 고용하는 죄를 범했다. 그럼에도 그는 "이제 여호와께서 복을 주실 것이다"라는 고백을 한다. 미가의 고백은 미가와 그 시대가 얼마나 영적으로 무지했는지, 경배의 대상인 여호와 하나님을 단지 자신에게 복주는 대상으로 바꿔버린 타락상을 보여준다. 이에 성경은 또다시 미가와 그 시대를 요약한다.

> 그때에 이스라엘에 왕이 없었고 단 지파는 그때에 거주할 기업의 땅을 구하는 중이었으니 이는 그들이 이스라엘 지파 중에서 그때까지 기업을 분배 받지 못하였음이라(삿 18:1).

미가 이야기뿐 아니라 레위인의 첩 이야기도 사사기의 영적, 윤리적 타락의 극치를 보여준다.

> 이스라엘에 왕이 없을 그때에 에브라임 산지 구석에 거류하는 어떤 레위 사람이 유다 베들레헴에서 첩을 맞이하였더니(삿 19:1).

사사 시대를 대변해 주는 말은 "이스라엘에 왕이 없으므로"이다(삿 17:6; 18:1; 19:1; 21:25). 하나님은 아브라함에게 땅을 약속하셨고 여호수아는 젖과 꿀이 흐르는 약속의 땅 가나안을 차지했다. 이스라엘은 가나안 땅에서 여호와를 진정한 왕으로 삼고 그의 백성이 되어 살아가야 한다. 가나안은 하나님의 나라를 지상에서 실현하는 장소였다. 그렇기 때문에 진정한 이스라엘의 왕은 인간이 아니다. 약속의 땅, 가나안 땅의 주인인 여호와 하나님이다. 그러므로 "이스라엘에 왕이 없으므로"라는 말은 이스라엘 백성들이 참되신 왕 여호와를 버렸다는 영적 타락, 어둠을 표현한 문장이다.

다시 사건으로 돌아가 에브라임 산지 구석에 살던 한 레위인은 베들레헴에서 첩을 얻었으나, 첩은 행음하고 베들레헴에 있는 아버지 집으로 떠나 4개월을 지냈다(삿 19:1-2). 레위인은 4개월 만에 첩을 찾아 베들레헴으로 갔다. 며칠 동안 여인의 아버지께 극진한 대접을 받고 집으로 돌아가는 길에 여부스(예루살렘의 옛 지명, 삿 19:11)를 지나 베냐민 땅에 속한 기브아의 한 노인의 집에 머물게 되었다(삿 19:20-21). 불량배들이 노인의 집에 찾아와 그를 내 놓으라 협박했다. 불량배들은 성관계의 대상으로 남자 레위인을 원했다. 마치 소돔과 고모라 백성들이 롯에게 찾아온 남자의 모습으로 온 천사들을 원했던 것과 같이(창 19:5). 겁먹은 레위인은 첩을 그들에게 내보냈다. 불량배들은 레위인의 첩을 밤새도록 욕을 보였다.

> …그들이 그 여자와 관계(rape)하였고 밤새도록 그 여자를 능욕하다가 새벽 미명에 놓은지라(삿 19:25).

제2장 메시아 예수의 탄생 61

〈사진 10〉 기브아

결국, 그녀는 치욕스러운 밤을 고통스럽게 견디다 문 앞에 엎드려져 죽었다(삿 19:25-27). 레위인은 하나님의 백성이라면, 아니 인간이라면 해서는 안 되는 끔찍한 일을 저질렀다. 레위인은 첩의 시신을 칼로 마디마디 잘라 이스라엘 지파들에게 보냈다(삿 19:29). 이 일로 인해서 이스라엘 모든 지파들이 연합하여 베냐민 지파 사람들을 죽여 단 600명만이 살아남는 비극을 낳았다(삿 20:47). 영적으로, 윤리적으로 타락했던 한 레위인과 베냐민 지파 불량배들에 의해 벌어진 타락은 무서운 결과를 남겼다. 사사기는 다음의 말씀으로 이 사건을 종결한다.

> 그때에 이스라엘에 왕이 없으므로 사람이 각기 자기의 소견에 옳은 대로 행하였더라(삿 21:25).

(3) 희망으로 소개되는 베들레헴

베들레헴은 창세기에서 라헬의 죽음으로 슬픔의 장소로(창 35:16-19; 48:7), 사사기에서 영적, 윤리적 어둠과 타락을 보여주는 인물들의 고향으로 등장했다(삿 17-21장). 그러나 룻기의 룻과 역사서(삼상-대상)의 다윗의 등장으로 베들레헴은 영적 절망을 희망으로 바꾸는 장소가 된다.

룻기는 영적 어둠이었던 사사 시대가 배경이다. 사사기 1:1은 "사사들이 치리하던 때에 그 땅(베들레헴)에 흉년이 드니라"는 말씀으로 시작한다. 빵집이라는 의미를 지닌 베들레헴(בית לחם)에 흉년이 들었다. 베들레헴은 중앙산지 중에서도 밀과 보리를 재배할 수 있는 좋은 땅과 목축할 수 있는 좋은 환경을 가지고 있다. 그런데 그곳에 흉년이 들었다. 룻기에서 흉년의 모티브는 많은 것들을 생각하게 만든다.

하나님의 백성들에게 흉년이 들 수 있는가?

신앙의 흉년이 들 때 그리스도인들은 어떻게 해야 할 것인가를 생각하게 한다.[18] 영적 흉년이었던 사사 시대에 베들레헴 땅에 흉년이 들었다. 룻기는 베들레헴에 흉년이 들었을 때 비와 이슬을 주관하는 여호와 하나

---

18 흉년(기근, Famine) 모티브는 이미 창 12장 아브람 이야기에 처음으로 등장한다. 아브람은 여호와의 명령을 따라 우르를 떠나 하란을 거쳐 마침내 가나안 세겜 땅 모레 상수리나무에 도착했다. 그곳에서 여호와는 아브람에게 "내가 이 땅을 네 자손에게 주리라 하신지라"라고 말씀하셨고 아브람은 여호와를 위해 제단을 쌓았다. 아브람은 세겜을 떠나 벧엘 동쪽 산에 잠시 거주하며 여호와를 위해 제단을 쌓고 그의 이름을 불렀다. 그리고 남방 즉 네게브(the Negev)로 내려갔다(창 12:1-9). 여기까지는 모두가 순조로웠다. 여호와의 약속을 따라 우르를 떠났고 하란에서 떠날 때는 "하란에서 모은 모든 소유와 얻은 사람들을 이끌고" 가나안 땅으로 출발했다고 기록한다(창 12:1-5). 비록 아브람은 고향과 친척과 아버지의 집을 떠나는 힘든 결단을 했지만 하란에서 많은 재물과 종들을 얻었다. 창 12:10에 등장하는 흉년(기근) 모티브는 아브람에게 찾아온 첫 번째 시험이었다. "그 땅에 기근이 들었으므로 아브람이 애굽에 거류하려고 그리로 내려갔으니 이는 그 땅에 기근이 심하였음이라"(창 12:10). 아브람은 하나님께서 주시겠다고 약속한 땅을 '기근'이라는 시험 앞에서 주저 없이 떠나 애굽으로 향했다. 하나님께 기도 한 번 하지 않았다. 이것이 애굽에서 사래를 '누이'이라고 속이는 실패로 이어졌다(창 12:13).

님[19], 풍년과 생사화복(生死禍福)을 주장하시는 여호와, 기도하지 않은 한 가족의 삶을 보여준다. 룻기는 사사 시대와 한 가족이 두 여인 나오미와 룻의 믿음의 고백과 행위, 그리고 보아스와의 만남과 결혼을 통해 영적, 육적인 흉년에서 풍년으로, 절망에서 소망으로 바꾸시는 하나님의 놀라운 사랑을 기록한다.

그렇다면, 흉년이 풍년으로, 절망이 희망으로 바뀌는 과정은 어떠했을까?

엘리멜렉의 이름은 "나의 하나님은 왕이시다"라는 뜻이다. 그러나 이름과는 전혀 다르게 베들레헴에 흉년이 들자 하나님께 기도하지도 않은 채 하나님께서 기업으로 주신 땅에서 아내 나오미와 말론과 기룐 두 아들을 데리고 모압 지방으로 떠났다(룻 1:1-2). 그러나 엘리멜렉은 흉년을 피해 정착한 모압에서 풍요를 누리지 못하고 죽고 말았다(룻 1:3a). 고통은 그것으로 끝나지 않았다. 말론과 기룐은 모압 여자 오르바, 룻과 결혼하는 기쁨도 잠시(룻 1:4a), 둘은 모압 지방에서 10년쯤 살다 죽었다(룻 1:4b-5).

---

19 후기 청동기 시대의 우가릿에서 발견된 '바알의 서사시'는 당시 바알 숭배에 대한 지식을 전해준다. 고대 근동에는 바알은 '주인'이라는 뜻으로 땅에 생명을 공급하며 비를 내려주는 신으로 믿었다. 바알의 상징은 황소이지만 사람의 모습으로 오른손에 번개나 곤봉을 가진 형상으로 발견된다. 성경은 바알이 우상이며 비를 내려주는 신이 아님을 분명히 한다. 비와 이슬은 오직 여호와 하나님께서 주관하시며 복으로써 때를 따라 이른 비와 늦은 비를 주신다(신 11:14; 렘 5:24; 욜 2:23). 아합 왕 때 엘리야와 바알 선지자의 싸움은 바로 '누가 비와 이슬을 내려 주는 참된 신인가?'에 대한 싸움이었다. "길르앗에 우거하는 자 중에 디셉 사람 엘리야가 아합에게 말하되 내가 섬기는 이스라엘의 하나님 여호와께서 살아 계심을 두고 맹세하노니 내 말이 없으면 수 년 동안 비도 이슬도 있지 아니하리라 하니라"(왕상 17:1). 여호와의 말씀 때문에 북이스라엘은 비와 이슬이 3년 동안 내리지 않았다. 이후 "많은 날이 지나고 제삼년에 여호와의 말씀이 엘리야에게 임하여 이르시되 너는 가서 아합에게 보이라 내가 비를 지면에 내리리라"(왕상 18:1)라고 말씀하셨다. 여호와는 갈멜산 제단에 불을 내리심으로써 살아계신 참된 신은 바알이 아닌 여호와이심을 선포했다. 엘리야는 바알 선지자 450명을 기손강에서 죽였다(왕상 18:36-40). 그리고 하나님은 처음 손 만한 작은 구름으로 큰 비가 되어 이스르엘로 가는 아합에게 내렸다(왕상 18:44-45). 여호와는 우로(雨露)를 주관하시는 분이시다.

〈사진 11〉 헤스본에서 바라본 모압 들판

고통 중에 있던 나오미는 "여호와께서 자기 백성을 돌보시사 그들에게 양식을 주셨다"함을 들었다(룻 1:6). 나오미는 오르바와 룻의 미래를 위해 자신을 떠나라 했다. 오르바는 집으로 되돌아갔지만(룻 1:8-14) 룻은 떠나지 않기를 간청하며 여호와께 대한 믿음을 고백했다.

> 16... 내게 어머니를 떠나며 어머니를 따르지 말고 돌아가라 강권하지 마옵소서 어머니께서 가시는 곳에 나도 가고 어머니께서 머무시는 곳에서 나도 머물겠나이다 어머니의 백성이 나의 백성이 되고 어머니의 하나님이 나의 하나님이 되시리니 17어머니께서 죽으시는 곳에서 나도 죽어 거기 묻힐 것이라 만일 내가 죽는 일 외에 어머니를 떠나면 여호와께서 내게 벌을 내리시고 더 내리시기를 원하나이다 (룻 1:16-17).

나오미는 룻이 자기와 함께 가기로 굳게 결심함을 보았다(삿 1:18). 나오미와 룻은 추수가 시작될 때 함께 베들레헴으로 돌아왔다(룻 1:22). 룻은 엘리멜렉의 친족이며 부유했던 보아스의 밭에서 이삭을 줍게 되었다(룻 2:1-2). 이를 계기로 룻과 보아스는 결혼을 하게 되었고 여호와는 그들에게 아들을 주셨다.

> 이에 보아스가 룻을 맞이하여 아내로 삼고 그에게 들어갔더니 여호와께서 그에게 임신하게 하시므로 그가 아들을 낳은지라(룻 4:13).

보아스의 어머니는 라합이었다. 기생 라합은 여호수아와 이스라엘이 요단 서편 가나안의 첫 관문인 여리고 성을 차지할 수 있도록 도왔던 여인이었다(수 2장; 룻 4:21; 마 1:3). 라합과 살몬의 아들 보아스가 룻과 결혼하여 다윗의 할아버지 오벳을 낳았다. 오벳은 이새를, 이새는 다윗을 낳았다.

> [21]살몬은 보아스를 낳았고 보아스는 오벳을 낳았고 [22]오벳은 이새를 낳고 이새는 다윗을 낳았더라(룻 4:21-22).

룻기는 영적, 윤리적으로 타락된 사사 시대의 무대인 베들레헴이 룻과 보아스의 이야기로 다윗의 족보를 형성함으로써 새로운 희망, 하나님의 놀라운 구원의 무대로 바뀌게 되었다.

(4) 베냐민 지파 사울 왕의 실패

사사 시대는 이스라엘에 왕이 없었기 때문에 사람이 각기 자기의 소견에 옳은 대로 행했다(삿 17:6; 18:1; 19:1; 21:25). 이때 이스라엘 모든 장로들이

라마(Ramah)에 있던 마지막 사사 사무엘에게 와서 "모든 나라와 같이 우리에게 왕을 세워 우리를 다스리게 하소서"라고 간청했다(삼상 8:5). 사무엘은 그들의 말을 기뻐하지 않았다. 사무엘이 여호와께 기도했을 때 여호와도 기뻐하지 않으셨다.

> 여호와께서 사무엘에게 이르시되 백성이 네게 한 말을 다 들으라 이는 그들이 너를 버림이 아니요 나를 버려 자기들의 왕이 되지 못하게 함이니라(삼상 8:7).

하나님은 이스라엘 백성들의 마음을 지적했다. 사사 시대 사람들은 여호와 하나님을 버리고 우상들을 섬겼다. 하나님의 계명 즉 토라(Torah)가 있었음에도 그들은 율법을 따라 행하지 않고 자기들의 소견에 옳은 대로 판단하고 행동했다. 그들은 더 이상 하나님의 율법을 따라 순종하는 언약의 백성이기를 거부했다.

여호와는 그들의 요구대로, 주변 모든 나라 왕의 조건대로 한 사람을 택했다. 베냐민 지파의 유력한 기스(Kish)의 아들 사울이었다(삼상 9:1). 성경은 사울에 대해 자세히 설명한다.

> 기스에게 아들이 있으니 그의 이름은 사울이요 준수한 소년이라 이스라엘 자손 중에 그보다 더 준수한 자가 없고 키는 모든 백성보다 어깨 위만큼 더 컸더라(삼상 9:2).

사무엘은 기름병을 가져다가 사울의 머리에 붓고 입을 맞추면서 "여호와께서 네게 기름을 부으사 그의 기업의 지도자로 삼지 아니하셨느냐"고 말한다(삼상 15:1). 사울은 여호와의 기름 부음을 받고 이스라엘의 왕이 되었다. 어느 날, 사무엘은 승승장구하던 사울에게 하나님의 말씀을 전했다.

> [2]만군의 여호와께서 이같이 말씀하시기를 아말렉이 이스라엘에게 행한 일 곧 애굽에서 나올 때에 길에서 대적한 일로 내가 그들을 벌하노니[20] [3]지금 가서 아말렉을 쳐서 그들의 모든 소유를 남기지 말고 진멸하되 남녀와 소아와 젖 먹는 아이와 우양과 낙타와 나귀를 죽이라(삼상 15:2-3).

그러나 사울은 여호와의 명령에 불순종했다. 그는 아말렉 왕 아각과 그의 양, 가장 좋은 소, 기름진 것, 어린 양, 모든 좋은 것을 남기고 진멸하지 않았다. 사울은 오직 가치 없고 하찮은 것만을 진멸했다(삼상 15:9). 사울의 불순종 때문에 하나님은 사무엘에게 말씀하셨다.

> 내가 사울을 왕으로 세운 것을 후회하노니 그가 돌이켜서 나를 따르지 아니하며 내 명령을 행하지 아니하였음이니라(삼상 15:11).

사무엘은 불순종한 사울에게 여호와의 말씀을 전했다.

> [22]... 여호와께서 번제와 다른 제사를 그의 목소리를 청종하는 것을 좋

---

[20] 아말렉이 이스라엘을 대적한 출 17:8-16의 사건이다. 출애굽한 이스라엘은 르비딤에서 아말렉과 싸웠다. 여호수아는 이스라엘 백성을 데리고 아말렉과 싸웠고 모세는 산꼭대기에서 손을 들어 기도했고 아론과 훌은 피곤한 모세의 손을 붙들어 올렸다(출 17:9-12). 아말렉을 물리친 후 여호와는 모세에게 "이것을 책에 기록하여 기념하게 하고 여호수아의 귀에 외워 들리라 내가 아말렉을 없이하여 천하에서 기억도 못 하게 하리라"고 말씀하셨다(출 17:14). 모세는 제단을 쌓고 이름을 "여호와 닛시"라 불렀고 "여호와께서 맹세하시기를 여호와가 아말렉과 더불어 대대로 싸우리라"고 말씀하셨다(출 17:15-16).

> 아하심같이 좋아하시겠나이까 순종이 제사보다 낫고 듣는 것이 숫양의 기름보다 나으니 ²³이는 거역하는 것은 점치는 죄와 같고 완고한 것은 사신 우상에게 절하는 죄와 같음이라 왕이 여호와의 말씀을 버렸으므로 여호와께서도 왕을 버려 왕이 되지 못하게 하셨나이다
> (삼상 15:22-23).

결국, 왕이신 여호와를 버리고 주변 나라들과 같은 왕을 요구한 이스라엘의 모든 장로들의 요구는 사울과 함께 실패로 끝났다. 그러나 사울의 실패는 단순히 첫 번째 왕의 실패가 아니다. 사울은 베냐민 지파였고 고향은 베냐민 지파 땅 기브아(Gibeah)였다.

만일, 사울의 성공으로 사울 왕조가 세워졌다면 어떻게 되었을까?

그렇다면 유다 지파에서 왕이 나올 것이라는 말씀[21]은 성취되지 않았으며 하나님의 예언은 거짓이 될 것이다. 사울의 실패는 여호와의 명령에 불순종한 죄 때문이지만 그의 실패는 유대 지파 사람이 유다 땅 베들레헴에서 이스라엘의 왕이 될 것이라는 예언의 성취로 이어졌다. 사울의 실패는 하나님의 성공이었다.

(5) 다윗 왕의 고향 베들레헴

베들레헴은 룻과 보아스 때문에 구원의 소망을 품는 고귀한 땅이 되었다. 사울의 실패는 이스라엘에게 절망처럼 보였지만 하나님의 구원 역사는 새로운 희망을 탄생시켰다. 유다 후손 다윗이 왕으로 선택된 것이다. 사무엘상 16장부터 베들레헴은 본격적으로 다윗의 무대가 된다.

---

21 "규가 유다를 떠나지 아니하며 통치자의 지팡이가 그 발 사이에서 떠나지 아니하기를 실로가 오시기까지 이르리니 그에게 모든 백성이 복종하리로다"(창 49:10).

하나님은 사무엘에게 사울의 범죄 때문에 새로운 왕을 세울 계획을 말씀하셨다.

> ¹여호와께서 사무엘에게 이르시되 내가 이미 사울을 버려 이스라엘 왕이 되지 못하게 하였거늘 네가 그를 위하여 언제까지 슬퍼하겠느냐 너는 뿔에 기름을 채워 가지고 가라 내가 너를 베들레헴 사람 이새에게로 보내리니 이는 내가 그의 아들 중에서 한 왕을 보았느니라 하시는지라 ²사무엘이 이르되 내가 어찌 갈 수 있으리이까 사울이 들으면 나를 죽이리이다 하니 여호와께서 이르시되 너는 암송아지를 끌고 가서 말하기를 내가 여호와께 제사를 드리러 왔다 하고 ³이새를 제사에 청하라 내가 네게 행할 일을 가르치리니 내가 네게 알게 하는 자에게 나를 위하여 기름을 부을지니라(삼상 16:1-3).

사무엘은 여호와의 명령으로 베들레헴 이새의 집으로 갔다(삼상 16:4). 사무엘은 장자 엘리압을 보는 순간 마음속으로 "여호와의 기름 부으실 자가 과연 주님 앞에 있도다"라고 고백했다(삼상 16:6). 그러나 하나님은 사무엘에게 말씀하셨다.

> 그의 용모와 키를 보지 말라 내가 이미 그를 버렸노라 내가 보는 것은 사람과 같지 아니하니 사람은 외모를 보거니와 나 여호와는 중심을 보느니라(삼상 16:7).

이새는 엘리압, 아비나답, 삼마 순으로 7명의 아들을 다 보였지만, 여호와께서 택하신 왕이 될 아들은 없었다(삼상 16:8-10). 양을 치던 막내만이 홀로 남았을 뿐이다. 아버지 이새는 막내를 눈여겨보지도, 인정하지도 않았다. 다윗은 형들이 사무엘 앞으로 다 지나갈 때까지 홀로 양을 지키고 있었을 뿐이다. 사무엘은 이새에게 "네 아들들이 다 여기 있느냐"고 물었다(삼상 11:11a). 이새는 "아직 막내가 남았는데 그는 양을 지키나이다"라고 대답했다(삼상 11:11b). 사무엘은 이새에게 "그를 데려오기까지 식사 자리에 앉지 아니하겠노라"고 말했다(삼상 16:11c).

〈사진 12〉 벧엘 주변의 양

양을 치던 목동 다윗이 집에 들어오는 순간 성경은 "그의 빛이 붉고 눈이 빼어나고 얼굴이 아름답더라"고 설명한다(삼상 16:12). 아버지와 형들이 보지 못한 아름다움이었다. 사무엘은 하나님의 눈으로 보게 된 다윗의 아름다움과 왕 됨을 보았다. 여호와는 "이가 그니 일어나 기름을 부으라"고 명령했다(삼상 16:12). 사무엘이 기름 뿔병을 가져다가 다윗에게 부었다. 이 날 이후로 다윗이 여호와의 영에게 크게 감동되었고 사무엘은 라마로 돌아갔다(삼상 16:13). 다윗의 기름 부음은 역사 속에서 사울의 퇴장과 다윗의 등장을 예고한다.

아버지와 형들에게 인정받지도 못했던 여덟째 막내, 목동, 그는 어떻게 하나님의 택함을 받았을까?

다윗이 기록한 시편을 보면, 양을 치는 목동생활 속에서 항상 하나님과 동행했음을 알 수 있다. 다윗은 시편 23편에서 하나님과 자신을 목자와 양의 관계로 비유했다.

> ¹여호와는 나의 목자시니 내게 부족함이 없으리로다 ²그가 나를 푸른 풀밭에 누이시며 쉴 만한 물 가로 인도하시는도다 ³내 영혼을 소생시키시고 자기 이름을 위하여 의의 길로 인도하시는도다 ⁴내가 사망의 음침한 골짜기로 다닐지라도 해를 두려워하지 않을 것은 주께서 나와 함께 하심이라 주의 지팡이와 막대기가 나를 안위하시나이다 ⁵주께서 내 원수의 목전에서 내게 상을 차려 주시고 기름을 내 머리에 부으셨으니 내 잔이 넘치나이다 ⁶내 평생에 선하심과 인자하심이 반드시 나를 따르리니 내가 여호와의 집에 영원히 살리로다(시 23:1-6).

다윗에게 여호와는 목자였다(시 23:1). 양떼가 목자 없이 살 수 없듯이 다윗에게 여호와는 목자였다.

첫 번째로 여호와가 목자로 표현된 기록은 야곱의 축복 기도였다.

> 요셉의 활은 도리어 굳세며 그의 팔은 힘이 있으니 이는 야곱의 전능자 이스라엘의 반석인 목자의 손을 힘입음이라(창 49:24).

두 번째는 신 광야[22] 가데스의 므리바 물 사건 때 모세의 간구에서 나타난다.

> [16]여호와 모든 육체의 생명의 하나님이시여 원하건대 한 사람을 이 회중 위에 세워서 [17]그로 그들 앞에 출입하며 그들을 인도하여 출입하게 하사 여호와의 회중이 목자 없는 양과 같이 되지 않게 하옵소서 (민 27:16-17).

고대 근동에서 목자는 백성의 안전을 지켜주는 왕을 표현하는 단어였다. 하지만 양 치는 목자들에게는 양과 목자는 실제적으로 체득(體得)되는 절대적인 보호의 관계였다. 다윗은 아버지의 양을 치는 목자였지만 불평하지 않았다. 오히려 목자와 양의 관계 때문에 목자이신 하나님과 자신의 관계를 더 깊이 묵상했고 믿음으로 승화시켰다.

하나님은 이러한 다윗을 왕으로 세우셨다. 사울은 여호와의 영이 떠나자 여호와께서 부리시는 악령(惡靈) 때문에 고통스러웠다(삼상 16:14). 신하들은 수금을 잘 타는 사람을 구해 음악을 듣는다면 하나님께서 부리는 악령으로부터 치료받을 수 있을 것이라 간청했다(삼상 16:15-16). 그때 이름이 밝혀지지 않은 한 소년이 말했다.

> 내가 베들레헴 사람 이새의 아들을 본즉 수금을 탈 줄 알고 용기와 무용과 구변이 있는 준수한 자라 여호와께서 그와 함께 계시더이다 (삼상 16:18).

---

22 시나이 반도에는 네 개의 광야가 있다. 출애굽한 이스라엘이 만난 광야 순서는 수르 광야(the Desert of Shur, 출 15:22), 신 광야(the Desert of Sin), 바란 광야(the Desert of Paran), 진 광야(the Desert of Zin)가 있다. 한글 성경에는 신 광야와 진 광야를 '신 광야'로 통일해 번역했기 때문에 성경 독자들에게 동일하다고 받아들인다. 하지만 신(Sin) 광야는 엘림과 시내산 사이에 있는 광야로 출애굽한 지 둘째달 15일에 도착한 광야이고(출 16:1) 진(Zin) 광야는 시내산을 지나 약 38년의 시간을 보낸 가데스 바네아가 있는 광야이다.

사울 앞에 불려간 다윗이 연주할 때 여호와께서 부리시는 악령이 사울에게서 떠나갔다(삼상 16:19). 사탄, 마귀와 악령들도 하나님의 피조물이기 때문에 하나님의 지배 아래 있다.

이후 다윗은 음악가뿐 아니라 용사로 등장한다. 사울과 이스라엘 백성들은 싸움을 돋우는 블레셋(Philistines) 장수 골리앗의 위용과 외침 때문에 두려움으로 가득했다(삼상 17:1-11). 이스라엘은 블레셋과 40일 동안 대치했으나 골리앗의 기세에 눌려 한 사람도 싸움에 나설 수 없었다. 그때에 이새가 다윗에게 말했다.

> 17... 지금 네 형들을 위하여 이 볶은 곡식 한 에바와 이 떡 열 덩이를 가지고 진영으로 속히 가서 네 형들에게 주고 18이 치즈 열 덩이를 가져다가 그들의 천부장에게 주고 네 형들의 안부를 살피고 증표를 가져오라(삼상 17:17-18).

전쟁터인 엘라 골짜기에 도착한 다윗은 골리앗의 외침 소리를 들었다(삼상 17:23). 이스라엘 사람들은 골리앗을 보고 심히 두려워서 도망하며 말했다.

> 너희가 이 올라 온 사람을 보았느냐 참으로 이스라엘을 모욕하러 왔도다 그를 죽이는 사람은 왕이 많은 재물로 부하게 하고 그의 딸을 그에게 주고 그 아버지의 집을 이스라엘 중에서 세금을 면제하게 하시리라(삼상 17:25).

다윗은 곁에 서 있는 사람들에게 말했다.

이 블레셋 사람을 죽여 이스라엘의 치욕을 제거하는 사람에게는 어떠한 대우를 하겠느냐 이 할례받지 않은 블레셋 사람이 누구이기에 살아 계시는 하나님의 군대를 모욕하겠느냐(삼상 17:26).

사람들은 전과 같이 말했다. 큰 형 엘리압은 "네가 어찌하여 이리로 내려왔느냐 들에 있는 양들을 누구에게 맡겼느냐 나는 네 교만과 네 마음의 완악함을 아노니 네가 전쟁을 구경하러 왔도다"라고 꾸짖었다(삼상 17:28). 그러나 다윗의 용맹스런 말이 사울에게 전해졌다. 사울은 어린 다윗을 보내지 않으려 했다. 하지만 다윗은 양을 칠 때 사자와 곰까지도 죽인 사실을 말하며 보내줄 것을 청했다.

> [36]주의 종이 사자와 곰도 쳤은즉 살아 계시는 하나님의 군대를 모욕한 이 할례받지 않은 블레셋 사람이리이까 그가 그 짐승의 하나와 같이 되리이다 … [37]여호와께서 나를 사자의 발톱과 곰의 발톱에서 건져내셨은즉 나를 이 블레셋 사람의 손에서도 건져내시리이다(삼상 17:36-37).

사울은 다윗의 믿음과 용맹을 보고 "가라 여호와께서 너와 함께 계시기를 원하노라"고 말하며 골리앗과 싸우도록 허락했다(삼상 17:37). 골리앗 앞에 선 다윗은 하나님의 이름을 모독하는 골리앗에게 외쳤다.

> [45]너는 칼과 창과 단창으로 내게 나아오거니와 나는 만군의 여호와의 이름 곧 네가 모욕하는 이스라엘 군대의 하나님의 이름으로 네게 나아가노라 [46]오늘 여호와께서 너를 내 손에 넘기시리니 내가 너를 쳐서 네 목을 베고 블레셋 군대의 시체를 오늘 공중의 새와 땅의 들짐승에게 주어 온 땅으로 이스라엘에 하나님이 계신 줄 알게 하겠고 [47]또 여

호와의 구원하심이 칼과 창에 있지 아니함을 이 무리에게 알게 하리
라 전쟁은 여호와께 속한 것인즉 그가 너희를 우리 손에 넘기시리라
(삼상 17:45-47).

〈사진 13〉 텔 아세가에서 본 소고와 아세가 사이

다윗은 골리앗을 향해 물매(무릿매, Sling)를 돌려 던졌다. 최고 시속 약 200km까지 날아가는 물맷돌이 골리앗의 이마에 박히는 순간 그는 쓰러졌다. 다윗은 쓰러진 골리앗의 칼로 그의 머리를 베었다(삼상 17:49-51). 골리앗을 이긴 다윗은 목동, 음악가, 전쟁터의 용사, 요나단과 생명을 나누는 친구(삼상 18:1-4), 사울 군대의 대장(삼상 18:5), 사위(삼상 18:26-28)였다. 다윗은 자신을 죽이려는 사울을 피해 도망해야 하는 드라마 같은 삶을 살았다(삼상 19-30장).

사울은 결국 길보아 전투에서 패전했고 도망하다 활에 맞아 중상을 입고 자기 칼로 스스로 자결했다(삼상 31:1-4). 이후 다윗은 헤브론에서 유다

족속의 왕이 되었고 7년 6개월을 다스렸다(삼하 2:4, 11). 사울의 아들 이스보셋이 죽은 후(삼하 4:12) 이스라엘 모든 지파가 다윗에게 기름을 붓고 이스라엘의 왕으로 세웠다. 다윗은 여부스 사람들에게서 예루살렘을 빼앗아 다윗 성이라 부르고 40년간 이스라엘을 다스렸다(삼하 5:1-5). 유다 지파 다윗 왕의 등극은 유다 자손 중 왕이 나오리라고 했던 야곱의 축복의 성취였다(창 49:10).

2. 왜, 예수님은 다윗의 후손으로 태어나야 할까?

복음서에서 예수님의 족보를 기록할 때 마태는 "아브라함부터 예수"까지 기록하고 있다(마 1:1-17).

(시작)아브라함→ 이삭→ 야곱→ 유다→ 베레스→ 헤스론→ 헤스론→람→ 아미나답→ 나손→ 살몬→ 보아스→ 오벳→ 이새→ 다윗→ 솔로몬→ 르호보암→ 아비야→ 아사→ 여호사밧→ 요람→ 웃시야→ 요담→ 아하스→ 히스기야→ 므낫세→ 아몬→ 요시야→ 여고냐→ 스알디엘→ 스룹바벨→ 아비훗→ 엘리아김→ 아소르→ 사독→ 아킴→ 엘리웃→ 엘르아살→ 맛단→ 야곱→ 요셉→ 예수(끝).

누가(Luke)는 역순으로 예수부터 시작해 아담, 그 위의 하나님으로 끝을 맺는다(눅 3:23-38).

(끝)예수→ 요셉→ 헬리→ 맛닷→ 레위→ 멜기→ 얀나→ 요셉→ 맛다디아→ 아모스→ 나훔→ 에슬리→ 낙개→ 마앗→ 다디아→ 서머인→

요섹→ 요다→ 요아난→ 레사→ 스룹바벨→ 스알디엘→ 네리→ 멜기→ 앗디→ 고삼→ 엘마담→ 에르→ 예수→ 엘리에서→ 요림→ 맛닷→ 레위→ 시므온→ 유다→ 요셉→ 요남→ 엘리아김→ 멜레아→ 멘나→ 맛다다→ 나단→ 다윗→ 이새→ 오벳→ 보아스→ 살몬→ 나손→ 아미나답→ 아니→ 헤스론-베레스→ 유다→ 야곱→ 이삭→ 아브라함→ 데라→ 나홀→ 스룩→ 르우→ 벨렉→ 헤버→ 살라→ 가이난→ 아박삿→ 셈→ 노아→ 레멕→ 므두셀라→ 에녹→ 야렛→ 마할랄렐→ 가이난→ 에노스→ 셋→ 아담→ 하나님(시작).

1) 아담에서 셋으로

왜, 아담의 족보는 가인과 아벨이 아닌 셋으로 기록되는가?
그 이유는 다음과 같다.
첫째, 가인은 아벨을 죽인 살인자로 메시아의 계보에 들어갈 수 없었다.
둘째, 아벨은 자녀가 없이 형 가인에게 살해당했기 때문이다.
아벨을 죽인 후 가인은 여호와 앞을 떠나서 에덴 동쪽 놋 땅에 거주하면서 자녀를 낳았다.

> [16]가인이 여호와 앞을 떠나서 에덴 동쪽 놋 땅에 거주하더니 [17]아내와 동침하매 그가 임신하여 에녹을 낳은지라 가인이 성을 쌓고 그의 아들의 이름으로 성을 이름하여 에녹이라 하니라 [18]에녹이 이랏을 낳고 이랏은 므후야엘을 낳고 므후야엘은 므드사엘을 낳고 므드사엘은 라멕을 낳았더라 [19]라멕이 두 아내를 맞이하였으니 하나의 이름은 아다요 하나의 이름은 씰라였더라 [20]아다는 야발을 낳았으니 그는 장막에 거주하며 가축을 치는 자의 조상이 되었고 [21]그의 아우의 이름은 유발

이니 그는 수금과 통소를 잡는 모든 자의 조상이 되었으며 ²²씰라는 두발가인을 낳았으니 그는 구리와 쇠로 여러 가지 기구를 만드는 자요 두발가인의 누이는 나아마였더라(창 4:16-22).

가인의 족보는 가인→ 에녹→ 이랏→ 므후야엘→ 므드사엘→ 라멕으로 이어진다. 라멕은 첫째 아내 아다 사이에서 야발(가축을 치는 자의 조상/ 목축의 조상)과 유발(수금과 통소를 잡는 모든 자의 조상/ 음악의 조상)을 낳았고, 둘째 아내 씰라 사이에서 두발가인(구리와 쇠로 여러 가지 기구를 만드는 자/ 기술의 조상)과 딸 나아마를 낳았다. 그러나 여기까지, 더 이상 가인의 족보는 기록되지 않았다.

성경에 나오는 아담의 메시아 계보는 단순히 육신적인 계보가 아닌 구원의 역사를 성취해 갈 사람들의 족보이다. 아담의 자녀들은 가인뿐 아니라 많은 자녀들이 있었으나[23] 가인, 아벨, 셋의 이름만 기록되었다. 성경은 가인의 짧은 족보를 기록한 뒤(창 4:16-24) 구원사의 족보를 기록해 나간다. 그 주인공은 셋이다.

---

23 하나님이 아벨을 죽인 가인에게 "땅에서 피하며 유리하는 자가 되리라"고 말씀하셨을 때(창 4:13) 가인은 "…내가 땅에서 피하며 유리하는 자가 될지라 무릇 나를 만나는 자마다 나를 죽이겠나이다"라고 고백했다(창 4:14). 창 4장에 의하면 가인과 아벨 외에는 아담의 다른 자녀가 있다는 기록이 없다. 아벨은 이미 가인에 의해 죽었기 때문에 가인이 하나님께 드린 말씀이 이상하게 생각된다. 그러나 여호와와 가인의 대화는 두 가지 가능성이 있다. 첫째, 성경의 많은 족보의 기록에서 보듯이 모든 자녀들을 기록하지 않고 특별히 중요한 인물들만 기록한다(창 5:1-32; 10:1-11:32; 36:1-43; 대상 1:1-8:40; 마 1:1-14; 눅 3:23-38 등). 창 4:1-8의 사건에서 가인과 아벨이 등장하지만 다른 자녀들이 있었을 수 있다. 그 이유는 여호와의 말씀을 들은 뒤 곧바로 창 4: 16-17은 "가인이 여호와 앞을 떠나서 에덴 동쪽 놋 땅에 거주하더니 아내와 동침하매 그가 임신하여 에녹을 낳은지라"고 기록된다. 이는 이미 가인에게 아내가 있었거나 아내로 맞이할 여자가 있었다는 의미를 내포하기 때문이다. 둘째, 이들의 대화는 "미래"에 있을 사실이기 때문에 모순되지 않는다. 더욱이 여호와의 대답은 "그렇지 아니하다 가인을 죽이는 자는 벌을 칠 배나 받으리라 하시고 가인에게 표를 주사 그를 만나는 모든 사람에게서 죽임을 면하게 하시니라"고 말씀하셨다(창 4:15). 가인을 만나는 '모든 사람'도 마찬가지로 첫째, 기록되지 않은 아담의 자녀들이거나 둘째, 앞으로 태어날 많은 자녀들일 수 있다.

²⁵아담이 다시 자기 아내와 동침하매 그가 아들을 낳아 그의 이름을 셋이라 하였으니 이는 하나님이 내게 가인이 죽인 아벨 대신에 다른 씨를 주셨다 함이며 ²⁶셋도 아들을 낳고 그의 이름을 에노스라 하였으며 그때에 사람들이 비로소 여호와의 이름을 불렀더라(창 4:25-26).

아벨은 하나님께 온전한 제사를 드렸지만(창 4:4; 히 11:4) 가인에게 살해당했다.

그렇다면 하나님께서 약속하신 메시아로 오실 여인의 후손(창 3:15)은 태어날 수 없는 것일까?

하나님의 계획은 결코 변경될 수 없다. 하나님은 아담에게 아벨 대신에 셋(שֵׁת, Seth)을 새로운 메시아의 자손/씨로 주셨다. 성경은 셋이 특별히 어떤 인물인지, 어떤 삶을 살았는지 밝히지 않는다. 다만 셋은 아벨 대신 주신 씨였고(창 4:25), 아담이 "백삼십 세에 자기의 모양 곧 자기의 형상과 같은 아들을 낳아 이름을 셋"이라 한 것만이 기록될 뿐이다(창 5:3). 그러나 셋의 아들 에노스를 설명할 때 "그때에 사람들이 비로소 여호와의 이름을 불렀더라"는 놀라운 말씀이 기록된다(창 4:26). 여호와의 이름이 사람들에게 호칭된 첫 기록이다.

2) 셋부터 노아까지

아담의 계보/메시아의 계보는 셋으로 이어 나간다.

아담(930세)→ 셋(912세)→ 에노스(905세)→ 게난(910세)→ 마할랄렐(895세)→ 야렛(962세)→ 에녹(365세)→ 므두셀라(969세)→ 라멕(777세)→ 노아(950세)→ 셈, 함, 야벳(창 5:3-32; 9:28).

창세기 5장은 특별히 에녹의 삶과 라멕이 노아의 이름을 지은 의도를 기록했다. 두 사람 외에는 "낳고… 죽었다"는 기록만 남길 뿐이다. 대부분 900년이 넘는 삶을 살았지만 그들이 어떤 삶을 살았는지, 여호와에 대한 믿음이 있었는지 없었는지에 대한 기록이 없다. 오직 에녹과 라멕만이 여호와에 대한 믿음이 기록되었다.

> [21]에녹은 육십오 세에 므두셀라를 낳았고 [22]므두셀라를 낳은 후 삼백 년을 하나님과 동행하며 자녀들을 낳았으며 … [24]에녹이 하나님과 동행하더니 하나님이 그를 데려가시므로 세상에 있지 아니하였더라 (창 5:21-22, 24).

> [28]라멕은 백팔십이 세에 아들을 낳고 [29]이름을 노아라 하여 이르되 여호와께서 땅을 저주하시므로 수고롭게 일하는 우리를 이 아들이 안위하리라 하였더라(창 5:28-29).

인류 역사 속에서 에녹과 같은 특별한 사건을 가진 사람은 엘리야(에녹과 같이 죽지 않고 승천. 왕하 2:11)와 예수님(부활 후 승천. 행 1:9), 단 세 사람밖에 없다. 에녹은 죽지 않고 승천한 이유를 "하나님과 동행"했기 때문이라고 기록한다. 히브리서는 에녹이 믿음 때문에 승천했으며 하나님을 기쁘시게 하는 삶을 살았다고 기록한다.

> 믿음으로 에녹은 죽음을 보지 않고 옮겨졌으니 하나님이 그를 옮기심으로 다시 보이지 아니하였느니라 그는 옮겨지기 전에 하나님을 기쁘시게 하는 자라 하는 증거를 받았느니라(히 11:5).

라멕은 아들 노아의 이름을 지으면서 "여호와께서 땅을 저주하시므로 수고롭게 일하는 우리를 이 아들이 안위하리라"는 소원을 담았다(창 5:29). 하나님께서 땅을 저주한 것은 아담의 범죄(창 3:17-19)와 가인의 범죄(창 4:11-12) 때문이다. 하나님께서 창조하신 아름다운 땅은 더 이상 없다. 하나님의 저주 때문에 땅은 효력을 잃었다. 사람은 아담과 가인에게 말씀하신대로 수고와 고통 가운데 살아가야 했다. 라멕은 아들 노아의 이름에 소망을 품었다. 라멕이 말한 "… 수고롭게 일하는 우리를 이 아들이 안위하리라"는 말은 예언적 고백으로 볼 수 있다. 왜냐하면 하나님은 창세기 5장에서 메시아 계보 속 노아를 택해 창세기 6장에 서술된 타락한 시대 속에서 인류 구원의 역사를 이어가기 때문이다.

3) 노아에서 셈으로

사람들이 땅 위에서 번성하면서 딸들이 태어났다. 그때 하나님의 아들들은 사람의 딸들의 아름다움을 보고 자기들이 좋아하는 모든 여자를 아내로 삼았다(창 6:1-2). 여호와께서 이것을 보시고 말씀하셨다.

> 나의 영이 영원히 사람과 함께 하지 아니하리니 이는 그들이 육신이 됨이라 그러나 그들의 날은 백이십 년이 되리라(창 6:3).

더욱이 사람의 죄악이 세상에 가득함과 그의 마음으로 생각하는 모든 계획이 항상 악할 뿐임을 보시고 땅 위에 사람 지으셨음을 한탄하셨고 마음에 근심하셨다(창 6:5-6).

> 내가 창조한 사람을 내가 지면에서 쓸어버리되 사람으로부터 가축과

> 기는 것과 공중의 새까지 그리하리니 이는 내가 그것들을 지었음을
> 한탄함이니라(창 6:7).

인간의 타락 때문에 120년 후 하나님의 심판이 내려질 것이다. 그렇다면 인류를 구원할 여인의 후손(창 3:15)은 태어나지 못할 것인가? 하나님의 계획은 끝내 성취되지 못할 것인가?
전능하며 거짓이 없으신 여호와의 언약은 거짓된 약속으로 끝날 것일까?
약속조차 성취하지 못하는 하나님일까?
여호와는 반전의 하나님이시다.

> [8]그러나 노아는 여호와께 은혜를 입었더라 [9]이것이 노아의 족보니라 노아는 의인이요 당대에 완전한 자라 그는 하나님과 동행하였으며 (창 6:8-9).

라멕의 소원대로 노아가 있었다. 인류를 구원으로 인도할 한 사람, 그가 바로 노아였다. 세상이 죄악으로 가득차고 생각조차 악할 때 "그러나"라는 반전이 일어난다. 노아는 여호와께 은혜를 입은 자, 의인, 당대에 완전한 자, 하나님과 동행하는 자였다. 하나님은 노아 때문에 심판 중에 구원을 계획하셨다. 하나님의 구원은 한 사람을 통해 행하신다. 노아, 아브라함, 모세, 여호수아, 엘리야, 엘리사 그리고 예수님. 모두가 죄악으로 어두울 때 한 사람을 통해 구원의 빛을 보이셨다. 하나님은 죄악으로 가득한 자들을 멸할 것을 말씀하셨다.

> [11]그때에 온 땅이 하나님 앞에 부패하여 포악함이 땅에 가득한지라

> ¹²하나님이 보신즉 땅이 부패하였으니 이는 땅에서 모든 혈육 있는 자의 행위가 부패함이었더라 ¹³하나님이 노아에게 이르시되 모든 혈육 있는 자의 포악함이 땅에 가득하므로 그 끝날이 내 앞에 이르렀으니 내가 그들을 땅과 함께 멸하리라(창 6:11-13).

그러나 하나님은 노아에게 "너는 고페르 나무로 너를 위하여 방주를 만들라"고 말씀하시며 정확한 방주 설계도를 말씀하셨다(창 6:14-16).

그렇다면 홍수 심판을 피하고자 원하는 누구나 방주에 들어온다면 구원받을 수 있을까?

노아는 홍수가 일어날 것을 사람들에게 선포했을까?

아니다. 성경은 노아가 심판이 일어날 것을 선포했다고 기록하지 않는다. 만일 모든 사람들에게 하나님의 심판과 회개를 선포하며 방주에 들어오는 사람은 구원을 받을 것이라고 선포했다면 하나님의 계획은 거짓이 된다. 하나님은 오직 방주에 들어와 구원받을 자들은 노아와 7명의 가족과 하나님께서 정해준 동물들뿐이었다.

> ¹⁷내가 홍수를 땅에 일으켜 무릇 생명의 기운이 있는 모든 육체를 천하에서 멸절하리니 땅에 있는 것들이 다 죽으리라 ¹⁸그러나 너와는 내가 내 언약을 세우리니 너는 네 아들들과 네 아내와 네 며느리들과 함께 그 방주로 들어가고 ¹⁹혈육 있는 모든 생물을 너는 각기 암수 한 쌍씩 방주로 이끌어 들여 너와 함께 생명을 보존하게 하되 ²⁰새가 그 종류대로, 가축이 그 종류대로, 땅에 기는 모든 것이 그 종류대로 각기 둘씩 네게로 나아오리니 그 생명을 보존하게 하라 ²¹너는 먹을 모든 양식을 네게로 가져다가 저축하라 이것이 너와 그들의 먹을 것이 되리라(창 6:17-21).

> ³⁷노아의 때와 같이 인자의 임함도 그러하리라 ³⁸홍수 전에 노아가 방주에 들어가던 날까지 사람들이 먹고 마시고 장가 들고 시집 가고 있으면서 ³⁹홍수가 나서 그들을 다 멸하기까지 깨닫지 못하였으니 인자의 임함도 이와 같으리라(마 24:37-39; 참고 눅 17:26-27).

> ²⁰그들은 전에 노아의 날 방주를 준비할 동안 하나님이 오래 참고 기다리실 때에 복종하지 아니하던 자들이라 방주에서 물로 말미암아 구원을 얻은 자가 몇 명뿐이니 겨우 여덟 명이라 ²¹물은 예수 그리스도께서 부활하심으로 말미암아 이제 너희를 구원하는 표니 곧 세례라 이는 육체의 더러운 것을 제하여 버림이 아니요 하나님을 향한 선한 양심의 간구니라(벧전 3:20-21).

하나님은 패역한 자들 속에서 노아와 가족, 선택된 동물들만을 구원하셨다. 그리고 다시는 홍수로 심판하지 않겠다고 약속하시며 무지개로 영원한 언약의 증표를 삼으셨다(창 9:11-16). 땅에 정착한 노아는 포도 농사를 지었고 술 취한 사건 때문에 메시아의 계보가 장자 가나안의 아버지 함이 아닌 셈에게 이어진다.

> ²⁵이에 이르되 가나안은 저주를 받아 그의 형제의 종들의 종이 되기를 원하노라 하고 ²⁶또 이르되 셈의 하나님 여호와를 찬송하리로다 가나안은 셈의 종이 되고 ²⁷하나님이 야벳을 창대하게 하사 셈의 장막에 거하게 하시고 가나안은 그의 종이 되게 하시기를 원하노라 하였더라(창 9:25-27).

노아의 축복을 받은 셈의 계보는 창세기 11장에 기록된다.

제2장 메시아 예수의 탄생　85

> 셈의 족보는 이러하니라 … 셈→ 아르박삿→ 셀라→ 에벨→ 벨렉
> →르우→ 스룩→ 나홀→ 데라는 아브람과 나홀과 하란을 낳았더라
> (창 11:10-27).

4) 아브라함에서 이삭으로

하나님은 갈대아 우르(Ur)에 살던 셈의 후손 아브람을 부르며 약속하셨다.

> ²내가 너로 큰 민족을 이루고 네게 복을 주어 네 이름을 창대하게 하
> 리니 너는 복이 될지라 ³너를 축복하는 자에게는 내가 복을 내리고 너
> 를 저주하는 자에게는 내가 저주하리니 땅의 모든 족속이 너로 말미
> 암아 복을 얻을 것이라 하신지라(창 12:2-3).

〈사진 14〉 하란 전경

하나님은 갈대아 우르에서 우상을 섬기던(수 24:2), 자녀가 없던 아브람을 부르셔서 후손, 땅, 복을 주실 것을 약속하셨다. 아브람은 우르를 떠나 하란에 머물다가 75세에 하란을 떠났다(창 12:4).

〈사진 15〉 세겜 전경

가나안 땅 세겜에 도착했을 때 또 다시 "내가 이 땅을 네 자손에게 주리라"고 약속하셨다(창 12:7).

〈사진 16〉 텔 발라타(바알브라심)

〈사진 17〉 야곱의 우물

애굽에서 돌아와 벧엘과 아이 사이에서 롯에게 좋은 땅을 양보하고 그와 헤어졌을 때도 약속하셨다.

> 14... 너는 눈을 들어 너 있는 곳에서 북쪽과 남쪽 그리고 동쪽과 서쪽을 바라보라 15보이는 땅을 내가 너와 네 자손에게 주리니 영원히 이

르리라 ¹⁶내가 네 자손이 땅의 티끌 같게 하리니 사람이 땅의 티끌을 능히 셀 수 있을진대 네 자손도 세리라 ¹⁷너는 일어나 그 땅을 종과 횡으로 두루 다녀 보라 내가 그것을 네게 주리라(창 13:14-17).

〈사진 18〉 사마리아인 토라   〈사진 19〉 사마리아인 유월절

아브람은 점점 더 나이가 많아져 자식에 대한 소망이 끊어져갔을 때 자신에게 찾아온 여호와께 다메섹 사람 엘리에셀이 상속자가 될 것이라고 말씀드렸다. 그러나 하나님은 아브람에게 다시 확신을 주셨다.

〈사진 20〉 벧엘과 아이 사이 전경

⁴… 그 사람이 네 상속자가 아니라 네 몸에서 날 자가 네 상속자가 되리라 하시고 ⁵그를 이끌고 밖으로 나가 이르시되 하늘을 우러러 뭇

별을 셀 수 있나 보라 또 그에게 이르시되 네 자손이 이와 같으리라
(창 15:4-5).

아브람은 하나님의 약속을 믿었다.

아브람이 여호와를 믿으니 여호와께서 이를 그의 의로 여기시고
(창 15:6).

하나님은 아브람을 우르에게 불러내신 목적을 말씀하셨다.

나는 이 땅을 네게 주어 소유를 삼게 하려고 너를 갈대아인의 우르에서 이끌어 낸 여호와니라(창 15:7).

아브람은 약속에 대한 증표를 요구했고 하나님은 제물을 가져 오라 말씀하셨다(창 15:8-9). 해질 때 아브람에게 깊은 잠과 큰 흑암과 두려움이 임했다(창 15:12). 하나님은 아브람에게 말씀하셨다.

[13]… 너는 반드시 알라 네 자손이 이방에서 객이 되어 그들을 섬기겠고 그들은 사백 년 동안 네 자손을 괴롭히리니 [14]그들이 섬기는 나라를 내가 징벌할지며 그 후에 네 자손이 큰 재물을 이끌고 나오리라 너는 장수하다가 평안히 조상에게로 돌아가 장사될 것이요 [15]네 자손은 사대 만에 이 땅으로 돌아오리니 이는 아모리 족속의 죄악이 아직 가득 차지 아니함이니라(창 15:13-16).

말씀하신 후 하나님은 "타는 횃불이 쪼갠 고기 사이로" 지나가셨다

(창 15:17). 하나님은 고대 근동의 종주권조약을 맺는 방식으로 언약하셨다. 종주권조약은 충성을 맹세하기 위해 패자인 봉신이 봉주 앞에서 쪼갠 고기 사이로 지나가는 행위였다. 그러나 봉주이신 하나님께서 봉신인 아브람 앞에서 쪼갠 고기 사이로 지나가심으로써 하나님 자신의 목숨을 담보로 언약하셨다. 하나님의 놀라운 사랑과 확고한 언약을 보여주신 것이다.[24] 아브람이 99세에 하나님은 그를 "여러 민족의 아버지"를 뜻하는 아브라함이라 칭했다(창 17:5). 하나님은 아브라함에게 약속하셨다.

> [6]내가 너로 심히 번성하게 하리니 내가 네게서 민족들이 나게 하며 왕들이 네게로부터 나오리라 [7]내가 내 언약을 나와 너 및 네 대대 후손 사이에 세워서 영원한 언약을 삼고 너와 네 후손의 하나님이 되리라 [8]내가 너와 네 후손에게 네가 거류하는 이 땅 곧 가나안 온 땅을 주어 영원한 기업이 되게 하고 나는 그들의 하나님이 되리라 [9]하나님이 또 아브라함에게 이르시되 그런즉 너는 내 언약을 지키고 네 후손도 대대로 지키라(창 17:6-9).

아브라함에게 후손에 대한 약속은 하나님께서 세우신 "영원한 언약"이며 "너와 네 후손의 하나님이 되리라"는 약속이었다. 하나님은 아브라함의 자손들에게 가나안 땅이 영원한 기업이 될 것을 약속하셨다. 그러면서 증표로 할례언약을 베푸셨다(창 17:10-14). 아브라함뿐 아니라 아내 사래도 사라로 부를 것이며 "내가 그에게 복을 주어 그가 네게 아들을 낳아 주게 하며 내가 그에게 복을 주어 그를 여러 민족의 어머니가 되게 하리라"고 약속하셨다(창 17:15-16). 그러나 아브라함은 엎드려 웃으며 마음속으로 말했다.

---

24 한민수, 『하나님의 구원역사 창세기』 (서울, 도서출판 그리심, 2011), p. 237.

> 백 세 된 사람이 어찌 자식을 낳을까 사라는 구십 세니 어찌 출산하리요(창 17:17).

아브라함은 하나님께 "이스마엘이나 하나님 앞에 살기를 원하나이다"라고 말씀드렸다(창 17:18). 놀랍게도 하나님께서 아브라함에게 약속한 씨는 단순한 육신적 자손이 아니었다.

> [19]하나님이 이르시되 아니라 네 아내 사라가 네게 아들을 낳으리니 너는 그 이름을 이삭이라 하라 내가 그와 내 언약을 세우리니 그의 후손에게 영원한 언약이 되리라 [20]이스마엘에 대하여는 내가 네 말을 들었나니 내가 그에게 복을 주어 그를 매우 크게 생육하고 번성하게 할지라 그가 열두 두령을 낳으리니 내가 그를 큰 나라가 되게 하려니와 [21]내 언약은 내가 내년 이 시기에 사라가 네게 낳을 이삭과 세우리라 (창 17:19-21).

하나님은 이스마엘에게 복과 크게 번성을 약속하셨지만, 그는 아브라함에게 약속한 후손이 아니었다. 그 이유는 하나님은 "내년 이 맘 때"라는 구체적 시간을 제시하면서 사라가 아들을 낳을 것이며 그를 이삭이라 할 것과 이삭과 언약을 세워 후손에게 영원한 언약이 될 것을 말씀하셨기 때문이다. 아브라함은 하나님의 언약대로 100세에 아들을 낳아 이삭이라고 부르고 8일 만에 할례를 행했다(창 21:1-4).

메시아의 계보는 셈의 후손인 아브라함에게서(창 11:10-26) 언약의 아들 이삭으로 이어진다. 하나님은 아브라함과 사라에게 후손을 약속했기 때문에 아브라함과 하갈 사이에 태어난 장자 이스마엘도, 아브라함의 후처 그두라의 자녀 시므란, 욕산, 므단, 미디안, 이스박, 수아도 메시아의 계보에 속할 수 없었다(창 25:1-2).

5) 이삭에서 야곱 그리고 유다 자손으로

사라는 아들 이삭의 결혼을 보지 못하고 헤브론에서 127세로 죽었다(창 23:1-2). 아브라함은 사라를 장사하기 위해 에브론에게 은 400세겔을 주고 마므레 앞 막벨라에 있는 에브론의 밭을 샀다(창 23:16-17). 아브라함은 사라를 가나안 땅 마므레 앞 막벨라 밭 굴에 매장했다(창 23:19). 막벨라 굴은 아브라함에게 약속된 가나안 땅의 첫 소유지가 되었다.

> [18]성 문에 들어온 모든 헷 족속이 보는 데서 아브라함의 소유로 확정된지라…[20]그 밭과 거기에 속한 굴이 헷 족속으로부터 아브라함이 매장할 소유지로 확정되었더라(창 23:18, 20).

〈사진 21〉 막벨라 굴 전경

〈사진 22〉 사라의 묘

사라가 죽은 후 아브라함은 이삭의 아내를 구하기 위해 늙은 종에게 "내가 너에게 하늘의 하나님, 땅의 하나님이신 여호와를 가리켜 맹세하게 하노니 너는 내가 거주하는 이 지방 가나안 족속의 딸 중에서 내 아들을 위하여 아내를 택하지 말고 내 고향 내 족속에게로 가서 내 아들 이삭을 위하여 아내를 택하라"고 말했다(창 24:3-4). 종이 아브라함에게 그 여자가 따라오지 않는다면 아들 이삭을 그곳으로 데려갈 것인가를 묻자 아브라함은 대답했다.

> 하늘의 하나님 여호와께서 나를 내 아버지의 집과 내 고향 땅에서 떠나게 하시고 내게 말씀하시며 내게 맹세하여 이르시기를 이 땅을 네 씨에게 주리라 하셨으니 그가 그 사자를 너보다 앞서 보내실지라 네가 거기서 내 아들을 위하여 아내를 택할지니라(창 24:7).

아브라함은 "이 땅을 네 씨에게 주리라"는 말씀을 굳게 믿었다. 이삭을 고향 땅으로 보내 그곳에서 자식을 낳게 된다면 하나님의 약속은 수포(水泡)로 돌아갈 것이다.

아브라함의 간절한 믿음대로 늙은 종은 메소포타미아 나홀의 성(the town of Nahor)에서 "아브라함의 동생 나홀의 아내 밀가의 아들 브두엘"의 딸 리브가를 만났다(창 24:10-16). 늙은 종은 이곳으로 오게 된 모든 이야기를 리브가와 라반에게 말했다(창 24:17-59). 라반은 리브가를 아브라함에게 보내며 "우리 누이여 너는 천만인의 어머니가 될지어다 네 씨로 그 원수의 성 문을 얻게 할지어다"라고 축복했다(창 24:60). 이삭은 40세에 리브가와 결혼하고 사랑하였다(창 25:20). 이삭은 어머니를 장례한 후 리브가 때문에 위로를 얻었다(창 24:67). 이삭은 행복한 결혼생활을 했으나 한 가지 문제가 있었다. "아내가 임신하지 못하므로"(창 25:21). 결혼한지 약 20년 동안 이삭 부부에게 자녀가 없었다(창 25:26).

그렇다면 메시아의 계보는 끊어지는 것일까?
아니면 메시아 계보를 잇기 위해 또 다른 여인을 만나 아들을 낳아야 하는 것일까?

이삭은 놀랍고도 간단하게 이 문제를 해결한다.

> 이삭이 그의 아내가 임신하지 못하므로 그를 위하여 여호와께 간구하매 여호와께서 그의 간구를 들으셨으므로 그의 아내 리브가가 임신하였더니(창 25:21).

이삭은 기도했다. 이삭은 자신이 하나님의 기적으로 태어난 언약의 아들이라는 사실을 알고 있었다. 아브라함과 사라는 이삭에게 끊임없이 하나님의 구원역사를 들려주었을 것이다. 이삭은 전능하신 하나님을 믿었다. 그래서 이삭은 임신하지 못했던 아내 리브가를 위해 여호와께 간구했다. 하나님은 곧바로 응답하셨다. 리브가는 쌍둥이를 임신했다(창 25:21). 리브가는 태 속에서 쌍둥이가 싸우자 여호와께 "이럴 경우에는 내가 어찌할꼬"라 물었다(창 25:22). 여호와는 말씀하셨다.

> 두 국민이 네 태중에 있구나 두 민족이 네 복중에서부터 나누이리라 이 족속이 저 족속보다 강하겠고 큰 자가 어린 자를 섬기리라(창 25:23).

하나님은 이미 태중에서 작은 자를 택하셨다. 이삭이 60세 때 쌍둥이가 태어났다. 에서가 먼저 나왔고 야곱은 형의 발꿈치를 잡고 나왔다(창 25:26). 야곱은 에서를, 리브가는 야곱을 사랑했다(창 25:27). 에서는 장자였기 때문에 장자의 권리를 가졌다.

에서가 메시아의 계보를 이을 것인가?

그렇다면 "큰 자가 어린 자를 섬기리라"는 하나님의 말씀은 거짓이 될 것인가?

　아니다. 에서와 야곱이 장성했을 때 두 가지 반전의 사건이 등장한다.

　첫째, 어느 날 들에서 집으로 돌아온 에서는 너무 피곤해 죽을 쑤고 있던 야곱에게 "내가 피곤하니 그 붉은 것을 내가 먹게 하라"고 말했다. 야곱은 "형의 장자의 명분을 오늘 내게 팔라"고 말했다(창 25:29-31). 에서는 "죽게 되었으니 이 장자의 명분이 내게 무엇이 유익하리요"라 말했다. 야곱은 에서에게 "오늘 내게 맹세하라"고 했다. 에서는 맹세하고 장자의 명분을 야곱에게 팔았다(창 29:32-33). 에서는 야곱에게 받은 떡과 팥죽을 먹고 일어났다. 성경은 이 사건의 결론을 내렸다.

> 에서가 장자의 명분을 가볍게 여김이었더라(창 29:34).

　야곱은 장자의 명분이 얼마나 소중한지 알았다. 그러나 에서는 장자의 명분을 가볍게 여겼다. 참된 가치를 몰랐다. 예수님은 "거룩한 것을 개에게 주지 말며 너희 진주를 돼지 앞에 던지지 말라 그들이 그것을 발로 밟고 돌이켜 너희를 찢어 상하게 할까 염려하라"(마 7:6)고 말씀하셨다.

　둘째, 이삭은 나이가 많아 잘 보지 못했다. 그는 언제 죽을지 몰라 걱정하면서 에서에게 사냥한 고기로 별미를 만들어 오면 먹고 마음껏 축복할 것이라 말했다(창 27:1-4). 이 소리를 들은 리브가는 에서가 들로 나간 사이 별미를 만들고 야곱을 형 에서처럼 변장시켜 이삭의 축복을 받았다(창 27: 5-27). 이삭은 야곱에게 축복했다.

> 27... 내 아들의 향취는 여호와께서 복 주신 밭의 향취로다 28하나님은 하늘의 이슬과 땅의 기름짐이며 풍성한 곡식과 포도주를 네게 주시기를 원하노라 29만민이 너를 섬기고 열국이 네게 굴복하리니 네

> 가 형제들의 주가 되고 네 어머니의 아들들이 네게 굴복하며 너를 저주하는 자는 저주를 받고 너를 축복하는 자는 복을 받기를 원하노라 (창 27:27-29).

하나님은 이삭의 축복을 통해 야곱에게 주실 놀라운 메시아의 계획을 선포하셨다. 하나님은 이미 태중에서 야곱을 택해 메시아의 조상이 될 것을 계획하셨지만 리브가는 하나님의 말씀을 잃어버렸다. 야곱은 형의 분노를 피하고 외삼촌 라반의 딸 중에서 아내를 맞이하라는 어머니의 말을 듣고 밧단아람(Paddan Aram)에 있는 외삼촌의 집으로 갔다(창 28:1-22). 야곱은 라반의 두 딸 레아와 라헬을 아내로 얻었고 여종 실바와 빌하도 얻었다. 그들에게서 열두 아들과 딸 하나가 태어났다.

그렇다면, 열두 아들 중 누가 메시아의 조상이 될까?

해답은 야곱의 축복에 등장한다.

> [8]유다야 너는 네 형제의 찬송이 될지라 네 손이 네 원수의 목을 잡을 것이요 네 아버지의 아들들이 네 앞에 절하리로다 [9]유다는 사자 새끼로다 내 아들아 너는 움킨 것을 찢고 올라갔도다 그가 엎드리고 웅크림이 수사자 같고 암사자 같으니 누가 그를 범할 수 있으랴 [10]규가 유다를 떠나지 아니하며 통치자의 지팡이가 그 발 사이에서 떠나지 아니하기를 실로가 오시기까지 이르리니 그에게 모든 백성이 복종하리로다(창 49:8-10).

이삭과 야곱의 축복은 하나님께서 행하실 미래적 예언이다. 유다는 왕권을 상징하는 "규"(scepter)와 "통치자의 지팡이"(the ruler's staff)를 부여받았다. 유다는 메시아의 조상이 될 것이다. 예언적 축복은 반드시 성취되었다.

6) 다윗에게

유다 자손 중에 메시아가 태어날 것이다(창 49:8-10).
그렇다면 유다의 아들 중 누가 메시아의 조상이 될 것일까?
유다의 아들 엘과 오난일까?
그러나 그들은 "여호와 목전에 악을 행하므로" 둘 다 죽임을 당했다(창 38:3-7). 유다의 며느리 다말은 아이가 없이 과부가 되었다.
메시아의 소망은 끊어졌을까?
아니다. 하나님은 기구한 인생 다말을 사용하셨다. 다말은 창녀로 변장해 시아버지 유다 사이에서 베레스와 세라를 낳았다(창 38:11-30; 마 1:3). 성경은 상상할 수 없는 이야기를 기록한다. 시아버지와 며느리 사이에 태어난 자녀들, 그 수치스러울 것 같은 족보를 당당하게 기록한다. 하나님은 베레스로 하여금 예수님의 조상이 되도록 허락하셨다. 뿐만 아니라 룻기는 메시아의 계보 속에 이방 모압 여인 룻을 포함시킨다.

> 살몬은 라합에게서 보아스를 낳고 보아스는 룻에게서 오벳을 낳고
> 오벳은 이새를 낳고 이새는 다윗 왕을 낳으니라(마 1:5-6).

마태는 시아버지와 관계를 나눈 다말(창 38장; 마 1:3), 여리고 성의 기생 라합(수 2:1; 마 1:5, 보아스의 어머니), 모압 여인 룻(룻 1:4; 4:13; 마 1:5), 다윗이 성 범죄와 간접 살인의 죄를 짓게 된 우리아의 아내 밧세바(왕하 11:2-4; 마 1:5)를 메시아 예수의 족보에 당당히 기록한다. 이것이 바로 하나님의 은혜요, 방법이다. 예수께서 이 땅에 오신 이유도 바로 가장 수치스럽고 죄악으로 가득한 인간을 감싸주시고 구원하시기 위해 하늘보좌를 버리고 오셨다. 룻기는 "사사들이 치리하던 때에 그 땅에 흉년이 드니라"(룻 1:1)라는

절망으로 시작해 다말과 유다의 아들 베레스로부터 다윗까지의 족보를 기록함으로써 구원의 희망을 기록한다.

> ¹⁸베레스의 계보는 이러하니라 베레스는 헤스론을 낳고 ¹⁹헤스론은 람을 낳았고 람은 암미나답을 낳았고 ²⁰암미나답은 나손을 낳았고 나손은 살몬을 낳았고 ²¹살몬은 보아스를 낳았고 보아스는 오벳을 낳았고 ²²오벳은 이새를 낳고 이새는 다윗을 낳았더라(룻 4:18-22).

7) 영원한 다윗의 왕조로

왜, 유다의 후손 다윗이 메시아의 조상일까?

가장 중요한 예언은 다윗언약(Davidic covenant)으로 불리는 사무엘하 7장에 나온다. 다윗은 나단 선지자에게 "나는 백향목 궁에 살거늘 하나님의 궤는 휘장 가운데에 있도다"라고 말했다(삼하 7:2). 하나님은 성전을 짓고자 하는 다윗의 마음에 흡족하여 그에게 놀라운 언약을 선포하셨다.

> ⁸… 내가 너를 목장 곧 양을 따르는 데에서 데려다가 내 백성 이스라엘의 주권자로 삼고 ⁹네가 가는 모든 곳에서 내가 너와 함께 있어 네 모든 원수를 네 앞에서 멸하였은즉 땅에서 위대한 자들의 이름같이 네 이름을 위대하게 만들어 주리라 ¹⁰내가 또 내 백성 이스라엘을 위하여 한 곳을 정하여 그를 심고 그를 거주하게 하고 다시 옮기지 못하게 하며 악한 종류로 전과 같이 그들을 해하지 못하게 하여 ¹¹전에 내가 사사에게 명령하여 내 백성 이스라엘을 다스리던 때와 같지 아니하게 하고 너를 모든 원수에게서 벗어나 편히 쉬게 하리라 여호와가 또 네게 이르노니 여호와가 너를 위하여 집을 짓고 ¹²네 수한이 차서

네 조상들과 함께 누울 때에 내가 네 몸에서 날 네 씨를 네 뒤에 세워 그의 나라를 견고하게 하리라 [13]그는 내 이름을 위하여 집을 건축할 것이요 나는 그의 나라 왕위를 영원히 견고하게 하리라 [14]나는 그에게 아버지가 되고 그는 내게 아들이 되리니 그가 만일 죄를 범하면 내가 사람의 매와 인생의 채찍으로 징계하려니와 [15]내가 네 앞에서 물러나게 한 사울에게서 내 은총을 빼앗은 것처럼 그에게서 빼앗지는 아니하리라 [16]네 집과 네 나라가 내 앞에서 영원히 보전되고 네 왕위가 영원히 견고하리라 하셨다 하라(삼하 7:8-16).

여호와는 다윗에게 다음과 같이 언약하셨다.

① 이스라엘의 주권자로 삼겠다.
② 다윗의 이름을 위대하게 만들어 주겠다.
③ 모든 원수에게서 벗어나 편히 쉬게 하겠다.
④ 장수하게 하겠다.
⑤ 다윗의 씨로 나라를 견고케 하겠다.
⑥ 나는 그에게 아버지가 되며 그는 내 아들이 될 것이다.
⑦ 여호와의 이름을 위해 성전/집을 건축할 것이다.
⑧ 만일 범죄하면 사람의 매와 인생 채찍으로 징계하겠다.
⑨ 다윗의 집과 나라와 왕위가 영원히 보전될 것이다.

메시아는 반드시 다윗 가문에서 태어날 것이다. 시인도 이 사실을 고백한다.

[3]주께서 이르시되 나는 내가 택한 자와 언약을 맺으며 내 종 다윗에게

맹세하기를 ⁴내가 네 자손을 영원히 견고히 하며 네 왕위를 대대에 세
우리라 하셨나이다(시 89:3-4).

뿐만 아니라 이사야도 다윗의 후손에서 메시아가 태어날 것을 예언
했다.

¹³이사야가 이르되 다윗의 집이여 원하건대 들을지어다 너희가 사람
을 괴롭히고서 그것을 작은 일로 여겨 또 나의 하나님을 괴롭히려 하
느냐 ¹⁴그러므로 주께서 친히 징조를 너희에게 주실 것이라 보라 처
녀가 잉태하여 아들을 낳을 것이요 그의 이름을 임마누엘이라 하리
라(사 7:13-14).

이사야는 다윗의 후손 메시아가 빛으로 오셔서 고통받는 자들에게 흑
암이 없게 하시며 멸시 당하던 해변길과 이방의 갈릴리를 영화롭게 할 것
을 선포했다.

¹전에 고통받던 자들에게는 흑암이 없으리로다 옛적에는 여호와께서
스불론 땅과 납달리 땅이 멸시를 당하게 하셨더니 후에는 해변 길과
요단 저쪽 이방의 갈릴리를 영화롭게 하셨느니라 ²흑암에 행하던 백
성이 큰 빛을 보고 사망의 그늘진 땅에 거주하던 자에게 빛이 비치도
다(사 9:1-2).

이사야는 아기로 태어나는 메시아가 누구인가를 예언했다.

⁶이는 한 아기가 우리에게 났고 한 아들을 우리에게 주신 바 되었는데

그의 어깨에는 정사를 메었고 그의 이름은 기묘자라, 모사라, 전능하신 하나님이라, 영존하시는 아버지라, 평강의 왕이라 할 것임이라 [7]그 정사와 평강의 더함이 무궁하며 또 다윗의 왕좌와 그의 나라에 군림하여 그 나라를 굳게 세우고 지금 이후로 영원히 정의와 공의로 그것을 보존하실 것이라 만군의 여호와의 열심이 이를 이루시리라(사 9:6-7).

계속해서 이사야는 메시아께 여호와의 영이 강림할 것이며 그가 이 땅을 공의로 심판하며, 아름다운 천국을 만들 것을 예언했다.

[1]이새의 줄기에서 한 싹이 나며 그 뿌리에서 한 가지가 나서 결실할 것이요 [2]그의 위에 여호와의 영 곧 지혜와 총명의 영이요 모략과 재능의 영이요 지식과 여호와를 경외하는 영이 강림하시리니 [3]그가 여호와를 경외함으로 즐거움을 삼을 것이며 그의 눈에 보이는 대로 심판하지 아니하며 그의 귀에 들리는 대로 판단하지 아니하며 [4]공의로 가난한 자를 심판하며 정직으로 세상의 겸손한 자를 판단할 것이며 그의 입의 막대기로 세상을 치며 그의 입술의 기운으로 악인을 죽일 것이며 [5]공의로 그의 허리띠를 삼으며 성실로 그의 몸의 띠를 삼으리라 [6]그때에 이리가 어린 양과 함께 살며 표범이 어린 염소와 함께 누우며 송아지와 어린 사자와 살진 짐승이 함께 있어 어린아이에게 끌리며 [7]암소와 곰이 함께 먹으며 그것들의 새끼가 함께 엎드리며 사자가 소처럼 풀을 먹을 것이며 젖 먹는 아이가 독사의 구멍에서 장난하며 [8]젖 뗀 어린아이가 독사의 굴에 손을 넣을 것이라 [9]내 거룩한 산 모든 곳에서 해 됨도 없고 상함도 없을 것이니 이는 물이 바다를 덮음 같이 여호와를 아는 지식이 세상에 충만할 것임이니라 [10]그날에 이새의 뿌리에서 한 싹이 나서 만민의 기치로 설 것이요 열방이 그에게로 돌아

오리니 그가 거한 곳이 영화로우리라(사 11:1-10).

시편 2편은 메시아가 하나님의 아들이라 인정받을 것을 예언했다.

> ⁶내가 나의 왕을 내 거룩한 산 시온에 세웠다 하시리로다 ⁷내가 여호와의 명령을 전하노라 여호와께서 내게 이르시되 너는 내 아들이라 오늘 내가 너를 낳았도다(시 2:6-7).

복음서는 메시아 예수께서 시편 2편의 예언대로 요단강에서 세례를 받을 때 하나님 아들이라 인정받았다고 증거 했다.

> 하늘로부터 소리가 있어 말씀하시되 이는 내 사랑하는 아들이요 내 기뻐하는 자라 하시니라(마 3:17; 참고 막 1:11, 눅 3:22).

베드로는 변화산에서 하나님의 음성을 들었다. 예수께서 요단강에서 세례받을 때와 동일한 말씀이었다(마 17:4-5; 막 9:7; 눅 9:35).

> ¹⁷지극히 큰 영광 중에서 이러한 소리가 그에게 나기를 이는 내 사랑하는 아들이요 내 기뻐하는 자라 하실 때에 그가 하나님 아버지께 존귀와 영광을 받으셨느니라 ¹⁸이 소리는 우리가 그와 함께 거룩한 산에 있을 때에 하늘로부터 난 것을 들은 것이라(벧후 1:17-18).

바울은 비시디아 안디옥에서 예수의 복음을 증거 할 때 시편 2편의 예언을 인용해 예수께서 메시아이심을 소개했다.

³³하나님이 예수를 일으키사 우리 자녀들에게 이 약속을 이루게 하셨
다 함이라 시편 둘째 편에 기록한 바와 같이 너는 내 아들이라 오늘
너를 낳았다 하셨고 ³⁴또 하나님께서 죽은 자 가운데서 그를 일으키사
다시 썩음을 당하지 않게 하실 것을 가르쳐 이르시되 내가 다윗의 거
룩하고 미쁜 은사를 너희에게 주리라(행 13:33-34).

복음서는 예수께서 기적을 행할 때 다윗의 자손이라고 언급한다. 두 시각장애인은 예수께 "다윗의 자손이여 우리를 불쌍히 여기소서"(마 9:27; 마 20:30). 여리고의 바디매오도 "다윗의 자손 예수여 나를 불쌍히 여기소서"(막 10:47). 가나안 여인은 딸을 사로잡았던 귀신을 쫓아주시기를 간구할 때도 "주 다윗의 자손이여 나를 불쌍히 여기소서 내 딸이 흉악하게 귀신 들렸나이다"라고 간청했다(마 15:22). 그들은 모두 예수께서 다윗의 자손으로 오실 메시아이심을 믿었기 때문에 치유와 귀신을 쫓아내실 줄 믿었던 것이다. 바울도 메시아 예수께서 다윗의 자손이라고 기록했다.

²이 복음은 하나님이 선지자들을 통하여 그의 아들에 관하여 성경에
미리 약속하신 것이라 ³그의 아들에 관하여 말하면 육신으로는 다윗
의 혈통에서 나셨고 ⁴성결의 영으로는 죽은 자들 가운데서 부활하사
능력으로 하나님의 아들로 선포되셨으니 곧 우리 주 예수 그리스도
시니라(롬 1:2-4).

내가 전한 복음대로 다윗의 씨로 죽은 자 가운데서 다시 살아나신 예
수 그리스도를 기억하라(딤후 2:8).

3. 왜, 아기 탄생의 기사들이 메시아 예언의 성취일까?

1) 아우구스투스 황제의 인구조사

누가는 가이사 아구스도(Caesar Augustus)가 로마 제국 전체에 호적을 하라는 영(decree)을 내렸다고 기록한다(눅 2:1).

> 그 때에 가이사 아구스도가 영을 내려 천하로 다 호적하라 하였으니(눅 2:1).

실제로 아우구스투스 황제 재위 기간 동안 전 로마의 인구조사가 실시된 적은 없었다. 그러나 로마 역사가 타키투스(Tacitus)에 의하면, 그의 재위 기간 동안에 전체 제국이 포함된 인구조사와 다양한 세금 평가들이 조직적으로 실시되었다고 기록했다(Tacitus, *Annals* 1.11). 뿐만 아니라 로마 지배하에 있던 자율 도시 국가들도 인구조사를 실시했다. 로마는 이집트에서 A.D. 34년부터 A.D. 258년까지 인구조사를 14년마다 실시했다.[25]

그렇다면, 누가가 기록한 천하(the entire Roman world) 즉, 전 로마 제국을 의미하는 누가의 기록은 잘못된 것이 아닌가?

아니다. 성경 기록의 예를 보면, 천하가 전 세계나 로마 전체를 의미하지 않았음을 알 수 있다. 클라우디우스(Claudius) 황제 때 아가보(Agabus)는 "천하에 큰 흉년이 들 것"을 예언했다(행 11:28). 사도행전을 기록한 누가는 아가보가 예언한 천하는 로마 제국 전체가 아닌 온 유대 지방을 의미했다. 그러므로 아우구스투스가 영을 내린 곳은 유대를 비롯한 한정된 장소에서 실시된 호적 명령이라 할 수 있다. 유대에서 실시된 아우구스투스

---

[25] 로버트 스타인, 『메시아 예수』, 황영철 옮김 (서울: IVP, 2001), p. 77

(Augustus) 황제의 호적 법령(decree)은 세례 요한이 태어난 후 선포되었다. 왜냐하면 요한의 어머니 엘리사벳은 마리아보다 6개월 먼저 임신했었기 때문이다(눅 1:36). 아우구스투스 황제의 호적 법령에 따라 이스라엘 사람들도 모두 호적을 신고하기 위해 고향으로 향했다.

예수님은 로마의 초대 황제 아우구스투스 치하에서 태어났다. 누가는 "평화의 구원자"라고 불리는 아우구스투스 황제와 세상의 진정한 평화의 왕 예수 그리스도의 탄생을 대비시킨다. 아우구스투스는 온 로마를 평정하고, 제국의 건립자로 기념되기를 원했다. 그가 가져온 평화를 기념하기 위한 제단(Ara Pacis Augustae)이 건립되어 지금까지 로마에 남아 있다. 더욱이 소아시아 도시들에서 아우구스투스 생일인 9월 23일을 새해 첫날로 지켰고, 그를 "구주"(Κύριος)라고 불렀고, 힐카나수스(Halicarnassus)에 있는 비문에는 아우구스투스를 "온 세상의 구주"라고 새겨져 있다.[26]

황제가 로마에 가져다 준 평화는 진정한 평화가 아니다. 강력한 권력을 차지해 정권을 안정화시켰을 뿐이며, 로마 제국을 확장시키기 위해 수많은 소수 민족들을 짓밟는 전쟁은 계속되었다. 수많은 사람들은 권력을 차지하기 위한 암투와 권력을 남용하고 있었다. 그들은 불의를 저질렀고, 로마 권력자들과 시민권자들을 위해 수많은 노예들은 평화를 누리지 못했다. 진정한 평화는 예수님의 탄생 소식을 전해준 천군과 천사들의 선포에서 발견된다.

> 지극히 높은 곳에서는 하나님께 영광이요 땅에서는 하나님이 기뻐하신 사람들 중에 평화로다 하니라(눅 2:14).

26　레이몬드 E. 브라운, 『메시아의 탄생』, pp. 678-679.

〈사진 23〉 헤로디온에 있는 헤롯의 무덤

또한 예수님의 탄생 연대를 생각해 볼 수 있다. 예수님의 탄생 연대는 논란이 있지만 B.C. 4년에 태어났음이 분명하다. 그 이유는 예수님은 헤롯 대왕 때 태어났고 헤롯 대왕이 죽을 때까지 이집트에 거주했는데(마 2:1, 15), 헤롯은 B.C. 4년 봄에 죽었기 때문이다. 헤롯 대왕의 무덤은 2007년 5월 8일 히브리대학교 에후드 네쩨르(Ehud Netzer) 교수에 의해 헤로디온(Herodion)에서 발굴되었다. 고고학적 발견은 누가 기록의 역사성과 사실성을 더욱 증명해 준다.

누가의 관심은 예수님의 탄생 연대를 증명하는 데 있지 않고 아우구스투스 황제의 호적 법령이 어떻게 그리스도의 탄생과 연관되는지 설명하려는 데 있다. 누가는 왜, 그리스도가 갈릴리 지방이 아닌 유대 땅에서, 나사렛에서가 아닌 베들레헴에서 탄생했는지를 자세히 설명했다. 황제의 호적 법령 때문에 이스라엘의 모든 사람들은 호적하기 위해 고향으로 갔다(눅 2:3). 요셉도 다윗의 후손이기 때문에 마리아와 함께 갈릴리 나사렛 동네를 떠나 다윗의 동네 유대 땅 베들레헴으로 향했다(눅 2:4). 나사렛을 떠날 때 마리아는 해산할 날이 얼마 남지 않았다. 그들이 작은 시골 마을 베들레헴[27]에 도착했을 때 이미 호적하기 위해 고향에 온 많은 사람들 때문에 여관에는 빈 방이 없었다. 요셉과 마리아는 여관이 없어 가축우리에서 아기를 낳고 강보에 싸서 구유에 뉘일 수밖에 없었다(눅 2:5-7)[28].

아우구스투스 황제의 호적 법령과 예수님의 베들레헴 탄생은 어떤 관계가 있을까?

누가는 왜, 예수님의 탄생과 아우구스투스 황제의 호적 법령을 연결했을까?

그 이유는 황제의 호적 법령이 없었다면 예수님은 갈릴리 지방의 산골 나사렛에서 태어날 수밖에 없었을 것이다. 예수께서 나사렛에서 태어났다면 성경은 거짓이 된다. 예수님은 예언된 메시아가 될 수 없다. 왜냐하면 미가 5:2의 예언 때문에 '이스라엘을 다스릴 자' 곧 메시아는 베들레헴에서 태어나야만 했기 때문이다. 아우구스투스 황제의 호적 법령 때문에 나사렛에 살고 있던 요셉과 마리아는 베들레헴으로 갈 수밖에 없었다. 황제는 로마 제국의 통치와 정치적 목적으로 인구통계를 냈을 것이다.

그러나 온 땅을 주관하시는 하나님은 아우구스투스의 호적 명령을 사용하셔서 요셉과 마리아를 베들레헴으로 보내셨다. 그래서 미가 5:2 예언대로 베들레헴에서 메시아 예수께서 탄생하도록 하셨다.

---

27 2,000년 전 베들레헴은 작은 마을이었다. 그래서 학자들은 헤롯의 유아 학살 명령 때문에 죽은 남자 아이가 약 20명 내외였을 것이라고 추측한다(로버트 스타인, 『메시아 예수』, p. 81 참조).

28 아기를 구유에 뉘인 것을 보면, 예수님은 양과 염소를 가두는 우리에서 태어난 것이 분명하다. 2,000년 전이나 지금이나 베들레헴에는 소를 방목하는 경우는 거의 없기 때문에 마굿간이 아니라 양과 염소를 가두는 우리였을 것이다.

2) 동방 박사들과 헤롯 대왕의 증언

동방 박사(Magi) 기사는 유대인들에게 메시아 탄생을 알리는 중요한 사건이었다. 마태는 "헤롯 왕 때에 예수께서 유대 베들레헴에서 나시매"라고 기록했다(마 2:1a). 역사적인 순간이었다. 하나님의 아들이 유대 땅 베들레헴에서 태어나셨다. 그러나 마태는 태어나기 전, 드라마틱한 한 사건을 소개한다. 예수님이 태어나기 바로 전, 동방(the east)으로부터 박사들이 예루살렘에 도착한 것이다.

학자들에 따라 동방을 페르시아, 바벨론, 메데, 동쪽에 위치한 모든 곳으로 보거나 문화가 발달한 이집트, 인도, 그리스 등으로 보기도 한다. 박사(Magi)는 메데, 페르시아, 바벨론 등에서 꿈을 해석하는 신통력을 지닌 제사장(단 2:2, 4, 8; 4:6-7), 바벨론의 모든 박수와 술객, 갈대아 술사, 점쟁이로 다니엘같이 어른으로 높임을 받았던 자들이었다(단 5:7). 먼 동방에서 예루살렘에 도착한 박사들은 당시 유대의 왕이었던 헤롯 대왕(Herod the Great)의 궁으로 향했다. 그들은 헤롯에게 물었다.

> 유대인의 왕으로 나신 이가 어디 계시냐 우리가 동방에서 그의 별을 보고 그에게 경배하러 왔노라(마 2:2).

박사들이 점성술사라고 추측할 수 있는 이유가 바로 이 말에 있다. 점성술사들은 별을 보며 생사화복(生死禍福)과 길흉(吉凶)을 점쳤다. 박사들은 왕의 탄생별을 보고 국제도로(Via maris)를 따라 몇 달 동안 여행하여 유대에 도착했다.

왜, 박사들은 고향을 떠나 머나먼 유대 땅까지 오게 되었을까?

첫째, 박사들은 디아스포라(Diaspora) 유대인들에게 메시아가 유대 땅에 태어날 것을 들었을 것이다. 그래서 박사들은 탄생별의 징조가 나타나자 유대인의 왕 메시아 탄생이라고 판단했을 것이다.

둘째, 그들은 다니엘과 같이 동방의 바벨론으로 사로잡혀 간 유대인의 후손일 것이다.

셋째, 별이 유대 땅까지 인도했기 때문에 유대인의 왕임을 알고 헤롯 대왕을 찾아 갔을 것이다.

세 가지 추측 모두 가능하다. 왜냐하면 성경은 박사들이 별을 보고 찾아 왔다는 기록만을 남기고 있기 때문이다.

박사들의 말을 들은 헤롯 대왕과 예루살렘은 큰 소동이 일어났다(마 2:3). 헤롯은 모든 대제사장과 백성의 서기관들을 불러 모으고 "그리스도가 어디서 나겠느냐"고 물었다(마 2:4). 마태는 헤롯의 말을 강조한다. 헤롯은 박사들이 경배하고자 했던 "유대인의 왕으로 나신 이"를 그리스도/메시아로 받아들였다. 놀랍게도 헤롯은 정통 유대인이 아닌 이두메인이었다. 그렇다고 구약에 예언된 메시아를 애타게 기다리는 자도 아닌 그가 "유대인의 왕으로 나신 이"를 "그리스도"라고 정의 내린 이유가 무엇일까?

헤롯의 물음에 대제사장들과 서기관들은 메시아 탄생의 예언인 미가 5:2을 헤롯에게 고한다.

> [5]… 유대 베들레헴이오니 이는 선지자로 이렇게 기록된 바 [6]또 유대 땅 베들레헴아 너는 유대 고을 중에서 가장 작지 아니하도다 네게서 한 다스리는 자가 나와서 내 백성 이스라엘의 목자가 되리라 하였음 이니이다(마 2:5-6).

대제사장들과 서기관들이 읽은 미가 5:2의 예언은 베들레헴에서 태어난 아기가 유대인의 왕이며, 하나님의 백성 이스라엘의 목자가 될 메시아/그리스도라는 사실을 확증한다. 헤롯은 박사들을 가만히 불러 별이 나타난 때를 자세히 묻고(마 2:7), 박사들을 베들레헴으로 보내면서 부탁했다.

> 가서 아기에 대하여 자세히 알아보고 찾거든 내게 고하여 나도 가서 그에게 경배하게 하라(마 2:8).

박사들은 헤롯의 말을 듣고 베들레헴으로 향했다. 왕궁을 나섰을 때 동방에서 보던 그 별이 다시 나타나 그들을 인도해 아기 있는 곳 위에 머물러 섰다(마 2:9). 박사들은 별을 보고 매우 크게 기뻐하고 기뻐했다(마 2:10). 동방 박사들은 예수님께서 합법적인 유대인의 왕으로 태어난 것으로 믿었기 때문에 베들레헴에 왔다.[29]

박사들은 메시아로 베들레헴에서 태어난 예수님께로 인도한 별은 발람이 메시아를 상징하는 별이 야곱에서 나올 것이라는 예언의 성취였다.

> [16]하나님의 말씀을 듣는 자가 말하며 지극히 높으신 자의 지식을 아는 자, 전능자의 환상을 보는 자, 엎드려서 눈을 뜬 자가 말하기를 [17]내가 그를 보아도 이 때의 일이 아니며 내가 그를 바라보아도 가까운 일이 아니로다 한 별이 야곱에게서 나오며 한 규가 이스라엘에게서 일어나서 모압을 이쪽에서 저쪽까지 쳐서 무찌르고 또 셋의 자식들을 다 멸하리로다(민 24:16-17).

---

29 제임스 C. 마틴, 존 A. 벡, 데이비드 G. 핸슨, 『성경 사건 비주얼 가이드』 (서울: 따뜻한 세상, 2012), p. 148.

박사들은 메시아의 별을 보았다. 박사들이 인식하든 인식하지 못하든 그들을 인도한 별은 "한 별이 야곱에게서 나오며 한 규가 이스라엘에게서 일어나서"(신 24:17)라는 메시아의 예언 성취였다. 박사들은 베들레헴의 한 집에 들어가 아기와 어머니 마리아가 함께 있는 것을 보고 엎드려 아기께 경배하고 보배합을 열어 황금과 유향과 몰약을 예물로 드렸다(마 2:11).[30] 발람과 박사들은 모두 메시아의 별, 곧 유대의 왕으로 오실 분을 인정하고 떠났다.[31] 발람은 예언을 마친 후 자기 곳으로 돌아갔고(민 24:25). 박사들은 꿈에서 헤롯에게로 돌아가지 말라는 지시를 받고 다른 길로 고국으로 돌아갔다(마 2:12).

마태는 유대인에게 보내는 복음서를 기록하면서 영적으로 무지했던 유대인들에게 경종을 울렸다. 많은 유대인들은 예수님이 메시아라는 사실을 유대 땅 베들레헴에서 태어났을 때에도, 3년 동안 하나님의 말씀을 가르치고 귀신을 쫓아내며 기적을 행할 때에도, 십자가에서 죽으시고 부활하고 승천하셨을 때도 몰랐다. 마태는 하나님께서 영적으로 무지했던 유대인들에게 이방인인 박사들을 통해 메시아 탄생 소식을 전했고 유대인들에게 고통을 주었던 이두메인 헤롯조차도 예수께서 메시아로 알았다는 사실을 기록하면서 유대인들이 그토록 기다린 메시아가 예수님이심을 증거 했다.

---

30 전통적으로 동방 박사가 세 명이라 생각한 이유는 아기 예수께 드렸던 세 가지 예물 "황금, 유향, 몰약" 때문이다. 각각 한 사람이 한 예물을 드렸다고 생각해 세 명의 동방 박사 개념이 생겼다.
31 레이몬드 E. 브라운, 『메시아의 탄생』, p. 312.

3) 천사들의 메시아 선포와 목자들

예수님은 베들레헴에서 태어났다(눅 2:7). 그날 밤, 베들레헴 가까운 곳에서 자기 양떼들을 지키던 목자들에게 천사들이 나타났다(눅 2:8). 목자들은 주의 사자가 곁에 섰을 때 주의 영광이 그들을 비춰고 있었기 때문에 크게 무서워했다(눅 2:9). 천사들은 목자들에게 말했다.

> [10]무서워하지 말라 보라 내가 온 백성에게 미칠 큰 기쁨의 좋은 소식을 너희에게 전하노라 [11]오늘 다윗의 동네에 너희를 위하여 구주가 나셨으니 곧 그리스도 주시니라 [12]너희가 가서 강보에 싸여 구유에 뉘어 있는 아기를 보리니 이것이 너희에게 표적이니라(눅 2:10-12).

천사들은 목자들에게 베들레헴에서 태어난 아기가 바로 그리스도/메시아라고 선포했다. 천사들의 말이 끝나자 갑자기 수많은 천군이 천사들과 함께 하나님을 찬송했다(눅 2:13).

> 지극히 높은 곳에서는 하나님께 영광이요 땅에서는 하나님이 기뻐하신 사람들 중에 평화로다(눅 2:14).

천사들은 하늘로 올라가고 목자들은 서로 말했다.

> 이제 베들레헴으로 가서 주께서 우리에게 알리신 바 이 이루어진 일을 보자(눅 2:15).

〈사진 24〉 목자 기념교회

〈사진 25〉 양 우리 유적

목자들은 서둘러 베들레헴으로 올라갔다. 베들레헴은 작은 마을이었기 때문에 그날 밤에 태어난 아기를 찾기란 쉬웠을 것이다. 그들은 마리아와 요셉, 구유에 누인 아기를 보았다. 목자들은 요셉과 마리아에게 천사들이 자기들에게 말한 모든 것을 전했다(눅 2:16-17). 그들의 말을 듣던 사람들은 모두가 놀랐지만 마리아는 이 모든 말을 마음에 새기어 생각했다(눅 2:18-19). 목자들은 그리스도/메시아로 태어난 아기를 보고 천사들이 말한 모든 것 때문에 하나님께 영광을 돌리고 찬송한 뒤 기르던 양 떼 곁으로 돌아갔다(눅 2:20).

왜, 메시아 예수 탄생이 목자들에게 전해졌을까?

그 이유는 목자들이야 말로 메시아를 가장 필요로 한 대표자들이었기 때문이다. A.D. 1세기 유대 사회에서는 목자들은 사회 최하층민이었다. 더욱이 전통적으로 아이들이 목자가 되는 것을 부정적으로 가르쳤다. 그 이유는 유대 미쉬나의 "목자들과 거래하는 것은 도둑과 거래하는 것 같다"(Mishnah, *Qiddushin* 4:14)는 말에서 엿볼 수 있다. 당시 유대인들은 양털, 우유, 어린 염소 등을 목자들에게 직접 사는 것을 꺼렸다. 왜냐하면 그것들은 목자들이 훔쳐왔을 가능성이 크기 때문이었다(Mishnah, *Baba*

Qama, 10:9).³² 그러나 이들이 하나님께 구원과 용서가 가장 필요한 자들이었다. 예수님은 가장 낮은 자들, 죄인들, 구원을 목말라 하는 자들에게 오셨다.

4) 성전에서 시므온과 안나의 증언

요셉 가족은 베들레헴에서 8일을 지냈다. 유대인들은 남자 아이가 태어난 지 8일이 되면 할례를 행했다. 할례는 하나님께서 아브라함에게 "나는 너와 네 후손의 하나님이 되리라"는 영원한 언약이다(창 17:7-11). 할례 언약체결 후 아브라함은 99세, 이스마엘은 13세에 할례를 행했고 집에 있는 모든 종들까지 행했다(창 17:23-24). 이삭은 태어난 지 8일째에 할례를 받았다(창 21:4). 모세는 길을 가다가 숙소에 잠시 있을 때 여호와께서 그를 죽이려 했다. 십보라는 급히 돌칼을 가져다가 아들에게 할례를 행하고 포피를 모세의 발 앞에 갖다 대며 "당신은 참으로 내게 피 남편이로다"라고 할 때 여호와께서 모세를 놓아주셨다(출 4:25-26). 출애굽 이후 하나님은 태어난 지 8일에 할례 할 것을 율법으로 재정하셨다(레 12:3).

요셉은 태어난 아기가 할례 할 8일이 됐을 때 천사들이 일러준 대로 예수라 불렀다(눅 2:21). 모세의 법대로 정결예식의 날이 되었을 때 예루살렘의 헤롯 성전으로 향했다. 그 이유는 율법에 기록된 "첫 태에 처음 난 남자마다 주의 거룩한 자라 한 대로 아기를 주께 드리라"는 말씀대로 아기를 주께 드리기 위해서였다(눅 2:23). 요셉은 정결예식법(레 12:1-8) 대로 제사를 드리기 위해 성전으로 들어갔다(눅 2:24). 그 때 시므온을 만났다. 누가는 시므온에 대해 자세히 소개했다.

32　제임스 C. 마틴, 존 A. 벡, 데이비드 G. 핸슨, 『성경 사건 비주얼 가이드』, p. 146.

> [25]예루살렘에 시므온이라 하는 사람이 있으니 이 사람은 의롭고 경건하여 이스라엘의 위로를 기다리는 자라 성령이 그 위에 계시더라 [26]그가 주의 그리스도를 보기 전에는 죽지 아니하리라 하는 성령의 지시를 받았더니(눅 2:25-26).

시므온이 성령의 감동으로 성전에 들어갔을 때 율법대로 정결예식을 행하기 위해 아기 예수를 데려오는 요셉을 만났다(눅 2:27). 시므온은 아기 예수를 안으며 하나님을 찬송했다.

> [29]주재여 이제는 말씀하신 대로 종을 평안히 놓아 주시는도다 [30]내 눈이 주의 구원을 보았사오니 [31]이는 만민 앞에 예비하신 것이요 [32]이방을 비추는 빛이요 주의 백성 이스라엘의 영광이니이다(눅 2:29-32).

시므온은 "그리스도를 보기 전에 죽지 않을 것"이라는 성령의 지시를 받았는데 아기 예수를 보자 "말씀하신 대로 종을 평안히 놓아 주시는도다 내 눈이 주의 구원을 보았다"고 고백했다. 시므온의 찬양은 아기 예수께서 메시아이심을 증언하는 고백이었다. 시므온은 가족을 축복하고 마리아에게 아기 예수께서 하실 일을 예언했다(눅 2:33-35).

시므온의 찬양과 더불어 안나와의 만남은 아기 예수께서 메시아로 이 땅에 오신 분이심을 증언하는 또 하나의 중요한 사건이 된다. 안나는 아셀 지파 바누엘의 딸이며 선지자였다. 그녀는 결혼한 후 7년 동안 남편과 살다가 과부가 되어 84세가 되었다. 안나는 성전을 떠나지 않고 주야로 금식하며 기도하며 주를 섬겼다(눅 2:36-37). 요셉과 아기 예수께서 성전에 들어왔을 때 그녀는 하나님께 감사하며 예루살렘의 속량(redemption)[33]을

---

33 개역개정, 한글 성경은 "예루살렘의 속량"으로, 공동번역은 "예루살렘이 구원될 날"로, 영

바라는 모든 사람에게 요셉의 아들 아기 예수에 대해 말했다(눅 2:38). 예루살렘의 속량은 바로 유대인들이 기대하고 있는 메시아였다. 로마의 지배에서 해방할 정치적 메시아가 아닌 이사야 선지자가 선포했던 이스라엘에 대한 하나님의 구원자로서 메시아였다.

5) 마태와 마가의 이집트 이주에 대한 시각 차이

마태는 예수님의 가족이 헤롯 대왕이 죽고 천사들의 명에 따라 이집트로 바로 이주한 것처럼 기록한다(마 2:13-14). 하지만 누가는 아기 예수의 정결 예식이 끝난 뒤 이집트로 가지 않고 곧바로 갈릴리 지방에 있는 나사렛으로 돌아간 것처럼 기술하고 있다(눅 2:22-24, 39-40).

무엇이 옳은 것일까?

마태의 증언인가?

누가의 증언인가?

어 KJV, NIV, NASB 등은 구속의 의미로 "the redemption of Jerusalem"(예루살렘의 구속)으로 번역했다. 그러나 속량(贖良)이나 구속(救贖)은 동일한 의미로 "노예의 몸값을 주고 노예의 신분에서 벗어나다. 해방되다"라는 뜻이다. 이 사실은 구약 출애굽 때 잘 보여주는데 여호와는 모세에게 속량(구속)의 의미를 "…나는 여호와라 내가 애굽 사람의 무거운 짐 밑에서 너희를 빼내며 그들의 노역에서 너희를 건지며 편 팔과 여러 큰 심판들로서 너희를 속량하여 너희를 내 백성으로 삼고 나는 너희의 하나님이 되리니 나는 애굽 사람의 무거운 짐 밑에서 너희를 빼낸 너희의 하나님 여호와인 줄 너희가 알지라"(출 6:6-7)고 말씀하셨다. 이 의미는 첫째, 속량(구원)의 주체는 여호와이며 둘째, 이스라엘을 애굽의 (노예의 신분으로) 무거운 짐, 노역에서 해방하셨고 셋째, 이스라엘을 하나님의 백성으로 삼고 넷째, 여호와께서 이스라엘의 하나님이 되고자 하셨음 보여준다. 여호와는 이스라엘을 갑자기 애굽에서 구원해 주신 것이 아니다. 여호와는 아브라함과 이삭, 야곱에게 가나안 땅을 주시기로 약속하셨고 애굽 사람이 종으로 삼은 이스라엘 자손의 신음 소리를 듣고 조상에게 주신 언약을 기억하여 애굽에서 구원해 주신 것이다(출 6:3-5). 그러나 애굽의 노예였던 이스라엘을 속량하기 위해, 장자의 생명을 속량하시기 위해 그들 대신 유월절 양의 피가 그 값으로 치러진 것이다(출 12장). 여호와는 출애굽을 이스라엘의 속량(구속, 구원, 해방)의 중요한 사건으로 자주 말씀하신다(출 6:7; 레 11:45; 22:33; 민 15:41; 신 5:6, 12; 시 81:10; 렘 34:13 등).

이런 의문은 본문을 차분하고 조심스럽게 읽는다면 그 해결점을 찾을 수 있다. 마태는 이집트로 피하라는 주의 사자의 명으로 밤에 이집트로 아기와 마리아를 데리고 떠났다(마 2:13-14). 헤롯 대왕이 죽기까지 이집트에 거주하다가(마 2:15) 헤롯이 죽은 후 천사들의 지시로 이스라엘로 향했다(마 2:20-21). 하지만 헤롯 아켈라오(Herod Archelaus)가 유대를 다스린다는 말을 듣고 예루살렘으로 가기를 두려워했다. 요셉 가족은 꿈에 지시하심을 받아 예루살렘을 거치지 않고 국제도로인 해변길(Via Maris)을 따라 갈릴리 지방 자기들의 고향인 나사렛 동네에 가서 살았다(마 2:22-23). 마태복음을 조심스럽게 살펴보면 다음과 같다.

첫째, 이집트로 출발한 장소가 언급되지 않았다.

둘째, 아기 예수를 낳고 언제 출발했는지 기록되지 않았다. 단지, 천사의 지시 때문에 "밤"에 출발했다는 시간에 대한 기록뿐이다(마 2:14).

셋째, 박사들이 돌아오지 않자 그들에게 속은 것을 알고 사람을 보내 베들레헴 주변의 2살 아래 모든 남자를 죽이라고 명령했다(마 2:16).

헤롯의 기다림은 적어도 한 달 이상이었을 것이라 추측할 수 있다. 그 이유는 두 가지이다.

첫째, 아기 예수는 태어난 지 8일째 할례를 받았다(눅 2:21).

둘째, 요셉과 마리아는 태어난 아기 예수의 정결예식을 위해 예루살렘 성전에 갔다(눅 2:22). 남자를 낳으면 40일 이후 정결하기 되기 때문이다(레 12:2-4). 헤롯은 적어도 40일 이상 박사들을 기다렸을 것이다. 그래서 유아 살해 명령에서 2살이라는 제한을 둔 것이다.

예수님은 베들레헴에서 태어나, 박사들과 목자들의 경배를 받았고 베들레헴에서 8일을 지냈다. 요셉은 율법대로 할례와 정결예식을 위해 베들레헴에서 약 10km 떨어진 예루살렘의 성전에서 예식을 행했다. 그 과정에서 시므온과 안나를 만났고 천사의 지시를 받아 이집트로 출발했다.

마태는 요셉의 이집트 거주가 메시아에 대한 선지자의 예언이 성취되었음을 더 구체적으로 설명했으며 누가는 천사들의 메시아 선포(눅 2:11), 시므온의 기사(눅 2:25-35), 안나의 기사(눅 2:36-38)를 통해 아기 예수께서 메시아임을 충분히 설명했다. 그러므로 누가는 예루살렘에서 이집트로 내려간 기사를 빼고 나사렛으로 가서 살았다고 기록한 것이다(눅 2:39).

6) 이집트 피난

메시아의 고향은 유대 땅 베들레헴이지만(미 5:2; 눅 2:1-7; 마 1:2:1-12) 고향에서 오래 살 수 없었다. 그 이유는 선지자 호세아의 예언 때문이다.

> 이스라엘이 어렸을 때에 내가 사랑하여 내 아들을 애굽에서 불러냈거늘(호 11:1).

〈사진 26〉 이집트의 예수 피난 기념교회

마태는 호세아의 말씀이 예수 그리스도에 관한 말씀이라고 주장한다. 아기 예수께 예물을 드린 박사들이 돌아 간 후 주의 사자가 요셉의 꿈에 "헤롯이 아기를 찾아 죽이려 하니 일어나 아기와 그의 어머니를 데리고 애굽으로 피하여 내가 네게 이르기까지 거기 있으라"고 말했다(마 2:13). 요셉은 잠에서 깨어나 그 밤에 아기와 마리아를 데리고 이집트로 떠났다. 그들은 헤롯이 죽기까지 이집트에서 거주했다(마 2:14-15a). 마태는 이 사건이 호세아 11:1의 성취였음을 기록한다.

> 주께서 선지자를 통하여 말씀하신 바 애굽으로부터 내 아들을 불렀다 함을 이루려 하심이라(마 2:15b).

만일, 천사들의 지시가 없어 박사들이 아기 예수 탄생을 헤롯에게 말했다면 어떻게 되었을까?

만일, 주의 천사가 꿈으로 요셉에게 애굽/이집트로 가라는 지시를 하지 않았다면 어떻게 되었을까?

아마도 헤롯의 유아 살해 명령에 의해 아기 예수는 죽었거나, 살해 명령을 피해 나사렛으로 바로 떠났다면 메시아에 대한 선지자 호세아의 예언은 성취되지 않았을 것이다. 그렇다면 예수님은 구약의 메시아 예언의 일부분만 성취한 반쪽 메시아가 되었을 것이다.

이집트에 들어가고 나오는 사건은 구원과 깊은 관계가 있다. 출애굽과 같이 메시아 되신 한 아기가 이집트로 들어가고 나오는 것은 출애굽의 구원과 깊은 연관성을 갖는다.[34] 하나님은 아브라함과 언약한 대로(창 15:13-16) 야곱과 가족 70명이 이집트로 들어갔으며 약 430년 만에 모세와 함

---

34 크레이그 L. 블룸버그. 릭 E. 왓츠, 『마태 · 마가복음』, p. 67.

께 출애굽을 했다. 이집트로 들어가는 것도 야곱과 가족을 구원하시는 하나님의 은혜였고 출애굽도 이스라엘 민족을 구원하시는 하나님의 은혜였다. 메시아로 오신 아기 예수와 부모가 이집트로 피신한 것과 나온 것은 그들을 구원하고자 하신 하나님의 은혜였다.

7) 헤롯의 유아 살해 명령

박사들이 돌아오지 않자(마 2:11-12) 헤롯은 박사들에게 속은 줄을 알고 크게 분노했다. 그는 사람들을 보내 박사들에게 자세히 알아본 때를 기준해 베들레헴과 그 주변에 있는 2살 아래의 모든 남자 아이를 죽였다(마 2:16). 마태는 헤롯의 유아 살해 명령이 예레미야 31:15의 성취라고 주장했다.

> 여호와께서 이와 같이 말씀하시니라 라마에서 슬퍼하며 통곡하는 소리가 들리니 라헬이 그 자식 때문에 애곡하는 것이라 그가 자식이 없어져서 위로 받기를 거절하는도다(렘 31:15).

> [17]이에 선지자 예레미야를 통하여 말씀하신 바 [18]라마에서 슬퍼하며 크게 통곡하는 소리가 들리니 라헬이 그 자식을 위하여 애곡하는 것이라 그가 자식이 없으므로 위로 받기를 거절하였도다 함이 이루어졌느니라(마 2:17-18).

마태는 마태복음 2:17-18에서 예레미야 31:15을 인용하여 "선지자 예레미야를 통하여 말씀하신 바 … 함이 이루어졌느니라"라고 말씀했다. 헤롯의 유아 학살의 명령은 메시아에 대한 예레미야의 예언 성취였다.

8) 아켈라오를 두려워한 이유

헤롯 대왕이 죽은 후에 주의 사자가 이집트에 있던 요셉에게 꿈으로 나타나 말했다.

> 일어나 아기와 그의 어머니를 데리고 이스라엘 땅으로 가라 아기의 목숨을 찾던 자들이 죽었느니라(마 2:20).

천사의 말을 들은 요셉은 아기 예수와 아내 마리아를 데리고 이스라엘 땅으로 들어갔다(마 2:21). 유대 땅으로 들어섰을 때 그들은 헤롯 아켈라오가 유대 땅을 다스리게 되었다는 소식을 듣게 되었다.

> 그러나 아켈라오가 그의 아버지 헤롯을 이어 유대의 임금 됨을 듣고 거기로 가기를 무서워하더니…(마 2:22).

왜, 요셉은 아켈라오가 유대 임금이 되었다는 소식을 듣고 무서워했을까?

그 이유는 아켈라오가 어떤 사람이었는가를 알면 쉽게 해결된다. 아켈라오는 아버지 헤롯과 말다케(Malthace) 사이에서 태어난 자였다. 헤롯의 아들들은 후계자가 되기 위해 치열한 정치적 음모와 싸움을 마다하지 않았다. 헤롯이 죽기 전, 후계자로 헤롯 아켈라오와 헤롯 안티파테르(Herod Antipater), 헤롯 빌립 2세(Herod Philip II)를 선정하였다. 그들은 황제에게 왕(King)의 칭호를 요구했지만 B.C. 4년에 아우구스투스 황제는 왕의 칭호 대신에 아켈라오는 유대, 사마리아, 이두메 지역을 다스리는 영주(Ethnarch)로, 안티파테르는 갈릴리의 분봉 왕(Tetrarch)으로, 빌립은 이두래(Iturea)와 드라고닛(Traconitis) 지방의 분봉 왕으로 임명했다(눅 3:1).

아켈라오는 아버지 헤롯의 성품을 많이 닮았다. 그는 유대를 다스리는 동안 폭정을 일삼았다. 집권 초기에 발생한 사건이 그 한 예이다. 아켈라오는 아버지 헤롯의 장례식을 마치고 애곡하는 한 주간을 보내고 난 뒤 흰 옷을 입고 성전으로 올라가 그에게 환호하는 백성들을 맞아 성대한 잔치를 벌였다(『유대 고대사 XVII』; 『유대 전쟁사 II』). 유대 백성들은 아버지 헤롯의 폭정에 대한 악한 감정을 갖지 않기를 원했다. 그들은 아켈라오에게 새로운 제사장을 세워줄 것 등 몇 가지 요청을 했다.

그러나 아켈라오는 로마 황제를 만나야 한다며 그들의 요청을 피했다. 백성들은 불만이 가득했으며 B.C. 4년 4월 유월절 축제 때 분노가 폭발했다. 몇몇 유대인들이 황금 독수리 사건으로 죽은 사람들에게 선동할 때 아켈라오는 군대를 보냈다. 유대인들이 소요를 진압하기 위해 오는 군인들에게 돌을 던지자 아켈라오는 전군을 소집해 소요를 진압하여 조기에 차단하려 했다. 이 때문에 약 3,000명의 유대인들이 죽게 되었다. 아켈라오의 이러한 행적 때문에 요셉 가족이 아켈라오가 유대의 임금이 되었다는 소식을 듣고 두려워한 이유이다. 그래서 유대 땅 예루살렘으로 가기를 두려워했던 것이다(마 2:22).

9) 나사렛으로 이주한 이유

요셉은 꿈에 갈릴리 지방으로 떠나 나사렛 동네로 가서 살도록 지시 받았다(마 2:23). 마태는 이 사실도 메시아에 대한 예언의 성취라고 증거한다.

> 나사렛이란 동네에 가서 사니 이는 선지자로 하신 말씀에 나사렛 사람이라 칭하리라 하심을 이루려 함이러라(마 2:23).

문제는 구약에 "나사렛 사람이라 칭하리라" 예언된 말씀이 없다. 그렇다면 마태가 기술한 말씀은 무엇인가?

이에 대해 학자들은 다양한 의견을 내놓았다.

첫째, 구전되어 온 말씀이다.

둘째, 나사렛이 싹이라는 의미이기 때문에 메시아는 이새의 자손 중에 태어난다는 예언 "이새의 줄기에서 한 싹이 나며…"(사 11:1)의 성취이다.

셋째, 나사렛의 어근 나자르는 구별이라는 의미의 나실인(민 6:2)과 관련된다.

넷째, 구약은 메시아가 고난과 핍박, 멸시를 당할 것을 예언한다(사 53; 시 22:6-8; 69:8; 단 9:6).

비록 구약성경에 나사렛이 언급되지 않았지만 신약과 관련해 메시아와 나사렛의 연관성을 유추할 수 있다. 고난과 멸시받는 메시아처럼 나사렛은 멸시를 당하던 곳으로 표현된다(요 1:46; 7:41, 52). 예수님은 나사렛 예수란 조롱을 받았고 그리스도인들이 나사렛 이단이라는 취급도 받았다(행 24:5).

그러므로 마태가 주장하는 "나사렛 사람이라 칭하리라"는 말씀이 구약에 직접적 언급이 없다 해도 현재 우리가 알 수 없는 2000년 전, A.D. 1세기 유대 사회에서는 메시아가 '나사렛 사람이라고 불릴 것'이라는 개념이 널리 퍼져 있었음이 분명하다.

10) 갈릴리 사역

갈릴리 바다는 긴네렛(민 34:11), 긴네롯(수 12:3), 게네사렛(눅 5:1), 디베랴(요 6:1) 등으로 불렸다. A.D. 1세기 성경의 갈릴리는 두 가지 의미로 지칭되어 사용된다.

〈사진 27〉 가버나움 회당 　　　　　〈사진 28〉 갈릴리 바다와 주변

첫째, 갈릴리 호수 혹은 바다를 지칭할 때이다.

둘째, 행정구역인 갈릴리 지방을 지칭할 때이다.

갈릴리는 자주 '이방의 갈릴리'라는 부정적인 명칭으로 사용되었다. 왜냐하면 지중해를 끼고 펼쳐진 페니키아(Phoenicia, 베니게 행 21:2; 수로보니게 막 7:26), 아람(Aram, 시리아) 등의 이방나라들과 접경하고 있어 많은 이방문화의 영향을 받았기 때문이다.

또한 B.C. 733-732년에는 앗수르 제국의 침입에 의해 초토화되었고 그들의 문화와 정치적 영향을 받았기 때문이다. 그래서 유대인들은 갈릴리를 멸시했으며 이방의 갈릴리라고 불렀다. A.D. 1세기 유대 랍비 요하난 벤 자카이(J. Ben Zakai)는 갈릴리에 살던 사람들은 "율법을 증오하는 무리들"이라고 멸시했다.

신약성경에도 바리새인들은 "율법을 알지 못하는 이 무리"(요 7:49)라고 했으며 "갈릴리에서는 선지자가 나지 못하느니라"(요 7:52)라고 했다. 이처럼 갈릴리 사람들은 오래도록 종교적 멸시를 당했던 지역이다. 그러나 이사야 선지자는 이 땅에 오실 메시아가 멸시받는 이방의 갈릴리를 영화롭게 할 것이라고 예언했다.

> 전에 고통받던 자들에게는 흑암이 없으리로다 옛적에는 여호와께서
> 스불론 땅과 납달리 땅이 멸시를 당하게 하셨더니 후에는 해변 길과
> 요단 저쪽 이방의 갈릴리를 영화롭게 하셨느니라(사 9:1).

이방의 갈릴리를 영화롭게 할 메시아 예수는 베들레헴에서 탄생해 이집트 이주 했고 다시 갈릴리 지방 나사렛에서 유년 시절을 보냈다(마 2:19-23). 그리고 예수님은 약 30세쯤 갈릴리에서 구원 사역을 시작하셨다(눅 3:23). 이방의 갈릴리라 멸시받던 사람들은 가장 먼저 예수님의 구원, 병 고침, 귀신 쫓음(逐鬼) 그리고 하나님의 말씀을 듣는 은혜를 경험했다. 그들은 이사야 9:1의 예언대로 메시아 예수 때문에 이방의 갈릴리가 영화롭게 되는 은혜를 체험하게 되었다.

제3장

여자의 후손과 메시아

1. 왜, 예수님은 여자의 후손으로 오셔야 했을까?

1) 창세기 3:15

성경 최초의 메시아 예언은 창세기 3:15이다. 이 구절은 원시복음/원복음(Protoevangelium)이라고 불리는 말씀이다.

> 내가 너로 여자와 원수가 되게 하고 네 후손도 여자의 후손과 원수가 되게 하리니 여자의 후손은 네 머리를 상하게 할 것이요 너는 그의 발꿈치를 상하게 할 것이니라 하시고(창 3:15).

창세기 3:15은 여호와 하나님께서 하와를 유혹해 선악과를 먹게 한

뱀/사탄[1]에게 하신 말씀이다. 그러나 놀랍게도 뱀에게 하신 말씀이 구원자 메시아에 대한 예언이었다. 뱀과 여자는 원수가 될 것이다. 더욱이 뱀의 후손과 여자의 후손도 원수가 될 것이다.

왜 창세기 3:15이 메시아의 예언일까?

그 이유는 여호와께서 뱀에게 "너"라고 하셨기 때문이다. 히브리어에서 "너"(בֵּינְךָ 베이네카)는 "너 사이에"라는 전치사, 대명사, 2인칭 남성 단수로 쓰였다. 하나님은 파충류인 뱀에게 말씀하신 것이 아니라 영(靈)이며, 인격체인 사탄에게 "너"라고 말씀하신 것이다. 여자는 하와를 가리킨다.

문제는 "너의 후손"이다.

사탄이 후손을 낳을 수 있을까?

그렇지 않다. 사탄은 영이기 때문에 결혼하지도, 후손을 낳을 수도 없다. 이 말씀은 "여자의 후손"과 연결지으며 말씀하신 것이다. 여호와는 여자의 후손으로 태어날 메시아가 뱀/사탄의 머리를 상하게 하여 영원한 승리를 주실 것을 약속하셨다. 그러나 성경 독자는 한 가지 의문을 갖게 된다.

이 땅에 오실 메시아는 사람이 아닌가?

그렇다면 여자의 후손으로 태어나는 것은 당연하지 않은가?

하나님이 창조한 아담과 하와를 제외한 여자(하와)의 뱃속에서 태어난 사람은 복수인 "후손들"이어야 하지 않는가?

그러나 놀랍게도 창세기 3:15에서 말하는 여자의 후손(זַרְעָהּ 짜라)은 단수로 오직 '그 한 남자'를 의미한다. 히브리어 원문에는 "הוּא זַרְעָהּ"로 "(여

---

[1] 에덴 동산에서 하와를 유혹했던 뱀이 단순한 파충류가 아니라 사탄이다. 요한계시록은 "큰 용이 내쫓기니 옛 뱀(ancient serpent) 곧 마귀(the devil)라고도 하고 사탄(the Satan)이라고도 하며 온 천하를 꾀는 자라 그가 땅으로 내쫓기니 그의 사자들도 그와 함께 내쫓기니라…용을 잡으니 곧 옛 뱀이요 마귀요 사탄이라 잡아서 천 년 동안 결박하여"라고 기록한다 (계 12:9; 20:2).

성) 너의 후손 그 남자"로 번역된다. 영어 번역본은 본문의 의미를 잘 드러냈다.

> he will crush your head(NIV).
> He shall bruise you on the head(NASB).

여자의 후손은 단수로써 메시아로 올 '그'(He)를 의미한다. 미래에 하와를 유혹했던 너(you) 즉 사탄과 여자의 후손 "그 한 사람"(הוא זרעה)이 싸우게 될 것이다. 여자의 후손이 사탄의 머리를 상하게 할 것이다. 머리를 상하게 한다는 것은 둘의 싸움에서 승리한다는 것을 의미한다. 비록, 사탄이 여자의 후손의 발꿈치를 상하게 할 것이지만 이것은 경미한 상처에 불과한 것이다.

2) 마태의 족보 증언

마태복음은 유대인들에게 보내는 복음서이다. 유대인들은 여자의 후손으로, 다윗의 후손으로 오실 메시아를 대망하고 있었다. 마태는 유대인들이 고대하던 그 메시아/그리스도가 바로 예수라는 사실을 전했다. 마태는 제일 먼저 족보 형식으로 증거 했다. 구약 족보의 기록 특징은 "아버지 남자가 아들 남자를 낳고"(예, 아브라함이 이삭을 낳고), 또는 아버지와 그 아들들의 이름 형식(예, 야벳의 자손은 고멜과 마곡과 마대와 야완과 두발과 메섹과 디라스요)이었다(창 5:3-32; 11:10-26; 룻 4:18-22; 대상 1:1-8:40; 마 1:1-15). 마태도 복음서를 기록하면서 구약 족보 기록의 형식을 따라 "아브라함이 이삭을 낳고 이삭은 야곱을 낳고 … 엘리웃은 엘르아살을 낳고 … "라고 기록했다(마 1:2, 15). 그러나 마태는 메시아 족보 중간 중간 다섯 명의 중요한 이방 여자를 등장시킴으로써 일반적 족보 형식을 변형시켰다.

> 유다는 다말에게서 베레스와 세라를 낳고(마 1:3).
> 살몬은 라합에게서 보아스를 낳고(마 1:5a).
> 보아스는 룻에게서 오벳을 낳고(마 1:5b).
> 다윗은 우리야의 아내에게서 솔로몬을 낳고(마 1:6).

더욱이 마태는 예수님에 이르러서는 족보 형식을 완전히 바꾸었다.

> 야곱은 마리아의 남편 요셉을 낳았으니 마리아에게서 그리스도라 칭하는 예수가 나시니라(마 1:16).

구약의 전형적인 형식이 아니라 여자 어머니가 남자 아들을 낳는 새로운 형식으로 전환한 것이다. 마태는 "마리아에게서 그리스도/메시아라 칭하는 예수가 나시니라"고 기술함으로써 족보 형식의 파괴를 통해 여자의 후손으로 태어난 메시아 예수를 증언했다.

3) 사도 바울의 증언

바울은 더욱 분명하게 예수께서 여자의 후손임을 증거 했다.

> [4]때가 차매 하나님이 그 아들을 보내사 여자에게서 나게 하시고 율법 아래에 나게 하신 것은 [5]율법 아래에 있는 자들을 속량하시고 우리로 아들의 명분을 얻게 하려 하심이라 [6]너희가 아들이므로 하나님이 그 아들의 영을 우리 마음 가운데 보내사 아빠 아버지라 부르게 하셨느

니라 ⁷그러므로 네가 이 후로는 종이 아니요 아들이니 아들이면 하나님으로 말미암아 유업을 받을 자니라(갈 4:4-7).

신약성경의 언어인 헬라어에는 시간은 '크로노스'(Χρόνος)와 '카이로스'(Καιρός)라는 두 개념이 있다. 크로노스는 영어로 'chronology'(연대기)로 변천되었다. 창조 때부터 지금까지 일 년 365일, 하루 24시간으로 나뉘는 시간을 의미한다. 반면 카이로스는 특정한 사건이 일어나는 시간, 시간의 흐름 속에서 불특정한 어느 한 시점을 의미한다. 그래서 특별한 일에 대해 사용한다.

갈라디아서 4:4의 "때가 차매"(πλήρωμα του χρόνου 플레로마 토우 크로노우)는 시간의 연속적인 흐름을 나타내는 크로노스(Χρόνος)로 기록하였다. 메시아 예수는 하나님께서 정하신 시간이 꽉 찼을 때(when the time had fully come) 여자에게서 태어난 것이다. 바울은 예수께서 여자의 후손으로 오신 이유를 율법 아래에 있는 자들을 속량하기 위해 그리고 하나님의 아들의 명분을 얻게 하려는 목적이었다고 기술했다.

2. 왜, 예수님은 처녀에게서 탄생해야 했을까?

1) 구약의 처녀 탄생 예언

이사야는 메시아가 이 세상에 "한 아기"로 태어날 것을 예언했다.

¹전에 고통받던 자들에게는 흑암이 없으리로다 옛적에는 여호와께서 스불론 땅과 납달리 땅이 멸시를 당하게 하셨더니 후에는 해변 길과

요단 저쪽 이방의 갈릴리를 영화롭게 하셨느니라 … ⁶이는 한 아기가 우리에게 났고 한 아들을 우리에게 주신 바 되었는데 그의 어깨에는 정사를 메었고 그의 이름은 기묘자라, 모사라, 전능하신 하나님이라, 영존하시는 아버지라, 평강의 왕이라 할 것임이라 ⁷그 정사와 평강의 더함이 무궁하며 또 다윗의 왕좌와 그의 나라에 군림하여 그 나라를 굳게 세우고 지금 이후로 영원히 정의와 공의로 그것을 보존하실 것이라 만군의 여호와의 열심이 이를 이루시리라(사 9:1, 6-7).

이사야는 예언하기를 고통받는 자들에게 흑암이 없을 것이다. 옛적에 여호와께서 스블론과 납달리 땅이 멸시를 당하게 하셨으나 장차 올 메시아로 해변길(Via Maris)과 요단 강 저쪽 이방의 갈릴리를 영화롭게 할 것이다. 메시아는 "한 아기"로 태어날 것이다. 그러나 이 아기는 단순히 사람이 아니다. 왜냐하면, 그 아기는 어깨에 정사를 메었고(왕의 표현), 그 이름은 기묘자, 전능하신 하나님, 영존하시는 아버지(Everlasting Father), 평강의 왕이기 때문이다. 더욱이 태어날 아기는 "다윗의 왕좌와 그의 나라에 군림하여 그 나라를 굳게 세우고 지금 이후로 영원히 정의와 공의로 그것을 보존하실 것"이다. 그러므로 태어날 "한 아기"는 단순한 인간이 아니라 메시아로 오실 하나님의 아들이다. 이사야는 "한 아기"로 태어날 메시아는 반드시 "처녀"에게서 태어날 것이라 예언했다.

¹³이사야가 이르되 다윗의 집이여 원하건대 들을지어다 너희가 사람을 괴롭히고서 그것을 작은 일로 여겨 또 나의 하나님을 괴롭히려 하느냐 ¹⁴그러므로 주께서 친히 징조를 너희에게 주실 것이라 보라 처녀가 잉태하여 아들을 낳을 것이요 그의 이름을 임마누엘이라 하리라 (사 7:13-14).

이사야는 하나님께서 메시아의 징조(a sign)를 우리들에게 주실 것으로 다음을 예언했다.

첫째, 처녀가 잉태할 것.

둘째, 한 아들이 태어날 것.

셋째, 그 이름을 '임마누엘'이라고 부르게 될 것.

메시아가 이 땅에 오는 하나님의 방법은 반드시 처녀 탄생이어야 한다. 하나님께서 제정하신 생육방식을 버리고 처녀 탄생이라는 기적으로 메시아를 세상에 보내실 것이다.

2) 신약의 처녀 탄생 성취

마태는 요셉을 중심으로 마리아의 잉태 과정을 설명한다. 마리아는 요셉과 약혼하고 동거하기 전에 성령으로 잉태되었다(마 1:18). 요셉은 의로운 사람이었기 때문에 사람들이 알기 전, 조용히 낙태할 것을 생각하고 있었다(마 1:19). 그때 주의 사자가 꿈으로 말했다.

> [20]다윗의 자손 요셉아 네 아내 마리아 데려오기를 무서워하지 말라 그에게 잉태된 자는 성령으로 된 것이라 [21]아들을 낳으리니 이름을 예수라 하라 이는 그가 자기 백성을 그들의 죄에서 구원할 자이심이라 (마 1:20-21).

마태는 천사들의 선포가 메시아에 대한 이사야 7:14의 예언 성취였음을 증거 했다.

> [22]이 모든 일이 된 것은 주께서 선지자로 하신 말씀을 이루려 하심이

니 이르시되 [23]보라 처녀가 잉태하여 아들을 낳을 것이요 그의 이름은 임마누엘이라 하리라 하셨으니 이를 번역한즉 하나님이 우리와 함께 계시다 함이라(마 1:22-23).

요셉은 잠에서 깨어나 주의 사자의 명령대로 아내를 데려왔지만 아들을 낳을 때까지 동침하지 않았고 아들을 낳아 예수라고 이름 붙였다(마 1:25-26).

반면, 누가는 마리아를 중심으로 잉태 기사를 기록했다. 하나님의 은혜로 노년에 임신한 엘리사벳은 임신 6개월이 되었을 때 갈릴리 나사렛이라는 동네에 살고 있던 다윗의 자손 요셉과 약혼한 마리아를 찾아갔다(눅 1:26). 엘리사벳은 마리아에게 "은혜를 받은 자여 평안할지어다 주께서 너와 함께 하시도다"라고 인사한다(눅 1:28). 마리아는 깜짝 놀라 "이런 인사가 어쩜인가"라고 생각할 때 천사가 마리아에게 말했다.

[30]… 마리아여 무서워하지 말라 네가 하나님께 은혜를 입었느니라 [31]보라 네가 잉태하여 아들을 낳으리니 [32]그 이름을 예수라 하라 그가 큰 자가 되고 지극히 높으신 이의 아들이라 일컬어질 것이요 주 하나님께서 그 조상 다윗의 왕위를 그에게 주시리니 [33]영원히 야곱의 집을 왕으로 다스리실 것이며 그 나라가 무궁하리라(눅 1:30-33).

갑자기 찾아와 전한 천사의 말 때문에 처녀 마리아는 너무나 당황스러웠다. 그녀는 천사에게 말했다.

나는 남자를 알지 못하니 어찌 이 일이 있으리이까(눅 1:34).

천사는 마리아에게 말했다.

> ³⁵… 성령이 네게 임하시고 지극히 높으신 이의 능력이 너를 덮으시리니 이러므로 나실 바 거룩한 이는 하나님의 아들이라 일컬어지리라 ³⁶보라 네 친족 엘리사벳도 늙어서 아들을 배었느니라 본래 임신하지 못한다고 알려진 이가 이미 여섯 달이 되었나니 ³⁷대저 하나님의 모든 말씀은 능하지 못하심이 없느니라(눅 1:35-37).

천사의 말을 종합하면 다음과 같다.

① 마리아는 하나님의 은혜를 입어 성령으로 잉태할 것이다.
② 아들을 낳을 것이고 예수라 칭해야 한다.
③ 하나님은 잉태할 아들에게 다윗의 왕위를 주실 것이다.
④ 아들은 왕으로써 영원토록 야곱의 집을 다스릴 것이다.
⑤ 아들은 하나님의 아들이라 일컬어질 것이다. 그러므로 성령으로 잉태되는 아들은 메시아이다.

마리아에게 일어날 놀라운 기적은 아기의 소망이 없었던 늙은 엘리사벳이 임신 6개월이 되었으며 "하나님의 모든 말씀은 능하지 못함이 없다"는 말씀으로 결론 짖는다(눅 1:37). 하나님의 아들, 메시아는 여자 마리아에게서 잉태될 것이며, 탄생할 것이다. 온 인류의 구원자가 될 것이다. 하나님의 말씀은 불가능이 없다.

〈사진 29〉 수태고지 기념교회

〈사진 30〉 수태고지 기념교회 내 천사를 만난 장소

제4장

예수의 정체성

1. 하나님(God)

삼위일체는 성경의 가장 위대하고 독특한 진리이다. 삼위일체(三位一體, the Trinity)란 "하나님은 본질상 한 분이시며 위격상 세 분"이다.[1] 또는 '한 분 안에 성부, 성자, 성령의 삼위(三位, the Three Persons)로 각각 존재 한다'는 개념이다. 각각 독립된 위격으로 존재하지만 한 분이다. 하나님은 복수형으로 나타나며(창 1:26; 11:7), 여호와의 영(靈)도 독립적인 인격체이다(사 48:16; 63:10).[2]

예수님은 하나님의 아들의 위격을 가졌지만 동시에 하나님이시다. 성경은 예수께서 창조주이며, 하나님이시라는 삼위일체를 증거 한다. 구약

---

1 마이클 호튼, 『천국 가는 순례자를 위한 조직신학』, 박홍규 역 (서울: 부흥과개혁사, 2015), p. 121.
2 루이스 벌코프, 『조직신학 하』, 권수경·이상원 공역 (서울: 크리스챤다이제스트, 1994), pp. 85-86.

성경은 하나님의 독특성을 크게 강조한다.[3] 여호와는 성부(聖父)의 위격으로 존재하며 유일한 하나님이다.

> [4]이스라엘아 들으라 우리 하나님 여호와는 오직 유일한 여호와이시니 [5]너는 마음을 다하고 뜻을 다하고 힘을 다하여 네 하나님 여호와를 사랑하라(신 6:4-5).

여호와는 쉐마(Shema. 신 6:4-5)를 선언하고 후손들에게 계속해서 하나님의 본성(유일성과 독특성)에 관한 진리를 가르치라고 말씀하셨다(신 6:6-9).[4] 여호와는 스스로 존재하며, 영원하시며, 우주만물의 창조주이다.

> 하나님이 모세에게 이르시되 나는 스스로 있는 자이니라 또 이르시되 너는 이스라엘 자손에게 이같이 이르기를 스스로 있는 자가 나를 너희에게 보내셨다 하라(출 3:14).

> 태초에 하나님이 천지를 창조하시니라(창 1:1).

> 너는 알지 못하였느냐 듣지 못하였느냐 영원하신 하나님 여호와, 땅 끝까지 창조하신 이는 피곤하지 않으시며 곤비하지 않으시며 명철이 한이 없으시며(사 40:28).

창조주이며 유일하신 여호와만이 하나님이시기 때문에 다른 신들을

---

3 R.C 스프로울, 『모든 사람을 위한 신학』, 조계광 역 (서울: 생명의말씀사, 2015), p. 65.
4 R.C 스프로울, 『모든 사람을 위한 신학』, p. 66

섬기거나 경배할 필요가 없다.

> ³나는 나 외에는 다른 신들을 네게 두지 말라 ⁴너를 위하여 새긴 우상을 만들지 말고 또 위로 하늘에 있는 것이나 아래로 땅에 있는 것이나 땅 아래 물 속에 있는 것의 어떤 형상도 만들지 말며 ⁵그것들에게 절하지 말며 그것들을 섬기지 말라(출 20:3-5).

성경은 동시에 예수께서 하나님이심을 증거 하고 있다. 하나님과 예수님은 한 분이시다.

> 또 아는 것은 하나님의 아들이 이르러 우리에게 지각을 주사 우리로 참된 자를 알게 하신 것과 또한 우리가 참된 자 곧 그의 아들 예수 그리스도 안에 있는 것이니 그는 참 하나님이시요 영생이시라 (요일 5:20).

사도 요한은 예수께서 "참 하나님이시요 영생"이라고 밝힌다. 요한은 복음서에서 태초부터 말씀과 하나님, 그리고 예수님이 한 분이라고 증거한다.

> ¹태초에 말씀이 계시니라 이 말씀이 하나님과 함께 계셨으니 이 말씀은 곧 하나님이시니라 ²그가 태초에 하나님과 함께 계셨고 ³만물이 그로 말미암아 지은 바 되었으니 지은 것이 하나도 그가 없이는 된 것이 없느니라 … ¹⁴말씀이 육신이 되어 우리 가운데 거하시매 우리가 그의 영광을 보니 아버지의 독생자의 영광이요 은혜와 진리가 충만하더라 (요 1:1-3, 14).

요한복음은 예수님의 신성을 강조하는 복음서이다. 그래서 요한은 이 땅에 처녀의 몸에서 탄생한 한 아기의 신적 기원을 소개한다. 영원이라는 태초[5]에 말씀(λόγος)이 존재하고 있었고 말씀이 하나님과 함께 계셨다. 요한이 사용한 로고스는 헬라 세계에서 통용되는 로고스를 따르지 않았다. 구약성경의 "말씀"의 의미였다. 데이비드 윌즈는 다음과 같이 로고스의 의미를 정의했다.

> 구약성경의 말씀은 첫째, 창조와 연관된다. 하나님은 말씀으로 창조하셨다(창 1장). 시편 기자는 하늘은 여호와의 말씀으로 지어졌다고 한다(시 33:6. Cf. 147:15-18; 148:5). 둘째, 말씀은 계시와 연관된다. 창세기 초두에 나타나고(창 3:8; 12:1; 15:1; 22:11), 시편이 쓰여 질 때는 아주 공식적인 것이 되었다. 말씀은 우리의 길에 빛을 비춰 주시기만 하는 것이 아니고, 우리에게 그의 뜻에 대한 영구적인 계시를 부여해 준다(Cf. 시 119:9, 25, 28, 41, 58, 65, 107, 116, 160, 170). 그리고 말씀은 인격화되어 표현되기도 한다. '여호와의 말씀은 흠이 없으니, 저는 자기에게 피하는 모든 자의 방패시로다'(시 18:30, Cf. 시 107:20; 147:15). 그런 분으로서 말씀은 지혜의 인격화와 병행되고, 신적인 기능의 부여를 받고 있다. 셋째, 하나님과 동일시된 이 말씀은 영원하다고 언급된다(시 119:89). … 요한복음에는 로고스는 그리스도의 인격으로 나타난다. 첫째, 그 로고스는 모든 것의 창조자이다(요 1:3). 심지어 그를 거부하는 이들의 창조주이시기도 한 것이다(요 1:10). 둘째, 그는 하나님의 계시인데, 이 계시는 빛과 어둠의 용어로 묘사되었다(요 1:4-5,

---

[5] 요 1:1의 태초와 창 1:1의 태초는 다르다. 창 1:1의 태초는 영원이라는 시간 중 어느 한 시점에서 창조라는 행위가 이루어진 시점, 시간을 의미한다. 반면 요 1:1의 태초는 시간의 존재가 없는 영원을 의미한다.

7-9). 그리스도는 하나님을 지시하지만 않고 하나님이시다(요 1:1). 셋째, 그는 하나님이시므로 그는 영원하시다. 요한복음 1:1에서 세 번이나 미완료 '엔'(ἦν)이 사용되었는데, 이는 말씀의 '계속적인 무시간적 존재'(continuous timeless existence)를 시사해 주는 것이다.[6]

말씀이 하나님과 함께 계셨다. "함께"는 서로 독립적으로 존재하고 있다는 의미이다(요 1:1-2). "함께"라는 헬라어는 세 가지로 사용된다.

첫째, '순'(συν)으로 정확한 시간에 함께 모여 각자 시계를 동시에 맞추는 것과 같다.

둘째, '메타'(μετα)로 '-와 나란히,' '-의 곁에'라는 의미이다.

셋째, '프로스'(προς)로 서로 얼굴을 마주하는 친밀한 관계를 뜻한다.

요한은 프로스를 사용해서 '로고스'가 하나님과 가장 친밀한 관계를 가지고 있다고 증거 한다.[7] 그러나 독립적인 인격체 말씀과 하나님은 하나였다. 말씀이 하나님이다(요 1:1). 하나님과 함께 계셨던 말씀은 우주만물을 창조했으며(요 1:3), 그 말씀이 육신이 되어 이 땅에 태어나셨다(요 1:14). 예수님은 말씀이며, 천지를 창조하신 하나님이며, 이 땅에 사람으로 오셨다. 예수님은 "나와 아버지는 하나이니라"고 하셨다(요 10:33). 도마는 부활하신 예수께 "나의 주님이시요 나의 하나님이시니이다"라고 고백했다(요 20:28). 바울도 예수님이 하나님이라는 사실을 증거 했다.

> [5]너희 안에 이 마음을 품으라 곧 그리스도 예수의 마음이니 [6]그는 근본 하나님의 본체시나 하나님과 동등됨을 취할 것으로 여기지 아니

---

6 데이비드 F. 웰즈, 『기독론』, 이승구 역 (서울: 도서출판 토라, 2010), p. 146.
7 R.C 스프로울, 『모든 사람을 위한 신학』, p. 68.

하시고(빌 2:5-6).

조상들도 그들의 것이요 육신으로 하면 그리스도가 그들에게서 나셨으니 그는 만물 위에 계셔서 세세에 찬양을 받으실 하나님이시니라 아멘(롬 9:5).

복스러운 소망과 우리의 크신 하나님 구주 예수 그리스도의 영광이 나타나심을 기다리게 하셨으니(딛 2:13).

왜, 예수께서 하나님이신 이유가 중요할까?
왜, 하나님으로 이 땅에 오셨을까?
그 이유는 구원의 역사에 중요한 이유가 된다. 예수께서 하나님이 아니셨다면 그는 모든 인간들처럼 죄인으로 태어난 죄인에 불과했다. 하나님이 아니라면 십자가에서 죽은 예수의 피는 자신의 죗값밖에 될 수 없었다. 하나님이시기 때문에 죄가 없으며 인류를 위해 대속의 피를 흘리실 수 있는 것이다. 히브리서는 "우리에게 있는 대제사장은 우리의 연약함을 동정하지 못하실 이가 아니요 모든 일에 우리와 똑같이 시험을 받으신 이로되 죄는 없으시니라"고 말씀했다(히 4:15). 이것이 예수께서 하나님이신 이유이다. 그가 바로 예수 그리스도였다. 예수님은 삼위일체(三位一體)의 성자(聖子)이며, 말씀(λόγος)이며, 하나님이다. 2,000년 전, 예수께서 성육신(incarnation)하셔서 이 땅에 오신 것이다.

2. 인간(Man)

예수님은 본래 하나님의 본체였지만 자기를 비워 종의 형체를 가져 사람들과 같이 되셨고 사람의 모양으로 이 땅에 오셨다(빌 2:6-7). 예수님은 자신이 어디에서 왔으며, 그 목적이 무엇인지 말씀하셨다.

> 내가 하늘에서 내려온 것은 내 뜻을 행하려 함이 아니요 나를 보내신 이의 뜻을 행하려 함이니라(요 6:38).

왜, 하나님이신 예수께서 인간으로 오셔야 했을까?

첫째, 죄인인 인간을 구원하시기 위해 이 땅에 오셨다.

예수라는 이름은 "그가 자기 백성을 그들의 죄에서 구원할 자"라는 의미이다(마 1:21). 예수님은 죄로 어두워진 세상에 참 빛으로 오셨다. 하나님은 예수님을 "영접하는 자 곧 그 이름을 믿는 자들에게는 하나님의 자녀가 되는 권세"를 주셨다(요 1:12). 예수님은 "인자가 온 것은 잃어버린 자를 찾아 구원하려 함이니라"고 말씀하셨다(눅 19:10). 예수님은 길이요 진리요 생명이기 때문에 오직 예수님을 통해서만 하나님 아버지께 갈 수 있다(요 14:6). 예수님은 구원을 이루기 위해 십자가에서 죽으셨다. 예수님은 십자가 도상에서 마지막으로 구원을 "다 이루었다"(Τετελεσται, 테테레스타이)라고 말씀하셨다(요 19:30).

그래서 "십자가의 도가 멸망하는 자들에게는 미련한 것이요 구원을 받는 우리에게는 하나님의 능력"이 된다(고전 1:18). 사도 바울은 "선생들이여 내가 어떻게 하여야 구원을 받으리이까"라고 묻는 간수에게 "주 예수를 믿으라 그리하면 너와 네 집이 구원을 받으리라"고 대답했다(행 16:31). 바울은 디모데에게 "그리스도 예수께서 죄인을 구원하시려고 세상에 임하셨다 하였도다"라고 말했다(딤전 1:15). 죄 때문에 생겨난 하나님과 인간의 불화를 예수님의 "십자가의 피로 화평을" 이루셨다(골 1:20). 예수님은 "그의 육체의 죽음으로 말미암아 화목하게 하사 너희를 거룩하고 흠 없고 책망할 것이 없는 자"로 만드셨다(골 1:22).

둘째, 죗값은 사망이기 때문이다(롬 6:23).

인간의 죗값은 인간이 죽어야 해결된다. 예수께서 인간으로 오신 이유이다. 예수님은 인간으로 태어나지 않고 하나님으로서 얼마든지 인간의 죄를 용서하실 수 있었다. 육신을 입지 않은 하나님의 아들의 신분으로도 얼마든지 구원을 이루실 수 있었다.

왜, 예수님은 인간과 동일하게 마리아의 몸에서 10달 동안 있다가 태어나는 고통을 체험하셨을까?

왜, 예수님은 인간으로서 배고픔과 목마름, 피곤함과 배반, 채찍과 조롱, 십자가에 못 박히는 고통과 죽음을 감당하셨을까?

왜, 죽음은 죄인들의 값인데 예수님은 죽으셔야만 했을까?

왜, 하나님의 아들이 인간으로 오셔야만 했을까?

그 대답은 완전한 구원을 이루기 위해서였다. 아담의 죗값은 하나님의 죽음이 아닌 인간의 죽음이었다. 만일 예수께서 인간으로 오셔서 십자가에 죽지 않으셨다면 하나님께서 스스로 자신의 법을 어기게 된다. 죄의 값은 인간의 죽음이라는 공의(righteous)를 스스로 저버리는 하나님이 되는 것이다. 바울은 이 사실을 지적했다.

> 그러므로 한 사람으로 말미암아 죄가 세상에 들어오고 죄로 말미암아 사망이 들어왔나니 이와 같이 모든 사람이 죄를 지었으므로 사망이 모든 사람에게 이르렀느니라(롬 5:12).

아담으로 인해 모든 인류가 사망에 이르게 되었다. 모든 인간은 죄인이기 때문에 죽음을 피해갈 수 없다. 그런데 "우리가 아직 죄인 되었을 때에 그리스도께서 우리를 위하여 죽으심으로 하나님께서 우리에 대한 자기의 사랑을 확증"하셨다(롬 5:8). 인간 예수께서 나무 십자가 형틀에서 흘리신 피 때문에 우리가 의롭게 되었다(롬 5:9). 한 사람 아담이 순종하지 않아 많은 사람이 죄인 되었지만 한 사람 예수님이 순종하심으로 많은 사람이 의인이 된 것이다(롬 5:19).

3. 하나님의 아들(the Son of God)

성경에서 '하나님의 아들'이란 용어를 여러 가지로 사용했다.

첫째, 구약에서 '하나님의 아들'을 천상적인 존재로 사용했다(창 6:2; 욥 1:6; 38:7; 시 29:1; 89:7).[8]

둘째, 하나님은 피조물인 사람을 '하나님의 아들'이라고 불렀다. 아담은 하나님의 아들이라고 불렸고, 셋도 거의 동일한 의미에서 아담의 자손이었다(눅 3:38).

셋째, 하나님께서 사랑을 주시는 대상으로 하나님과 사람의 관계를 유지하고 있다는 표현이다. 또한 구원받은 백성들을 '하나님의 아들'이라고 표현했다.

하나님은 출애굽 과정에서 이스라엘을 "내 아들," "내 장자"라고 표현했다.

---

8 데이비드 F. 웰즈, 『기독론』, p. 148.

> ²²너는 바로에게 이르기를 여호와의 말씀에 이스라엘은 내 아들 내 장자라 ²³내가 네게 이르기를 내 아들을 보내 주어 나를 섬기게 하라 하여도 네가 보내 주기를 거절하니 내가 네 아들 네 장자를 죽이리라 하셨다 하라 하시니라(출 4:22-23).

하나님은 이스라엘을 사랑을 받는 장자라는 특별한 관계로 표현하셨다. 하나님께서 이스라엘이 하나님의 자녀이기 때문에 특별히 정결법을 주셨다.

> ¹너희는 너희 하나님 여호와의 자녀이니 죽은 자를 위하여 자기 몸을 베지 말며 눈썹 사이 이마 위의 털을 밀지 말라 ²너는 네 하나님 여호와의 성민이라 여호와께서 지상 만민 중에서 너를 택하여 자기 기업의 백성으로 삼으셨느니라(신 14:1-2).

신약성경은 예수님 때문에 구원받은 사람들이 거룩하신 여호와 하나님을 아버지라고 부르게 되었다. 유대인들뿐 아니라 모든 이방인 그리스도인들도 하나님의 자녀가 되었고 하나님을 아버지라 부를 수 있게 되었다.

> 영접하는 자 곧 그 이름을 믿는 자들에게는 하나님의 자녀가 되는 권세를 주셨으니(요 1:12).

> ¹⁴무릇 하나님의 영으로 인도함을 받는 사람은 곧 하나님의 아들이라 ¹⁵너희는 다시 무서워하는 종의 영을 받지 아니하고 양자의 영을 받았으므로 우리가 아빠 아버지라고 부르짖느니라(롬 8:14-15).

> ²⁶너희가 다 믿음으로 말미암아 그리스도 예수 안에서 하나님의 아들이 되었으니 ²⁷누구든지 그리스도와 합하기 위하여 세례를 받은 자는 그리스도로 옷 입었느니라(갈 3:26-27).

넷째, 예수님은 영원 전부터 성자(聖子)라는 제2위 위격을 가진 '하나님의 아들'이다.

하나님의 아들이 구원과 관계될 때는 메시아 직무와 관련이 된다. 예수님은 메시아 직무(office)를 감당하는 하나님의 상속자며, 대리자로서 하나님의 아들이었다. 출생적으로 다윗 계열의 왕으로 오신 메시아이다. 하나님은 다윗의 후손에게서 메시아가 태어날 것을 선포하셨으며 다윗 계열의 왕들을 모두 하나님의 아들로 선언하셨다.[9]

예수님은 메시아 개념인 "다윗의 자손"(정확히는 다윗의 아들, the Son of David)으로 불릴 때 한 번도 불쾌하게 생각하거나 부인한 적이 없다.[10] 오히려 다윗의 자손으로 부른 자들을 믿음을 칭찬하시고 맹인의 눈을 뜨게 했으며(마 9:27; 20:30; 막 10:47; 눅 18:38), 귀신들린 딸에게서 귀신을 쫓아내 주셨다(마 15:22). 메시아 예언의 성취로 나귀 타고 예루살렘에 입성하실 때 사람들은 "호산나 다윗의 자손이여 찬송하리로다 주의 이름으로 오시는 이여 가장 높은 곳에서 호산나"라고 외쳤다. 예수님은 사람들이 외치는 다윗의 자손으로 오시는 이인 메시아라는 사실을 부인하지 않았다(마 21:9).

하나님은 다윗에게 후손으로 올 메시아에 대해 예언하셨다. 사무엘하 7:14의 "나는 그에게 아버지가 되고 그는 내게 아들이 되리니…"라는 부

---

9 게르할더 보스, 『예수의 자기계시』, 이승구 역 (서울: 엠마오, 1991), p. 159.
10 게르할더 보스, 『예수의 자기계시』, p. 185.

분은 그의 아들 솔로몬을 지칭하는 것뿐 아니라 다윗의 후손으로 올 진정한 '하나님의 아들' 메시아 예수를 지칭한다. 시편 89편에서 더욱 확대되었다.

> ¹내 종 다윗에게 맹세하기를 … ²⁷내가 또 그를 장자로 삼고 세상 왕들에게 지존자가 되게 하며 ²⁸그를 위하여 나의 인자함을 영원히 지키고 그와 맺은 나의 언약을 굳게 세우며 ²⁹또 그의 후손을 영구하게 하여 그의 왕위를 하늘의 날과 같게 하리로다(시 89:1, 27-29).

시편 2편은 오실 메시아에 대한 예언이다.

> ⁶내가 나의 왕을 내 거룩한 산 시온에 세웠다 하시리로다 ⁷내가 여호와의 명령을 전하노라 여호와께서 내게 이르시되 너는 내 아들이라 오늘 내가 너를 낳았도다(시 2:6-7).

시편 2편의 메시아는 하나님의 아들이다. 하나님은 예수께서 요단강에서 세례 요한에게 세례를 받을 때 하나님의 아들이라 선포하셨다.

> 하늘로부터 소리가 있어 말씀하시되 이는 내 사랑하는 아들이요 내 기뻐하는 자라 하시니라(마 3:17; 참고 막 1:11, 눅 3:22).

하나님은 변화산에서 제자들에게 예수님을 소개하기를 "내 사랑하는 아들"이라 하셨다.

> ²그들 앞에서 변형되사 그 얼굴이 해같이 빛나며 옷이 빛과 같이 희어

졌더라 … ⁵말할 때에 홀연히 빛난 구름이 그들을 덮으며 구름 속에서
소리가 나서 이르시되 이는 내 사랑하는 아들이요 내 기뻐하는 자니
너희는 그의 말을 들으라 하시는지라(마 17:2, 5).

바울은 비시디아 안디옥에서 이스라엘 사람들과 하나님을 경외하는 사람들에게 시편 2편의 예언과 같이 하나님의 아들로 선포된 메시아 예수를 선포했다.

곧 하나님이 예수를 일으키사 우리 자녀들에게 이 약속을 이루게 하
셨다 함이라 시편 둘째 편에 기록한 바와 같이 너는 내 아들이라 오늘
너를 낳았다 하셨고(행 13:33).

히브리서는 천사보다 뛰어난 예수님에 대해 소개할 때 하나님께서 그를 하나님의 아들로 선포한 사실을 기록했다.

하나님께서 어느 때에 천사 중 누구에게 너는 내 아들이라 오늘 내가
너를 낳았다 하셨으며 또 다시 나는 그에게 아버지가 되고 그는 내게
아들이 되리라 하셨느냐(히 1:5).

메시아 예수는 삼위일체(三位一體)로 존재하며, 하나님의 아들이다. 예수님은 하나님을 부를 때 자주 "나의 아버지," "그 아버지"(the Father), "나의 하늘 아버지," "너희 하늘 아버지"라고 불렀다. 예수님은 복음서에서 "아버지"라는 표현을 51회 사용하셨다.[11] 요한복음 24번, 마태복음 18번, 마

---

11 도날드 거스리, 『그리스도, 그리스도의 사역』, 이중수 역 (서울: 성서유니온, 1997), p. 141.

가복음 6번, 누가복음 3번이 기록되었다.

> 누구든지 사람 앞에서 나를 부인하면 나도 하늘에 계신 내 아버지 앞에서 그를 부인하리라(마 10:33).

> 이르시되 아빠 아버지여 아버지께서는 모든 것이 가능하오니 이 잔을 내게서 옮기시옵소서 그러나 나의 원대로 마시옵고 아버지의 원대로 하옵소서 하시고(막 14:36).

> 예수께서 큰 소리로 불러 이르시되 아버지 내 영혼을 아버지 손에 부탁하나이다 하고 이 말씀을 하신 후 숨지시니라(눅 23:46).

> 아버지여, 아버지께서 내 안에, 내가 아버지 안에 있는 것같이 그들도 다 하나가 되어 우리 안에 있게 하사 세상으로 아버지께서 나를 보내신 것을 믿게 하옵소서(요 17:21).

예수님은 하나님의 아들이셨고 계시의 모든 영역에서 하나님의 뜻을 전달하셨다. 이것이 계시적인 측면에서 메시아직(Messiahship)이 성자됨(sonship)에 근거하는 것이다.[12]

> 내 아버지께서 모든 것을 내게 주셨으니 아버지 외에는 아들을 아는 자가 없고 아들과 또 아들의 소원대로 계시를 받는 자 외에는 아버지를 아는 자가 없느니라(마 11:27).

---

[12] 게르할더 보스,『예수의 자기계시』, p. 167.

베드로의 신앙고백은 '하나님의 아들'과 '메시아/그리스도'가 함께 쓰인 중요한 구절이다.

첫째, 마태복음 16:16이다.

> 시몬 베드로가 대답하여 이르되 주는 그리스도시요 살아 계신 하나님의 아들이시니이다(마 16:16).

베드로의 고백은 예수님의 신분을 하나님의 아들로서 메시아로 인식하게 된 초대 교인들의 중요한 신앙고백이 되었다.

둘째, 마태복음 26:63에서 가야바는 "네가 하나님의 아들 그리스도인지 우리에게 말하라"고 질문했다.

셋째, 누가복음 4:41에서 '하나님의 아들'은 메시아의 의미를 함축하고 있다.[13] 예수께서 귀신들을 쫓아내실 때 귀신들이 예수님을 향해 "당신은 하나님의 아들이니이다"라고 말했다. 예수님은 귀신들을 꾸짖으시며 귀신들이 말함으로 허락하지 않으셨다. 그 이유는 예수께서 "자기가 그리스도/메시아인 줄 아셨기" 때문이었다.

4. 인자(the Son of Man)

예수님은 공생애 사역과 함께 자신을 "인자"(人子)라고 소개하셨다(마 8:20; 9:6; 막 2:10, 28; 눅 5:24; 6:5, 요 1:52; 23; 13-14). 오직 예수님만이 "인자"를

---

[13] 도날드 거스리, 『그리스도, 그리스도의 사역』, p. 148.

자기 호칭(self-designation)으로 사용하셨다.[14] 인자는 신약성경에 80회 이상 사용되었으며 3회를 제외하고 모두 예수님께서 직접 사용하셨다.[15] 인자는 예수께서 이 땅에 오실 메시아라는 사실을 보여주는 이름이다.

그러나 인자의 의미를 의심하는 학자들이 있다. 불트만(R. K. Bultmann)은 다음과 같이 언급했다.

> 예수가 실제로 인자를 언급했던 것은 마치 자신이 아닌 어떤 사람에 대해 얘기하는 것처럼 인자의 오심에 대해서 이야기할 때뿐이다.[16]

불트만은 인자에 대한 개념을 후대 기독교 공동체 즉, 죽은 예수를 고대하던 제자들이 그가 인자로 되돌아올 것을 기대하면서 만든 창작물에 불과하다고 주장했다.[17] 필하우어(Vielhauer)도 예수는 "인자"에 대해 한 마디도 한 적이 없었는데 그가 죽은 후 기독교 공동체가 예수께서 말씀하셨다고 덧붙인 것이라 주장했다.[18] 계속해서 여러 학자들에 의해 인자에 대한 반대적 주장들은 다음과 같다.

첫째, 다니엘 7:13은 "인자 같은 이"를 언급하는데 "한 사람"을 의미하기보다 "지극히 높으신 이의 거룩한 백성"을 나타내는 상징으로 본다(단 7:27).

둘째, "곧 오실 인자"는 후대 유대교 전통에서 발전했음을 가정한다. 에녹 1서에서 "인자"는 언제나 46:1에서 소개된 인물 "바로 이 인자"를

---

14 야콥 판 브럭헌, 『하나님의 아들 예수』, 김병국 역 (서울: 도서출판 대서, 2014), p. 137.
15 R.C. 스프로울, 『모든 사람을 위한 신학』, 조계광 역 (서울: 생명의말씀사, 2015), p. 169.
16 야콥 판 브럭헌, 『하나님의 아들 예수』, p. 137.
17 야콥 판 브럭헌, 『하나님의 아들 예수』, p. 141.
18 야콥 판 브럭헌, 『하나님의 아들 예수』, p. 142.

지칭한다.

셋째, 예수님의 청중들이 보인 반응에서 알 수 있다.

넷째, 예수님의 자기 호칭은 말세에 심판주로 오실 개념과 맞지 않다.

다섯째, 예수님은 장차 오실 인자에 대해 언급하지만 "인자"의 의미를 미래로 한정하는 것은 아니다.

여섯째, 오실 인자에 대한 유대인들의 기대감의 배경하에 예수께서 "인자"의 개념을 사용했다면 "인자"는 팔레스타인 기독교 공동체에서 신앙고백으로 사용하지 않았는지를 설명할 수 없다.[19]

그러나 많은 학자들에 의하면 예수님의 자기 호칭인 "인자"가 다니엘 7:13의 "인자 같은 이"를 의미하며, 메시아로서 "인자"를 확증해 준다고 본다.

첫째, 마샬(H. Marshall)은 예수께서 사용하신 인자는 다니엘 7장을 가리키는 일반적인 아람어라고 보며, 일부 학자들은 예수께서 의도적으로 모호한 용어를 사용해 자신이 다니엘 7:13의 인물임을 암시했다. 그래서 "인자"는 "하나님의 아들"을 의미하는 일시적이며 비밀스러운 명칭이다.

둘째, 예수님은 첫 번째 아담과 연관해서 아담의 약속된 아들이다.

셋째, 구약에서 인간의 낮은 위치를 강조하기 위한 시적 표현으로 하나님 앞에서 겸손한 예수님을 의미한다.

넷째, 예수님은 에스겔 선지자가 종종 "인자"라고 언급한 것과 연관하여 이 선지자는 인자로서 이스라엘의 심판자가 되었다.

다섯째, "인자"는 구약의 시편 30:1-4과 야곱의 사다리를 연상케 한다는 주장을 내놓았다.[20]

---

19 야콥 판 브럭헌, 『하나님의 아들 예수』, pp. 143-145.
20 야콥 판 브럭헌, 『하나님의 아들 예수』, pp. 149-150.

그러나 이러한 주장에도 여러 가지 난제들이 발견된다.

첫째, 산헤드린 공의회에서 예수님이 "인자"를 지칭할 다니엘 7장과 직접적인 연결점을 찾기 어렵다.

둘째, 예수님이 시편 110편을 인용해 "이 후에 인자가 권능의 우편에 앉아 있는 것과 하늘 구름을 타고 오는 것을 너희가 보리라"(마 26:27)고 말씀하신 것은 다니엘 7장을 암시하지만 간접적인 언급이다.

셋째, 예수님이 "인자"를 말씀하실 때 정관사 'the'를 사용한 것도 헬라어에서 아들을 한시적으로 사용했을 경우에는(the son) 그것에 대한 수식어도 정관사를 써야 한다("of the man"). 또한 헬라어에서 주어가 매우 특별한 사람을 나타낼 때 추가적 단어를 사용한다. "그 첫 번째 사람의 아들"(the son of the first man), 또는 "그 뛰어난 사람의 아들"(the son of the pre-eminent man)로 써야 한다는 주장들이다.[21]

그렇다면 예수님은 다니엘 7:13에 예언된 "인자"가 아닌가?

예수님은 "인자"의 의미를 잘못 알고 사용하셨는가?

단순한 "인간의 후손"의 개념일까?

예수님의 대화에서 그 해답을 제시해 준다.

첫째, 유대 전승에는 하나님이 인간의 형상으로 나타나는 것과 하나님의 형상, 영광이 "한 사람 같은" 천상의 인물로 실체화된다. 다니엘 7장, 제1에녹 37-71장, 제4 에스라 13장에 "천상의 인물"이 에스겔 1:26이하, 8:2이하에 있는 "하나님의 영광"의 실체화의 산물이다.[22] 그리고 다니엘 7:13의 "한 사람의 아들 같은" 천상적 인물은 메시아적으로 해석되었다. 사무엘하 7:12 이하의 말씀에 입각해 다니엘 7:13을 해석한다면 "한 사람

21　야콥 판 브럭헌, 『하나님의 아들 예수』, pp. 150-151.
22　김세윤, 『"그 '사람의 아들"(人子)-하나님의 아들』, 홍성희·정태엽 공역 (서울: 도서출판 엠마오, 2002), p. 38

의 아들 같은 이"를 메시아, 즉 하나님의 아들이 될 종말론의 다윗 계열의 왕으로 해석되는 것이다. 그리고 다니엘 7:22의 "옛적부터 항상 계신 이"는 "한 사람의 아들 같은" 천상적 인물이라는 결론을 내리게 된다.[23]

둘째, 일반적인 인간은 하늘로부터 내려올 것을 기대하지 않는다. 그러나 예수님은 인자로서 하늘로부터 오시며(요 3:13; 6:62), 승천할 것이며(요 6:62), 다시 "올 것"(마 10:23; 눅 12:40; 마 24:24; 25:13; 26:64)과 자신이 "나타날" 때(마 24:27, 37, 39) 천사들이 그를 수행할 것이며(마 13:37, 39), 열방의 심판주로 다시 오실 것이며, 하나님의 우편에 앉을 것이다(마 19:28; 눅 21:36).[24]

셋째, 예수님은 인자로 오셨지만 유대인들은 인자이신 예수님을 알지 못했다. 유대인들은 예수님을 "인간의 후손"의 의미로 "요셉의 아들"(눅 4:22; 요 1:45; 6:42), 어머니, 형제, 자매들이 있는 목수의 아들로 인식했다(마 13:55-56; 막 6:3). 그러나 쫓겨나온 더러운 영은 예수님께서 "하나님의 아들"이라는 사실을 알았다(막 3:11; 마 8:29).[25] 예수님은 유대인의 관점에서 보듯이 사람의 아들이지만 하나님의 위대한 임무와 미래를 부여 받은 하나님의 아들이며, 하나님의 우편에 앉는 분이다.

넷째, 정관사 문제에 있어서도 유대인들은 "사람의 한 아들"(a son of man)이라고 했지만 예수님은 "(너희가 나를 부르는 대로) 인자가 권능자의 우편에 앉은 것과 하늘 구름을 타고 오는 것을 너희가 보리라"고 대답했다(막 14:62). 예수님은 스스로 다니엘 7:13의 "'그' 사람의 아들"(the Son of Man)이라고 인정한 것이다.[26]

다섯째, 나다나엘의 고백에서도 확증된다. 나다나엘은 "나사렛에서 무

---

23 김세윤, 『그 '사람의 아들'(人子)-하나님의 아들』, p. 46.
24 야콥 판 브럭헌, 『하나님의 아들 예수』, p. 152.
25 야콥 판 브럭헌, 『하나님의 아들 예수』, p. 152.
26 야콥 판 브럭헌, 『하나님의 아들 예수』, p. 153.

슨 선한 것이 날 수 있느냐"(요 1:46)고 했지만 예수님을 만나고 "당신은 하나님의 아들이시요 당신은 이스라엘의 임금이로소이다"라고 고백했다(요 1:49). 계속해서 예수님은 나다나엘에게 "하늘이 열리고 하나님의 사자들이 인자 위에 오르락 내리락 하는 것을 보리라"고 말씀하셨다(요 1:51). 예수님은 스스로 "그 사람의 아들"(人子)로 자기 호칭을 할 때 다니엘 7:13의 인물 "한 사람의 아들 같은" 이를 염두 해 둔 것이다. 예수님은 "나는 다니엘이 환상 중에 보았던 그 '사람의 아들'이다"라고 말한 것이다.[27] 나다나엘은 예수께서 하나님의 아들이며, "나사렛에서 난 인자"라는 사실을 깨달았다.[28]

여섯째, 예수님은 제자들이 자신을 주로 고백하고 자신의 살과 피를 마심으로 "성육신한 인자"를 충분히 깨닫도록 하셨다(눅 6:22; 12:8; 요 6:53).

일곱째, 예수님 자신을 지칭했던 "인자"는 십자가의 사건에서 그 기능을 상실한다. 그리고 부활했을 때 하나님께로부터 받은 "그리스도"라는 자기 호칭으로 바꿨다(눅 24:26, 46). 그것은 죄인을 구원하고자 했던 "인자"로서 순종하며 따랐던 길이며(마 18:11; 눅 9:56; 19:10; 마 20:28), 인자의 영화(glorification)가 예수님의 죽음과 함께 시작되었다(요 12:23; 13:31). 하나님의 아들은 '인간'이 됨으로써 심판할 수 있는 권세를 받았다(요 5:27).[29]

이사야 53장은 고난받는 종의 예언으로 유명하다. 예수님은 이사야 53장의 고난받는 종으로 이 땅에 오셨다.

> ¹우리가 전한 것을 누가 믿었느냐 여호와의 팔이 누구에게 나타났느냐 ²그는 주 앞에서 자라나기를 연한 순 같고 마른 땅에서 나온 뿌리

27　김세윤, 『"그 '사람의 아들"(人子)-하나님의 아들』, p. 67.
28　야콥 판 브럭헌, 『하나님의 아들 예수』, pp. 153-154.
29　야콥 판 브럭헌, 『하나님의 아들 예수』, p. 155.

같아서 고운 모양도 없고 풍채도 없은즉 우리가 보기에 흠모할 만한 아름다운 것이 없도다 [3]그는 멸시를 받아 사람들에게 버림 받았으며 간고를 많이 겪었으며 질고를 아는 자라 마치 사람들이 그에게서 얼굴을 가리는 것같이 멸시를 당하였고 우리도 그를 귀히 여기지 아니하였도다 [4]그는 실로 우리의 질고를 지고 우리의 슬픔을 당하였거늘 우리는 생각하기를 그는 징벌을 받아 하나님께 맞으며 고난을 당한다 하였노라 [5]그가 찔림은 우리의 허물 때문이요 그가 상함은 우리의 죄악 때문이라 그가 징계를 받으므로 우리는 평화를 누리고 그가 채찍에 맞으므로 우리는 나음을 받았도다 [6]우리는 다 양 같아서 그릇 행하여 각기 제 길로 갔거늘 여호와께서는 우리 모두의 죄악을 그에게 담당시키셨도다 [7]그가 곤욕을 당하여 괴로울 때에도 그의 입을 열지 아니하였음이여 마치 도수장으로 끌려가는 어린 양과 털 깎는 자 앞에서 잠잠한 양같이 그의 입을 열지 아니하였도다 [8]그는 곤욕과 심문을 당하고 끌려 갔으나 그 세대 중에 누가 생각하기를 그가 살아 있는 자들의 땅에서 끊어짐은 마땅히 형벌 받을 내 백성의 허물 때문이라 하였으리요 [9]그는 강포를 행하지 아니하였고 그의 입에 거짓이 없었으나 그의 무덤이 악인들과 함께 있었으며 그가 죽은 후에 부자와 함께 있었도다 [10]여호와께서 그에게 상함을 받게 하시기를 원하사 질고를 당하게 하셨은즉 그의 영혼을 속건제물로 드리기에 이르면 그가 씨를 보게 되며 그의 날은 길 것이요 또 그의 손으로 여호와께서 기뻐하시는 뜻을 성취하리로다 [11]그가 자기 영혼의 수고한 것을 보고 만족하게 여길 것이라 나의 의로운 종이 자기 지식으로 많은 사람을 의롭게 하며 또 그들의 죄악을 친히 담당하리로다 [12]그러므로 내가 그에게 존귀한 자와 함께 몫을 받게 하며 강한 자와 함께 탈취한 것을 나누게 하리니 이는 그가 자기 영혼을 버려 사망에 이르게 하며 범죄자 중 하나로 헤아림을 받았음이니라 그러나 그가 많은 사람의 죄를 담당하며 범죄자를 위하여 기도하였느니라(사 53:1-12).

이사야 53장의 말씀은 예수님의 공생애의 삶과 십자가에 죽으심과 부활로 모두 성취하셨다. 예수 그리스도는 우리 죄를 대신 지고 가는 하나님의 어린 양, 고난의 종으로 이 땅에 오셨다. 이 사실은 이사야의 글을 읽고 있는 내시가 빌립에 의해 이사야 53장의 말씀이 바로 예수 그리스도를 통해 성취되었음이 선포되었다.

³⁰빌립이 달려가서 선지자 이사야의 글 읽는 것을 듣고 말하되 읽는 것을 깨닫느냐 ³¹대답하되 지도해 주는 사람이 없으니 어찌 깨달을 수 있느냐 하고 빌립을 청하여 수레에 올라 같이 앉으라 하니라 ³²읽는 성경 구절은 이것이니 일렀으되 그가 도살자에게로 가는 양과 같이 끌려갔고 털 깎는 자 앞에 있는 어린 양이 조용함과 같이 그의 입을 열지 아니하였도다 ³³그가 굴욕을 당했을 때 공정한 재판도 받지 못하였으니 누가 그의 세대를 말하리요 그의 생명이 땅에서 빼앗김이로다 하였거늘 ³⁴그 내시가 빌립에게 말하되 청컨대 내가 묻노니 선지자가 이 말한 것이 누구를 가리킴이냐 자기를 가리킴이냐 타인을 가리킴이냐 ³⁵빌립이 입을 열어 이 글에서 시작하여 예수를 가르쳐 복음을 전하니(행 8:30-35).

다니엘은 메시아가 인자로 이 땅에 오실 것을 예언했다.

¹³내가 또 밤 환상 중에 보니 인자 같은 이가 하늘 구름을 타고 와서 옛적부터 항상 계신 이에게 나아가 그 앞으로 인도되매 ¹⁴그에게 권세

와 영광과 나라를 주고 모든 백성과 나라들과 다른 언어를 말하는 모든 자들이 그를 섬기게 하였으니 그의 권세는 소멸되지 아니하는 영원한 권세요 그의 나라는 멸망하지 아니할 것이니라(단 7:13-14).

다니엘의 예언처럼 예수님은 구름 가운데 오시는 메시아로 성취되셨다.

> ⁹이 말씀을 마치시고 그들이 보는데 올려져 가시니 구름이 그를 가리어 보이지 않게 하더라 ¹⁰올라가실 때에 제자들이 자세히 하늘을 쳐다보고 있는데 흰 옷 입은 두 사람이 그들 곁에 서서 ¹¹이르되 갈릴리 사람들아 어찌하여 서서 하늘을 쳐다보느냐 너희 가운데서 하늘로 올려지신 이 예수는 하늘로 가심을 본 그대로 오시리라 하였느니라 (행 1:9-11).

> ¹⁵우리가 주의 말씀으로 너희에게 이것을 말하노니 주께서 강림하실 때까지 우리 살아 남아 있는 자도 자는 자보다 결코 앞서지 못하리라 ¹⁶주께서 호령과 천사장의 소리와 하나님의 나팔 소리로 친히 하늘로부터 강림하시리니 그리스도 안에서 죽은 자들이 먼저 일어나고 ¹⁷그 후에 우리 살아 남은 자들도 그들과 함께 구름 속으로 끌어 올려 공중에서 주를 영접하게 하시리니 그리하여 우리가 항상 주와 함께 있으리라(살전 4:15-17).

신학자 조지 래드(G. E. Ladd)[30]는 예수께서 자신을 인자로 알리신 세 가지 유형으로 구분했다.

---

30 G. E 래드, 『신약신학』, 이창우 옮김 (서울: 성광문화사, 1992), pp. 213-214.

첫째, '세상에 오신 인자'이다.

인자는 죄를 사하는 권세를 가졌고(막 2:10; 막 9:6; 눅 5:24) 안식일의 주인이지만(막 2:27; 마 12:8; 눅 6:5) 머리 둘 곳조차 없었다(마 8:20; 눅 9:58). 빌립보 가이사랴 지방에서 베드로에 의해 "주는 그리스도시요 살아 계신 하나님의 아들"라 고백되었다(마 16:16). 가라지 비유에서 인자는 좋은 씨를 뿌리는 이며(마 13:37), 인자 때문에 핍박받으면 복되다 하셨다(눅 6:22). 인자는 잃어버린 자를 찾아 구원하러 오셨다(눅 19:10). 유다는 입맞춤으로 인자를 팔 것이다(눅 22:48).

둘째, '고난받는 인자'이다.

인자는 사람들의 손에 넘겨져 많은 고난을 받고, 죽임을 당하고, 죽은 자 가운데 사흘 만에 살아날 것이다(막 8:31; 9:9, 31, 33; 마 17:9, 22). 인자가 온 것은 섬김을 받으려 함이 아니라 도리어 섬기려 하고 자기 목숨을 많은 사람의 대속물로 주려 함이다(막 10:45; 마 20:28). 인자는 자기에게 기록된 대로 가지만 인자를 파는 자에게는 화가 있을 것이며(마 14:21; 마 26:24; 눅 22:22), 죄인의 손에 팔릴 것이다(마 14:41; 마 26:45).

셋째, '묵시적인 인자'이다.

인자는 아버지의 영광으로 거룩한 천사들과 함께(막 8:38; 마 16:27; 눅 9:26), 구름을 타고 큰 영광으로 오실 것과(막 14:62; 마 24:30; 눅 21:27) 하나님의 권능자의 우편에 앉은 것을 볼 것이다(막 14:62; 마 26:64; 눅 22:69). 그러나 인자는 노아의 때와 같이(눅 17:24; 마 24:37) 생각하지 않을 때(눅 12:40; 마 24:44) 하늘의 번개 빛이 동서(東西)로 비취는 것같이 임할 것이다(눅 17:24; 마 24:27). 인자가 천사들을 보내 넘어지게 하는 모든 것과 불법을 행하는 자들을 거두어 풀무 불에 던져 넣을 것이다(마 13:41-42). 제자들 중 죽기 전에 인자가 그 왕권을 가지고 오는 것을 볼 자도 있을 것이다(마 16:28; 막 9:1). 인자가 그의 영광스러운 보좌에 앉을 때(마 19:28), 인자가 그의 영광으로 오실 때(마 25:31), 누구든지 사람 앞에서 나를 시인하면 인자도 하나님의 사자들 앞에서 저를 시인할 것이다(눅 12:8).

이 세 가지는 복음서에서 인자로서 오신 예수님, 예언된 메시아가 어떻게 인자의 역할을 할 것인가를 잘 보여준다. 인자는 단순히 '사람의 아들'의 개념이 아니라 이 땅에 고난받는 종으로, 다니엘 7:14의 구름 타고 오시는 신적인 존재로서의 인자를 의미한다.

5. 메시아(מָשִׁיחַ)/그리스도(Χριστός)

예수님은 구약에 예언된 메시아이다. 명사 메시아(מָשִׁיחַ, 마쉬아흐)의 동사형은 마샤흐(מָשַׁח)로 (기름 따위)를 "바르다," "붓다"라는 의미를 가진다. 구약성경에는 기름 붓는 행위가 여러 가지로 사용된다. 아모스는 여인들이 기름을 바르고(암 6:6), 이사야는 방패에 기름을 발라 반들반들하게 만들고(사 21:5), 예레미야는 백향목으로 지은 집을 붉게 칠하는 행위에 대해 기록한다(렘 22:14). 제사 제물에도 기름을 붓는다.

그러나 성경은 기름 부어 세우는 직분에 대해 중요성을 강조한다. 70인역과 신약성경에 사용된다(눅 4:18; 행 4:27; 10:38). 크리오(Χρίω)라는 헬라어 동사와 이를 나타내는 "메시아"라는 명칭(요 1:41; 4:25)도 몸을 문지르거나 친다는 뜻을 가진다.[31] 성경에 마샤흐(מָשַׁח)와 마쉬아흐(מָשִׁיחַ)는 왕, 제사장, 선지자에게 기름 붓는 용례로 사용되었다.[32] 세 직분은 모두 메시아로 오신 예수님의 직분과 관련된다. 메시아는 여호와께 '기름 부음 받은 자'

---

31 게라르드 반 그로닝겐, 『구약의 메시아 사상』, 유재원 · 류호준 옮김 (서울: CLC, 1997), p. 16.

32 게라르드 반 그로닝겐, 『구약의 메시아 사상』, pp. 18-19.

은 자이다. 다니엘서는 "기름 부음을 받을 자," "왕"으로 오실 메시아 예언이 기록되었다.

> ²⁴네 백성과 네 거룩한 성을 위하여 일흔 이레를 기한으로 정하였나니 허물이 그치며 죄가 끝나며 죄악이 용서되며 영원한 의가 드러나며 환상과 예언이 응하며 또 지극히 거룩한 이가 기름 부음을 받으리라 ²⁵그러므로 너는 깨달아 알지니라 예루살렘을 중건하라는 영이 날 때부터 기름 부음을 받은 자 곧 왕이 일어나기까지 일곱 이레와 예순두 이레가 지날 것이요 그 곤란한 동안에 성이 중건되어 광장과 거리가 세워질 것이며 ²⁶예순두 이레 후에 기름 부음을 받은 자가 끊어져 없어질 것이며 장차 한 왕의 백성이 와서 그 성읍과 성소를 무너뜨리려니와 그의 마지막은 홍수에 휩쓸림 같을 것이며 또 끝까지 전쟁이 있으리니 황폐할 것이 작정되었느니라(단 9:24-26).

다니엘은 다리오 통치 원년에 예레미야서를 읽었다. 그때 "예루살렘의 황폐함이 칠십 년만에 그치리라"는 말씀을 보면서 예레미야가 알려준 바벨론 포로 기간을 깨닫게 되었다(단 9:1-2). 다니엘은 금식하며 베옷을 입고 재를 덮어쓰고 하나님께 기도했다(단 9:3). 하나님은 기브리엘 천사를 통해 "칠십 이레"(Seventy 'sevens' NIV) 기한을 정했다고 말씀하신다. 칠십 이레(Seventy weeks. KIV, NASB)는 "칠십 번의 칠년"을 의미하는데 예레미야 25:11과 29:10에 예언된 바벨론 포로 70년을 레위기 26:28에 따라서 7배의 요구의 어법으로 사용했을 것이다.³³ 그러나 칠십 이레에 대한 다

---

33 존 E. 골딩게이, 『WBC. 다니엘』, 채천석 역 (서울: 솔로몬, 2008), pp. 457. 472.

양한 견해들이 있다.³⁴ 하나님은 가브리엘 천사를 통해 "지극히 거룩한 이가 기름 부음을 받을 것"과 "영이 날 때부터 기름 부음을 받은 자가 왕으로 일어날 것"이라고 예언하셨다.³⁵ 예수님께서 이 땅에 기름 부음 받은 자(משיח)로 오실 것을 예언한 것이다.

예수께서 메시아라는 사실은 세례 요한의 기사에서 나타난다. 그는

---

34 조휘, "단 9장: 성도에게 다가오는 전능자의 위로,"『다니엘 어떻게 설교할 것인가』, 목회와신학 편집부 엮음 (서울: 두란노, 2009), pp. 279-280에서 칠십 이레에 대해 설명한다. 아처(Archer)는 "칠십 이레"를 70×7로 계산해 470년으로 보고 B.C. 475년 아닥사스다 1세의 조서로 보아 "육십구 이레"인 483년을 계산해 A.D. 27년 예수님께서 이스라엘의 메시아로 등극하는 시기로 나머지 "한 이레"를 예수님의 종말의 때로 본다. 영(Edward J. Young)은 B.C. 538년의 고레스 칙령으로 보며 기름 부음 받은 자의 오심을 예수님과 연관시킨다. 볼드윈(Joycew G. Baldwin)은 상징적으로 해석한다. 또한 존 E. 골딩게이는 "예레미야의 예언(B.C. 605년)으로부터 고레스의 등극(B.C. 556년)에 관한 예레미야의 예언까지의 기간이 49년이고, 예레미야의 예언으로부터 대제사장 오니아스 3세의 죽음(B.C. 171년)까지의 기간이 434년이어서 이들 기간의 합이 483년이며, 마지막 7년은 B.C. 164년의 성전 재봉헌에 이르는 여러 사건을 아우르는 것"(Behrmann)으로 보거나 "느헤미야(B.C. 445년 또는 B.C. 444년)로부터 A.D. 32년 내지 33년에 유월절에 일어난 예수님의 죽음까지의 기간이 바로 483년이었으며, 일흔 번째 이레는 유예되었다(Hoehner)"고 설명한다. 또한 존 E. 골딩게이에 의하면 칠십 이레가 "예루살렘의 회복을 선포하는 것으로 본다면 가브리엘이 말하려는 것일지 모르는 2절에서 언급된 예레미야의 예언이거나(렘 25: 12의 경우에는 B.C. 605년; 29:10의 경우에는 B.C. 597년), B.C. 587년의 예루살렘의 함락과 관련하여 기록된 그의 예언들이거나(렘 30:18-22, 31, 38-40), 가브리엘 자신이 다니엘에게 한 말이거나(B.C. 539년?), B.C. 539년의 고레스의 칙령이거나(사 45:1; 스 1:1-4; 4: 12-16에서는 단지 '성전'의 재건이 아니라 '성'의 재건으로 보임), B.C. 521년의 다리오 왕 칙령이거나(스 6:1-12; 또한 4:21에서 예견되는 성의 재건으로 보임), B.C. 458년의 아닥사스다의 칙령이거나(스 7:12-26), B.C. 445년에 느헤미야에게 주어진 조서(느 1장)"였을 것으로 본다. 존 E. 골딩게이,『WBC. 다니엘』, p. 462.

35 존 E. 골딩게이에 의하면 '기름 부음 받은 자'에 대해서도 기름 부음 받은 자 곧 지도자를 "사 45:1의 고레스, 겔 28:2의 두로의 통치자"로 보기도 하는데 다니엘서는 "이스라엘 자손인 인물이며, 왕(예, 삼상 2:10, 35; 9:16; 10:1)이나 (대)제사장(예, 레 4:3; 마카비 2서 1, 10; 렘 20: 1; 느 11:11; 참조. 단 9:26; 11:22)을 의미"할 수 있다고 말한다. 더욱이 "만약 칠십 이레가 바벨론 포로가 시작되는 때쯤에 시작되고 기름 부음을 받은 통치자가 처음 일곱 이레 뒤에 등장한다면, 이 용어는 아마도 슥 4:14에 따라서 브네 하이츠하르(기름 발리운 아들들)인 스룹바벨이나 여호수아를 의미할 수도 있다." 존 E. 골딩게이,『WBC. 다니엘』, p. 463.

이사야 예언의 성취자였다. 세례 요한은 메시아의 오심을 예비하는 자였다.

> ³외치는 자의 소리여 이르되 너희는 광야에서 여호와의 길을 예비하라 사막에서 우리 하나님의 대로를 평탄하게 하라 ⁴골짜기마다 돋우어지며 산마다, 언덕마다 낮아지며 고르지 아니한 곳이 평탄하게 되며 험한 곳이 평지가 될 것이요 ⁵여호와의 영광이 나타나고 모든 육체가 그것을 함께 보리라 이는 여호와의 입이 말씀하셨느니라(사 40:3-5).

세례 요한은 이사야의 예언대로 주의 길을 예비했다. 누가와 마가는 이를 증거 한다.

> ³요한이 요단 강 부근 각처에 와서 죄 사함을 받게 하는 회개의 세례를 전파하니 ⁴선지자 이사야의 책에 쓴 바 광야에서 외치는 자의 소리가 있어 이르되 너희는 주의 길을 준비하라 그의 오실 길을 곧게 하라 ⁵모든 골짜기가 메워지고 모든 산과 작은 산이 낮아지고 굽은 것이 곧아지고 험한 길이 평탄하여질 것이요 ⁶모든 육체가 하나님의 구원하심을 보리라 함과 같으니라(눅 3:3-6).

> ¹하나님의 아들 예수 그리스도의 복음의 시작이라 ²선지자 이사야의 글에 보라 내가 내 사자를 네 앞에 보내노니 그가 네 길을 준비하리라 ³광야에 외치는 자의 소리가 있어 이르되 너희는 주의 길을 준비하라 그의 오실 길을 곧게 하라 기록된 것과 같이 ⁴세례 요한이 광야에 이르러 죄 사함을 받게 하는 회개의 세례를 전파하니 ⁵온 유대 지방과 예루살렘 사람이 다 나아가 자기 죄를 자복하고 요단 강에서 그에게

세례를 받더라(막 1:1-5).

많은 유대 백성들은 회개의 세례와 하나님의 말씀을 선포하는 세례 요한을 보면서 "혹 그리스도신가 심중에 생각"했다(눅 3:15). 그러나 세례 요한은 자신은 그리스도/메시아가 아니라고 강력히 부인했다. 오직 메시아의 길을 준비하는 자였다.

> [11]나는 너희로 회개하게 하기 위하여 물로 세례를 베풀거니와 내 뒤에 오시는 이는 나보다 능력이 많으시니 나는 그의 신을 들기도 감당하지 못하겠노라 그는 성령과 불로 너희에게 세례를 베푸실 것이요 [12]손에 키를 들고 자기의 타작 마당을 정하게 하사 알곡은 모아 곳간에 들이고 쭉정이는 꺼지지 않는 불에 태우시리라(마 3:11-12; 눅 3:116-17).

그때 예수께서 갈릴리에서 요단강으로 요한에게 세례를 받으러 오셨다. 예수님을 본 요한은 메시아의 사명을 선포했던 그분이 바로 앞에서 계신 분임을 알았다. 그래서 예수께 "내가 당신에게서 세례를 받아야 할 터인데 당신이 내게로 오시나이까"라고 말했다(마 3:14). 예수님은 요한에게 "이제 허락하라 우리가 이와 같이 하여 모든 의를 이루는 것이 합당하니라"고 말했다(마 3:15). 세례 요한은 예수님께 세례를 준 뒤 일어난 관경을 보았다. 이 사건으로 세례 요한은 예수께서 예언된 메시아라고 믿게 되었다. 시편 2편의 말씀의 성취였다.

> [16]예수께서 세례를 받으시고 곧 물에서 올라오실새 하늘이 열리고 하나님의 성령이 비둘기같이 내려 자기 위에 임하심을 보시더니 [17]하늘로부터 소리가 있어 말씀하시되 이는 내 사랑하는 아들이요 내 기뻐

하는 자라 하시니라(마 3:16-17; 눅 3:22).

세례 요한은 이 사건 이후 예수께서 메시아이심을 확신했다. 요한은 예수님을 보고 "보라 세상 죄를 지고 가는 하나님의 어린 양"이라고 선포했다. 세례 요한은 예수님이 이사야 53장의 '고난받는 종'이며, "성령으로 세례를 주실 분," "하나님의 아들"이라고 확신했다.

> [29]이튿날 요한이 예수께서 자기에게 나아오심을 보고 이르되 보라 세상 죄를 지고 가는 하나님의 어린 양이로다 [30]내가 전에 말하기를 내 뒤에 오는 사람이 있는데 나보다 앞선 것은 그가 나보다 먼저 계심이라 한 것이 이 사람을 가리킴이라 [31]나도 그를 알지 못하였으나 내가 와서 물로 세례를 베푸는 것은 그를 이스라엘에 나타내려 함이라 하니라 [32]요한이 또 증언하여 이르되 내가 보매 성령이 비둘기같이 하늘로부터 내려와서 그의 위에 머물렀더라 [33]나도 그를 알지 못하였으나 나를 보내어 물로 세례를 베풀라 하신 그이가 나에게 말씀하시되 성령이 내려서 누구 위에든지 머무는 것을 보거든 그가 곧 성령으로 세례를 베푸는 이인 줄 알라 하셨기에 [34]내가 보고 그가 하나님의 아들이심을 증언하였노라 하니라 [35]또 이튿날 요한이 자기 제자 중 두 사람과 함께 섰다가 [36]예수께서 거니심을 보고 말하되 보라 하나님의 어린 양이로다(요 1:29-36).

이사야는 메시아가 "여호와께 기름 부음을 받은 자"로 오실 것이라고 예언하고 있다.

[1]주 여호와의 영이 내게 내리셨으니 이는 여호와께서 내게 기름을

> 부으사 가난한 자에게 아름다운 소식을 전하게 하려 하심이라 나를 보내사 마음이 상한 자를 고치며 포로된 자에게 자유를, 갇힌 자에게 놓임을 선포하며 ²여호와의 은혜의 해와 우리 하나님의 보복의 날을 선포하여 모든 슬픈 자를 위로하되 ³무릇 시온에서 슬퍼하는 자에게 화관을 주어 그 재를 대신하며 기쁨의 기름으로 그 슬픔을 대신하며 찬송의 옷으로 그 근심을 대신하시고 그들이 의의 나무 곧 여호와께서 심으신 그 영광을 나타낼 자라 일컬음을 받게 하려 하심이라(사 61:1-3).

세례 요한이 옥에 갇혔을 때 예수님께 제자들을 보내 "오실 그이가 당신이오니이까 우리가 다른 이를 기다리오리이까"라고 질문했다(마 11:3). 요한은 예수님께 "하나님께서 보내실 메시아가 당신입니까?"라고 물은 것이다. 그는 예수님의 공생애 사역을 보면서 예수께서 구약에 예언된 바로 '그 메시아'라고 더욱 확신했다. 그래서 죽음을 얼마 남겨두지 않은 감옥에서 그 사실을 알고 싶었다. 예수님은 세례 요한의 제자들에게 이사야의 말씀으로 응답하셨다.

> 맹인이 보며 못 걷는 사람이 걸으며 나병환자가 깨끗함을 받으며 못 듣는 자가 들으며 죽은 자가 살아나며 가난한 자에게 복음이 전파된다 하라(마 11:5).

예수님은 "내가 메시아이다"라고 하지 않으셨다. 오히려 이사야의 말씀을 세례 요한에게 주심으로 예언의 성취자가 바로 자신이라는 더욱 분명한 답을 주신 것이다. 예수님은 메시아/그리스도이다. 히브리어 메시아(חשמ)는 "기름 부음 받은 자"라는 뜻으로 신약성경의 헬라어(그리스어)로 번역하면 "그리스도"(Χριστός)이다(요 1:41).

복음서는 예수님이 구약성경을 성취하는 사역을 하고 있다고 증거한다. 마가는 예수님을 "그리스도"로 규정했다.[36] 마가는 예수님이 빌라도에게 재판을 받을 때 자신에 대한 "메시아/그리스도"라는 칭호를 받아드림으로써 자기에게 씌워진 죄명이 옳다는 것을 인정하셨다고 기록한다(막 14:61).[37] 바울은 예수님을 가리키는 말로 "그리스도"를 가장 많이 사용한다(약 150번).[38] 바울은 그리스도인들을 핍박하기 위해 다메섹으로 가다가 부활하신 예수님을 만나고 난 뒤 예수님이 구약성경에 약속된 메시아 곧 그리스도라는 사실을 깨닫게 되었다(행 9:1-9). 사울은 아나니아에게 세례를 받고 다메섹에 있는 회당에 가서 예수님이 "하나님의 아들"이며 "그리스도"라고 증언하기 시작했다.

> 즉시로 각 회당에서 예수가 하나님의 아들이심을 전파하니(행 9:20).

> 사울은 힘을 더 얻어 예수를 그리스도라 증언하여 다메섹에 사는 유대인들을 당혹하게 하니라(행 9:22).

바울은 서신서에서 예수님을 소개할 때 예수와 그리스도/메시아를 붙여 사용한다. 예수님을 소개할 때 "예수 그리스도"(롬 1:1, 6, 8; 2:116; 3:24; 5:17; 고전 2:2; 3:11; 갈 6:18 등), "그리스도 예수"(롬 6:3, 11, 23; 8:1 등), "우리 주 예수 그리스도"(롬 1:4; 5:1, 11; 7:25; 고전 1:7-8; 엡 1:3 등)라고 소개하고, 심지어 그

36　데이비드 웬함, 『바울: 예수의 추종자인가 기독교의 창시자인가?』, 박문재 역 (고양: 크리스챤다이제스트, 2002), p. 157.
37　데이비드 웬함, 『바울: 예수의 추종자인가 기독교의 창시자인가?』, p. 160.
38　래리 허타도, 『주 예수 그리스도』, 박규태 역 (서울: 새물결플러스, 2011), p. 194.

리스도의 교제를 나타내는 말로 "그리스도 안에서," "예수 그리스도 안에서"(고전 4:15; 롬 12:5; 16:3, 7, 9-10)라는 표현을 사용했다.[39] 바울은 회심 이전에는 '예수는 주'라는 기독교 신앙을 시내산의 하나님에 대한 신성모독으로 받아들였다. 그러나 다메섹 도상에서 부활하신 예수님을 만나고 난 뒤 예수님은 교회와 전 우주의 주라는 사실을 믿게 되었다.[40]

바울은 예수님의 죽음과 부활이 전통적으로 이해된 구약의 메시아/그리스도라는 증거로 고린도전서 15:1-11에서 강조한다. 예루살렘교회가 예수님이 메시아/그리스도라는 신앙의 핵심을 "성경대로 그리스도께서 우리 죄를 위하여 죽으시고 장사 지낸 바 되었다가 성경대로 사흘 만에 다시 살아나사"라고 증거 하고 있다(고전 15:3-4).[41] 바울은 '그리스도'라는 칭호를 사용할 때 예수 그리스도의 십자가상에서의 죽음과 부활이라는 구원의 사건을 천명한다(롬 5:6이하, 6:3; 7:4; 8:34; 14:9; 고전 1:33; 8:11; 15:3; 갈 3:1; 6:12; 빌 3:8).

1) 왕의 직분

구약에 있어서 이 땅에 오실 메시아는 '기름 부음 받은 자,' '기름 부음 받은 자로 오시는 왕'이라는 사상이 담겨져 있다. 메시아는 왕적인 인물(royal personage)이다. 메시아는 왕적인 인물로 과거, 현재, 미래의 의미를 담는 '통치한 왕,' '통치할 왕,' '약속된 왕' 즉 앞으로 오실 통치할 왕이다.[42]

---

39 래리 허타도, 『주 예수 그리스도』, p. 194.
40 김세윤, 『바울복음의 기원』, 홍성희 역 (서울: 도서출판 엠마오, 1994), p. 173.
41 래리 허타도, 『주 예수 그리스도』, p. 197.
42 게라르드 반 그로닝겐, 『구약의 메시아 사상』, p. 20.

메시아는 신적, 왕적, 제의적, 그리고 계시적(revealing) 인물이다.[43]
사울을 왕으로 세우실 때 여호와께서 기름을 부으셨다.

> 사무엘이 기름병을 가져다가 사울의 머리에 붓고 입맞추며 이르되 여호와께서 네게 기름을 부으사 그의 기업의 지도자로 삼지 아니하셨느냐(삼상 10:1).

하나님은 사울을 폐하시고 다윗을 왕으로 세우실 때도 기름을 붓는 행위가 있었다.

> [12]이에 사람을 보내어 그를 데려오매 그의 빛이 붉고 눈이 빼어나고 얼굴이 아름답더라 여호와께서 이르시되 이가 그니 일어나 기름을 부으라 하시는지라 [13]사무엘이 기름 뿔병을 가져다가 그의 형제 중에서 그에게 부었더니 이 날 이후로 다윗이 여호와의 영에게 크게 감동되니라 사무엘이 떠나서 라마로 가니라(삼상 16:12-13).

> 유다 사람들이 와서 거기서 다윗에게 기름을 부어 유다 족속의 왕으로 삼았더라(삼하 2:4).

하나님은 합법적으로 지명한 자들에게 기름을 부어서 왕으로 세우셨다.[44] 하나님께서 기름 부어 세운 왕은 특별하다. 그리고 그 직분을 가볍게 보면 안 된다. 다윗은 사울을 죽이지 않은 이유를 고백했다.

---

43 게라르드 반 그로닝젠, 『구약의 메시아 사상』, p. 23.
44 게라르드 반 그로닝젠, 『구약의 메시아 사상』, p. 25.

> 내가 손을 들어 여호와의 기름 부음을 받은 내 주를 치는 것은 여호와
> 께서 금하시는 것이니 그는 여호와의 기름 부음을 받은 자가 됨이니
> 라(삼상 24:6).

다윗은 여호와께서 기름 부어 세운 합법적인 왕을 가볍게 보지 않았다. 다윗은 아말렉 청년이 사울을 죽였다는 말을 듣고 그에게 "네가 어찌하여 손을 들어 여호와의 기름 부음 받은 자 죽이기를 두려워하지 아니하였느냐"고 말하고 그를 죽였다(삼하 1:14, 16).

기름을 부어 합법적인 왕을 세우는 행위는 사울과 다윗뿐 아니라 이스라엘 역사에서 계속되었다. 제사장 사독과 선지자 나단은 솔로몬에게 기름 부어 왕으로 세웠고(왕상 1:34, 45), 님시의 아들 예후와 그의 아들도 기름을 부어 이스라엘의 왕으로 삼았다(왕상 19:16; 왕하 9:3). 하나님은 이방의 왕조차도 기름을 부어 왕으로 세웠다. 하나님은 엘리야를 통해 하사엘에게 기름을 부어 아람의 왕이 되게 하셨다(왕상 19:15).

기름 부음은 지명, 임명, 선택 사상을 포함하고 있다. 구약에서 지명 사상은 대표적으로 "이새를 제사에 청하라 내가 네게 행할 일을 가르치리니 내가 네게 알게 하는 자에게 나를 위하여 기름을 부을지니라"라는 말씀이다(삼상 16:3). 사무엘은 누구에게 기름을 부어야 할지를 알지 못했다. 다만 하나님께서 지명(designate) 하실 때까지 기다릴 뿐이다. 하나님께서 지명한 자에게 기름 부을 때 공식적인 왕으로 임명되는 것이다(삼상 16:1-13).[45] 하나님께 지명되고, 임명되고, 선택되고, 성별된 사람들에게 특별한 일들이 주어졌다. 기름 부어 세운 직분은 왕, 제사장, 선지자들이다. 그들은 하나님께 위임된 일들을 수행할 수 있는 특별한 권리, 능력, 권위

---

45 게라르드 반 그로닝겐, 『구약의 메시아 사상』, p. 24.

를 부여받았다.[46] 하나님은 사울을 백성들의 머리, 통치자, 방백, 왕으로서 여호와를 대신하는 권위를 주셨다(삼상 15:17). 사울이 기름 부음을 받았을 때 성령의 임재가 있어 그는 왕으로 자격 요건을 갖출 수 있었다(삼상 10:6). 그러나 사울의 범죄로 성령이 떠나실 때 그는 왕의 자격을 상실했다(삼상 16:14).[47]

2) 제사장 직분

제사장은 기름 부어 세운다. 하나님은 아론과 그 아들들을 제사장으로 위임할 때 기름을 부어 세우라고 말씀하셨다.

> 너는 그것들로 네 형 아론과 그와 함께 한 그의 아들들에게 입히고 그들에게 기름을 부어 위임하고 거룩하게 하여 그들이 제사장 직분을 내게 행하게 할지며(출 28:41).

> [13]아론에게 거룩한 옷을 입히고 그에게 기름을 부어 거룩하게 하여 그가 내게 제사장의 직분을 행하게 하라 [14]너는 또 그 아들들을 데려다가 그들에게 겉옷을 입히고 [15]그 아버지에게 기름을 부음같이 그들에게도 부어서 그들이 내게 제사장의 직분을 행하게 하라 그들이 기름 부음을 받았은즉 대대로 영영히 제사장이 되리라 하시매(출 40:13-15).

하나님은 아론과 그 아들들, 그리고 레위 지파 사람들에게 기름을 부

---

46 게라르드 반 그로닝겐, 『구약의 메시아 사상』, p. 28.
47 게라르드 반 그로닝겐, 『구약의 메시아 사상』, p. 30.

어 제사장의 직무를 주셨다. 제사장에게 기름을 부을 뿐 아니라 모임 장소, 제사에 사용될 기구들에게 기름을 부어 구별하고, 성별하고, 거룩하게 했다.

> 매일 수송아지 하나로 속죄하기 위하여 속죄제를 드리며 또 제단을 위하여 속죄하여 깨끗하게 하고 그것에 기름을 부어 거룩하게 하라 (출 29:36).

예수님은 제사장 직분을 가지셨다. 시편 110:4은 장차 오시는 메시아는 "멜기세덱의 서열을 따라 영원한 제사장"으로 오실 것을 예언했다. 스가랴 6:13에도 장차 올 메시아는 "여호와의 전을 건축하고 영광도 얻고 그 자리에 앉아서 다스릴 것이요 또 제사장이 자기 자리에 있을 것"이라고 했다. 히브리서는 예수께서 "영원히 멜기세덱의 반차를 따르는 제사장"이라고 했다(히 5:6, 10; 6:20; 7:11, 15, 17). 예수님은 대제사장이다(히 3:1; 4:14-15; 5:1; 5:5; 7:26; 8:1; 9:11). 예수님은 자신을 십자가에서 제물과 대제사장이 되어 우리의 죄를 용서하셨다(히 2:17).

3) 선지자 직분

선지자는 기름 부어 세운다. 선지자는 오랜 역사를 가진다. 구약성경에 처음 등장하는 선지자는 아브라함이다.

> 이제 그 사람의 아내를 돌려보내라 그는 선지자라 그가 너를 위하여 기도하리니 네가 살려니와 네가 돌려보내지 아니하면 너와 네게 속한 자가 다 반드시 죽을 줄 알지니라(창 20:7).

하나님은 아비멜렉에게 아브라함이 선지자라고 말씀하셨다. 하나님은 선지자에게 꿈과 환상을 통해 하나님의 뜻을 전하시고, 직접 말씀으로도 주신다(민 12:6). 모세는 하나님과 직접 대면하여 하나님의 말씀을 받았다(민 12:8). 모세는 평생 하나님과 이스라엘을 중재하는 선지자였다. 하나님의 말씀과 뜻을 이스라엘에게 전했다. 하나님의 뜻을 따라 출애굽했고, 광야 40년을 인도했다. 모세가 선지자의 역할을 할 수 있는 능력을 받은 사실은 민수기 11장에 나타난다.

여호수아도 이스라엘을 인도하기 위해 하나님의 영을 받아 지도자, 대변자의 사명을 감당했다(민 27:18-22). 사무엘도 소명을 받고 선지자의 직분을 받았다(삼상 3:11, 19). 이들에게 특별한 위임식이나 기름 부음의 예식은 없었다. 그러나 하나님은 선지자의 직무를 수행할 권능과 능력을 주셨다.[48] 선지자의 사명은 하나님의 말씀을 대언하는 직분이다. 그들의 죄악을 책망하여 하나님께 돌아오게 한다. 선지자는 하나님의 계시를 전해주며, 예언(prophecy)을 전하는 사명자이다.

예수님은 선지자 직분을 가지셨다. 그는 선지자들의 예언대로 이 땅에 오셨고(행 3:30), 자신을 선지자로 이해하셨다.

> 그러나 오늘과 내일과 모레는 내가 갈 길을 가야 하리니 선지자가 예루살렘 밖에서는 죽는 법이 없느니라(눅 13:33).

신명기 18:15에는 "네 하나님 여호와께서 너희 가운데 네 형제 중에서 너를 위하여 나와 같은 선지자 하나를 일으키시리니 너희는 그의 말을 들을지니라"고 말씀하셨다. 예수님은 모세가 오시리라고 예언했던 "나와

---

[48] 게라르드 반 그로닝겐, 『구약의 메시아 사상』, p. 37.

같은 선지자"이다.

> ²⁰또 주께서 너희를 위하여 예정하신 그리스도 곧 예수를 보내시리니 ²¹하나님이 영원 전부터 거룩한 선지자들의 입을 통하여 말씀하신 바 만물을 회복하실 때까지는 하늘이 마땅히 그를 받아 두리라 ²²모세가 말하되 주 하나님이 너희를 위하여 너희 형제 가운데서 나 같은 선지자 하나를 세울 것이니 너희가 무엇이든지 그의 모든 말을 들을 것이라 ²³누구든지 그 선지자의 말을 듣지 아니하는 자는 백성 중에서 멸망 받으리라 하였고(행 3:20-23).

예수님은 하나님의 말씀과 뜻을 전하시기 위해 보내심을 받은 선지자였다(요 3:26-28).

> ⁴⁹내가 내 자의로 말한 것이 아니요 나를 보내신 아버지께서 내가 말할 것과 이를 것을 친히 명령하여 주셨으니 ⁵⁰나는 그의 명령이 영생인 줄 아노라 그러므로 내가 이르는 것은 내 아버지께서 내게 말씀하신 그대로니라 하시니라(요 12:49-50).

> 내가 아버지 안에 거하고 아버지는 내 안에 계신 것을 네가 믿지 아니하느냐 내가 너희에게 이르는 말은 스스로 하는 것이 아니라 아버지께서 내 안에 계셔서 그의 일을 하시는 것이라(요 14:10).

예수님은 선지자로서 미래에 일어날 사건들을 예언하셨고(마 25:3-35; 눅 19:41-44), 가르치는 특별한 권위가 있었다(마 7:29), 많은 유대인들이 예수님을 선지자로 여겼다(마 21:46). 그들은 "예레미야나 선지자 중의 하나라"(마 16:14), "갈릴리 나사렛에서 나온 선지자 예수"(마 21:11), "큰 선지자가 우리 가운데 일어나셨다"(눅 7:17), "하나님과 모든 백성 앞에서 말과 일에 능하신 선지자"(눅 24:19), "옛 선지자 중의 하나와 같다"(막 6:15)고 말했다.

6. 주(Κύριος)

'주'(Κύριος)는 다양한 용례로 사용되었다.

첫째, 능력과 권위가 있는 자들을 부르는 호격으로 사용되었다. 노예의 주인도 '주'라고 불렸다.

둘째, '주'는 이방신들을 지칭하는 데 사용된다. 우상 숭배자들은 그들의 신에게 '주'라고 표현했다. 바울은 로마 시대에 존재했던 '소위 많은 신들'과 '많은 주들'을 조롱했다(고전 8:5). 당시 '주'는 신들에게 호칭된 종교적 어휘로 공경의 뜻을 담았다.[49]

셋째, 통치자들에게도 '주'라는 호칭을 사용했다. 도미티안(Domitian)은 '우리의 주이시며 하나님'(Dominus et deus noster)이라 불리기를 좋아했다. 특별히 로마 제국의 동부 지역에 사는 황제들이 신(神)으로 불리는 것을 좋아했다. 베스파시안(Vespasian)은 죽어갈 때 풍자적 유머로 "나는 신이 되어가고 있다고 생각하네"라고 말했다.[50] 그러나 황제에게 '주'라고 표현할 때 완전한 하나님이라기보다 '신적인 인간'으로 높여지는 호칭을 의미한다.

히브리어 여호와의 네 자음(יהוה, YHWH)은 신성한 문자로 테트

---

49 래리 허타도, 『주 예수 그리스도』, p. 209.
50 I. 하워드 마샬, 『신약 기독론의 기원』, 배용덕 옮김 (서울: CLC, 1999), pp. 134-135.

라그라마톤(τετραγράμματον, 神名四文字)이라고 한다. 유대인들은 전통적으로 성경을 읽을 때 여호와(YHWH)의 이름을 발음하지 않는 전통에 따라 '주'라는 아도나이(אֲדֹנָי, Adonai)로 읽었다. 히브리어 성경에서 70인역(LXX)은 '아도나이'와 '주'를 의미하는 아돈(אָדוֹן)을 큐리오스(Κύριος)로 번역했다. '주'는 형언할 수 없는 이스라엘의 하나님의 이름의 번역이다. 70인역 시편 110:1은 "주께서(Κύριος) 나의 주께(Κύριος) 말씀하셨다"고 기록되었다.[51]

70인역에서 '주'(Κύριος)를 6,000번 이상이나 '여호와'에 대한 대치어로 사용했다. 유대인들은 하나님의 이름을 부르지 않았기 때문에 여호와를 '주'로 번역했다. 유대인들은 '주'(아돈)를 여호와와 같은 의미로 사용했다.[52] 국역 성경은 "여호와께서 내 주에게 말씀하시기를"로 번역했다. 시 110:1의 말씀에 의하면 메시아는 다윗의 주가 되어야 한다.[53] 그래서 마가는 예수께서 시편 110:1을 인용하여 자신이 그리스도/메시아심을 증거 하신 기사를 자세히 기록했다.

> [35]예수께서 성전에서 가르치실새 대답하여 이르시되 어찌하여 서기관들이 그리스도를 다윗의 자손이라 하느냐 [36]다윗이 성령에 감동되어 친히 말하되 주께서 내 주께 이르시되 내가 네 원수를 네 발 아래에 둘 때까지 내 우편에 앉았으라 하셨도다 하였느니라 [37]다윗이 그리스도를 주라 하였은즉 어찌 그의 자손이 되겠느냐 하시니 많은 사람들이 즐겁게 듣더라(막 12:35-37).

51　F. F. 브루스,『바울신학』, 정원태 옮김 (서울: CLC, 1987), p. 117.
52　데이비드 F. 웰즈,『기독론』, p. 158.
53　I. 하워드 마샬,『신약 기독론의 기원』, p. 138.

베드로는 부활하신 예수께서 승천하신 뒤 오순절 날 성령을 받고, 성령 충만해 예수님이 메시아/그리스도이심을 담대히 선포했다. 베드로는 "주와 그리스도"라는 중언법(重言法), 즉 두 단어에 하나의 사상인 예수님의 메시아권에 대해 설명했다.[54] 베드로도 시편 110:1을 인용해 예수께서 예언된 메시아/그리스도라고 전했다.

> [34]다윗은 하늘에 올라가지 못하였으나 친히 말하여 이르되 주께서 내 주에게 말씀하시기를 [35]내가 네 원수로 네 발등상이 되게 하기까지 너는 내 우편에 앉아 있으라 하셨도다 하였으니 [36]그런즉 이스라엘 온 집은 확실히 알지니 너희가 십자가에 못 박은 이 예수를 하나님이 주와 그리스도가 되게 하셨느니라 하니라(행 2:34-36).

신약성경에 '주'는 일반적인 공손의 칭호로 사용되지만(눅 7:6) 대부분 예수님에 대한 그리스도인들의 신앙고백으로 사용되었다. 예수께서 '하나님'이라는 의미에서 '주'로 고백했다. 구약성경에서 여호와, 주(아돈)를 70인역에서 헬라어 주(Κύριος)로 번역한 것은 큐리오스의 의미가 여호와, 주라는 의미를 가지기 때문이다.

예수님은 메시아, 하나님이다. 그래서 초대 기독교인들은 '여호와'라는 의미의 헬라어 번역 '주'(Κύριος)를 '예수는 주,' '예수는 나의 주님'으로 고백했다. 초대 교회 공동체는 부활하신 예수께 "예수는 주"라고 고백하고 있었다. 이 용어는 아람어를 사용하는 그리스도인 공동체의 섬김 생활에서 나타나는 하나의 특징이었다. '주'라는 고백은 단순하게 내려온 용어가 아니라 초대 공동체에서 함께 공유된 경건성(a shared religiousness)이 있었다는

---

54 J. I. 패커, 『성경에 나타난 열 일곱 주제의 용어들』, p. 62.

의미이다.[55]

그들은 공동 식사 축제 때 예수께서 장차 영광으로 다시 오실 것을 기대하면서 기도를 드렸다. 이 사실은 바울이 고린도전서 16:22에서 인용한 아람어적 외침 "마라나타"(Μαραναθα, 우리 주여 오시옵소서, Come, O Lord!)를 통해 확실히 알게 된다.[56]

바울은 다메섹 도상에서 부활하신 예수님을 만나고 곧바로 회당에서 "예수가 하나님의 아들"이며(행 9:20), "예수를 그리스도/메시아"라 증언했다(행 9:22). 바울은 그가 하나님께 높임 받고 시편 110:1(참조, 고전 15:25; 빌 2:9)의 성취로서 하나님의 우편에 앉아 영광 중에서 신령한 형상을 입고(고후 3:17), 영광 중에 다시 오실(παρουσια, 재림) 것이라는 사실을 깨달았다. 그래서 나사렛 예수를 '주여'(Κύριε, 행 9:5; 5:22; 8:26; 26:15)라고 고백했다. 바울은 초대 공동체의 기도인 '마라나타'가 그의 기도가 되었다.[57]

바울은 '예수는 주'라는 고백(롬 10:9; 고전 12:3)을 복음의 핵심으로 삼았다. '그리스도인'이라는 의미는 '주의 이름을 부르는 자'이다(롬 10:13; 고전 1:2).[58] 바울은 하나님께서 자신을 낮춰 십자가에서 죽으시기까지 복종하신 예수님을 "지극히 높여 모든 이름 위에 뛰어난 이름"을 주셨다고 고백한다(빌 2:9). '주'는 높아지신 예수님에 대한 칭호이며 신앙고백이다. 하나님은 "모든 입으로 예수 그리스도를 주라 시인"하게 하셨다(빌 2:11).

---

[55] 래리 허타도, 『주 예수 그리스도』, p. 213.
[56] W. G. 큄멜, 『주요증인들에 따른 신약성서신학』, 박창건 역 (서울: 성광문화사, 1985), p. 128.
[57] 김세윤, 『바울복음의 기원』, p. 174.
[58] 앨리스터 맥그래스, 『한 권으로 읽는 기독교』, 황을호·전의우 공역 (서울: 생명의말씀사, 2017), p. 56.

바울은 가장 빈번하게 사용한 '주'라는 표현에서 정관사를 붙인 절대형 '주'(ὁ Κύριος, the Lord)를 사용해 유대교적 사고를 가진 사람들에게 히브리어와 아람에서 하나님을 언급하는 아도나이와 동일한 의미로 사용했다.[59] 바울에게 '주'라 고백된 예수님은 하나님이셨다.

---

59 래리 허타도, 『주 예수 그리스도』, p. 218.

제5장

십자가: 메시아 예수의 사명

1. 왜, 나무에 달려 죽으셔야 했을까?

기독교는 십자가로 상징된다. 하나님의 아들 예수 그리스도께서 십자가에 죽으심으로 온 인류의 구원을 완성하셨기 때문이다. 예수님은 십자가의 핏값으로 인류의 죄를 속량하셨다. 하나님께서 아들 예수 그리스도를 이 땅에 보내신 궁극의 목적은 인류 구원이었다. 그래서 예수님의 주요 사역들은 모두 구약에 예언되었으며 예수님은 삶으로 예언을 성취하셨다.

1) 율법의 저주

구약에 십자가가 예언되었을까?
십자가의 죽음이 예언됐을까?
결론부터 말하면, 없다. 구약에는 단 한 번도 십자가를 언급하지 않는다.

왜, 예수님은 십자가에 죽으셔야만 했을까?
왜, 온 인류 구원이 십자가에서 완성되었을까?

그 의미를 알기 위해서는 먼저, 구약에 언급된 "죽음과 나무"의 의미를 알아야 한다. 이에 대한 첫 언급은 신명기 21:22-23에 나타난다.

> ²²사람이 만일 죽을 죄를 범하므로 네가 그를 죽여 나무 위에 달거든 ²³그 시체를 나무 위에 밤새도록 두지 말고 그날에 장사하여 네 하나님 여호와께서 네게 기업으로 주시는 땅을 더럽히지 말라 나무에 달린 자는 하나님께 저주를 받았음이니라(신 21:22-23).

율법의 "나무"라는 키워드는 십자가와 연결되는 키워드이다. 율법은 '죽을 죄를 지은 자'를 죽여 나무에 달게 된다면, 나무 위에 밤새도록 두지 말고 그날에 장사할 것을 명시한다. 그 이유는 나무에 달린 자는 하나님께 저주를 받았기 때문에 여호와 하나님께서 기업으로 주신 땅이 더럽혀지기 때문이었다.

2) 해지기 전 내려짐

신명기 21:22-23은 이스라엘 역사 속에서 그대로 지켜진다.

첫째, 여호수아의 아이(Ai) 성 정복 사건에서 등장한다.

첫 번째 아이 성(城) 전투는 패전으로 끝났는데(수 7:1-5) 아간의 범죄 때문이었다(수 7:1, 11, 20-22). 여호와의 맹렬한 진노는 아간을 아골 골짜기에서 죽였을 때 그쳤다(수 7:24-26). 하나님은 여호수아에게 아이 성을 정복할 전술을 알려 주셨다(수 8:1-3). 여호수아는 복병전을 통해 아이 성을 정복하고 아이를 불살라 영원한 무더기로 만들었다(수 8:4-28). 여호수아는 사로잡았던 아이 왕(수 8:23)을 율법대로 나무에 달았지만 해질 때 시체를 나무에서 내려 성문 어귀에 던져 돌로 큰 무더기를 쌓았다(수 8:29).

> 그가 또 아이 왕을 저녁때까지 나무에 달았다가 해 질 때에 명령하여 그의 시체를 나무에서 내려 그 성문 어귀에 던지고 그 위에 돌로 큰 무더기를 쌓았더니 그것이 오늘까지 있더라(수 8:29).

둘째, 가나안 연합 왕들과의 전투에서 나타난다.

여호수아는 가나안 연합군인 예루살렘 왕 아도니세덱(Adoni-Zedek), 헤브론 왕 호암(Hoham), 야르뭇 왕 비람(Piram), 라기스 왕 야비아(Japhia), 에글론 왕 드빌(Debir)과 싸움에서 싸워 승리하고 막게다 동굴에 숨어 있던 그들을 죽여 나무에 달았다.

> [26]그 후에 여호수아가 그 왕들을 쳐죽여 다섯 나무에 매달고 저녁까지 나무에 달린 채로 두었다가 [27]해 질 때에 여호수아가 명령하매 그들의 시체를 나무에서 내려 그들이 숨었던 굴 안에 던지고 굴 어귀를 큰 돌로 막았더니 오늘까지 그대로 있더라(수 10:26-27).

셋째, 에스더서에 나온다.

에스더서에는 나무에 시체를 달아 올린 사건이 두 번 있었다. 그 첫 번째가 아하수에로 왕을 죽이려는 내시 빅단과 데레스의 음모가 모르드개에 의해 왕에게 알려졌고 두 사람은 나무에 달렸다.

> [21]모르드개가 대궐 문에 앉았을 때에 문을 지키던 왕의 내시 빅단과 데레스 두 사람이 원한을 품고 아하수에로 왕을 암살하려는 음모

> 를 꾸미는 것을 모르드개가 알고 왕후 에스더에게 알리니 에스더가 ²²모르드개의 이름으로 왕에게 아뢴지라 조사하여 실증을 얻었으므로 두 사람을 나무에 달고 그 일을 왕 앞에서 궁중 일기에 기록하니라 (에 2:21-23).

나무에 시체를 단 두 번째 사건은 하만의 죽음에서 기록된다. 하만은 모르드개와 유다인들을 죽이려 음모를 꾸몄다. 더욱이 하만은 모르드개를 죽여 나무에 달려 했으나 오히려 하만이 달리게 되었다.

> ⁹왕을 모신 내시 중에 하르보나가 왕에게 아뢰되 왕을 위하여 충성된 말로 고발한 모르드개를 달고자 하여 하만이 높이가 오십 규빗 되는 나무를 준비하였는데 이제 그 나무가 하만의 집에 섰나이다 왕이 이르되 하만을 그 나무에 달라 하매 ¹⁰모르드개를 매달려고 한 나무에 하만을 다니 왕의 노가 그치니라(에 7:9-10).

그러나 에스더서에 나타나는 나무에 시체를 다는 행위는 율법 준수를 목적으로 하지 않았다. 이 행위들은 페르시아 제국뿐 아니라 고대 세계에 두루 행해졌으며, 오늘날도 행해지는 방법이다. 나무, 성문, 높은 장소에 시체나 머리를 다는 목적은 죽은 자와 가족들에게 모독과 수치를 주고 상대방에게 대적한다면 죽일 것이라는 엄중한 경고였다.

하나님은 고대 세계에서 두루 행해지던 이러한 행위에 의미를 부여하셨다. 죄인의 시체가 나무에 달리게 될 때 밤새도록 달아 주지 말라는 것은 아마도 죽은 자에 대한 모욕과 수치는 그날로 족하다는 의미일 것이다. 성경적으로 죽은 시체를 나무에 밤새도록 달지 말아야 할 이유는 하나님께서 기업으로 주신 거룩한 땅이 더럽혀지기 때문이다. 하나님께서 이스라엘에게 기업으로 주신 땅은 하나님의 나라가 세워진 땅이며, 영원한 젖과 꿀이 흐르는 약속의 땅이다. 하나님의 통치가 있는 땅이 죄인의 시체로 더럽혀질 수 없었다.

3) 장대에 달린 놋뱀같이

시체를 나무에 매다는 행위는 구약으로 끝난 것인가?

율법의 규정대로 시체를 나무에 다는 행위는 오직 여호수아 때만 기록되었다. 이 행위는 여호수아 이후 예수님 시대까지 약 1,300여 년 동안 행해지지 않았다. 예외는 블레셋 사람들이 길보아 산에서 죽은 사울의 머리를 베고 그 시체를 벧산(Beth Shan) 성벽에 못 박은 경우이다.

> [8]그 이튿날 블레셋 사람들이 죽은 자를 벗기러 왔다가 사울과 그의 세 아들이 길보아 산에서 죽은 것을 보고 [9]사울의 머리를 베고 그의 갑옷을 벗기고 자기들의 신당과 백성에게 알리기 위하여 그것을 블레셋 사람들의 땅 사방에 보내고 [10]그의 갑옷은 아스다롯의 집에 두고 그의 시체는 벧산 성벽에 못 박으매(삼상 31:8-10).

블레셋 사람들의 행위는 율법 준수가 아닌 죽은 사울에 대한 모욕과 승리를 과시하는 고대 사회의 전형적 행동이었다. 그러므로 구약성경의 관점에서 본다면 여호수아가 취했던 아이 왕과 다섯 왕에 대한 율법 준수로써 시체를 나무에 다는 행위는 여호수아 이후 B.C. 2세기까지 행해지지 않았다.

예수님의 십자가와 "나무"에 시체를 다는 행위는 어떤 관계가 있는가? 그리스도인들은 보통 나무 십자가를 연상하기 때문에 구약과 신약의 차이점을 이해할 수 없다. 구약은 나무에 시체를 다는 율법을 중요하게 언급하고 신약은 예수님의 "나무 십자가"의 대속의 죽음을 중요하게 다룬다.

나무와 십자가는 어떤 관계가 있는가?

예수님은 요한복음 3:14-18에서 자신의 죽음에 대한 중요한 말씀을 하셨다.

> ¹⁴모세가 광야에서 뱀을 든 것같이 인자도 들려야 하리니 ¹⁵이는 그를 믿는 자마다 영생을 얻게 하려 하심이니라 ¹⁶하나님이 세상을 이처럼 사랑하사 독생자를 주셨으니 이는 그를 믿는 자마다 멸망하지 않고 영생을 얻게 하려 하심이라 ¹⁷하나님이 그 아들을 세상에 보내신 것은 세상을 심판하려 하심이 아니요 그로 말미암아 세상이 구원을 받게 하려 하심이라 ¹⁸그를 믿는 자는 심판을 받지 아니하는 것이요 믿지 아니하는 자는 하나님의 독생자의 이름을 믿지 아니하므로 벌써 심판을 받은 것이니라(요 3:14-18).

우리는 보통 요한복음 3:16을 암송한다. 그러나 "이처럼"이라는 단어에 주의하지 않는다. "이처럼"은 요한복음 3:14-15을 가리킨다. 예수님은 자신의 죽음이 광야의 불뱀 사건과 같다고 말씀하셨다. 불뱀 사건은 이스라엘 백성들이 호르산에서 출발해 홍해 길을 따라 에돔 땅을 우회하다가 힘든 여정 길 때문에 마음이 상하면서 시작됐다(민 21:4). 백성들이 하나님과 모세를 원망했다.

> 어찌하여 우리를 애굽에서 인도해 내어 이 광야에서 죽게 하는가 이곳에는 먹을 것도 없고 물도 없도다 우리 마음이 이 하찮은 음식을 싫

어하노라(민 21:5).

하나님은 불평하는 백성들에게 불뱀(venomous snakes)을 보내 물게 하므로 많은 백성들이 죽었다(민 21:6). 백성들은 모세에게 나와 불평했던 불신앙을 회개하며 하나님께 중보 기도해 줄 것을 요청했다(민 21:7). 모세의 기도를 들으신 하나님은 모세에게 "불뱀을 만들어 장대 위에 매달아라 물린 자마다 그것을 보면 살리라"고 말씀하셨다(민 21:8). 모세는 놋뱀(a bronze snake)을 장대 위에 달았고 누구든지 뱀에 물린 자가 놋뱀을 보면 살게 되었다(민 21:9). 불뱀 사건은 원망이라는 죄가 원인이었고 장대 위에 매단 놋뱀을 보는 자는 살 것이라는 하나님의 말씀을 믿는 자들은 다 구원받았다.

> ⁸여호와께서 모세에게 이르시되 불뱀을 만들어 장대 위에 매달아라 물린 자마다 그것을 보면 살리라 ⁹모세가 놋뱀을 만들어 장대 위에 다니 뱀에게 물린 자가 놋뱀을 쳐다본즉 모두 살더라(민 21:8-9).

예수님은 자신이 나무 십자가에 달려 죽는 구원의 사건이 광야의 장대에 달리는 놋뱀과 같은 의미라고 말씀하셨다.

> 모세가 광야에서 뱀을 든 것같이 인자도 들려야 하리니 이는 그를 믿는 자마다 영생을 얻게 하려 하심이니라(요 3:14).

광야의 놋뱀은 하나님의 은혜를 잊은 이스라엘의 죄에서 비롯되었다. 모세와 하나님을 원망하다가 불뱀에 죽는 사건이었다. 그러나 하나님은 모세의 기도에 응답하셔서 죄악이 가득한 이스라엘을 구원하셨다. 예수님의 십자가의 사건도 온 인류를 위한 하나님의 구원의 사건이었다. 예수님의 온 인류를 위한 기도를 응답하셔서 구원의 은혜로 십자가를 허락하셨다. 예수님의 십자가는 온 인류를 구원하시는 하나님의 은혜였다.

4) 율법의 저주를 속량한 "나무" 십자가의 죽음

바울은 예수님의 십자가 사건을 율법의 저주를 받은 인간을 속량하기 위한 사건이라고 했다.

> 그리스도께서 우리를 위하여 저주를 받은 바 되사 율법의 저주에서 우리를 속량하셨으니 기록된 바 나무에 달린 자마다 저주 아래에 있는 자라 하였음이라(갈 3:13).

율법은 "나무에 달린 자는 하나님께 저주를 받았음이니라" 하고 정의했다(신 21:23). 나무에 달린 자들은 "죽을 죄"를 지은 자들이다. 인간은 아담의 원죄(原罪) 때문에 모두 죽을 죄인들이며, 태어나면서부터 스스로 짓는 자범죄(自犯罪) 때문에도 죽는 자들이다. 모든 인간은 나무에 달려 죽어야 하는 죄인들이며, 저주를 받은 자들이다. 그런 우리들을 위해 예수님은 친히 "나무" 십자가에 달리셨다. 예수님은 인간이 받아야 할 율법의 저주를 인간을 대신해서 받으셨다. 그리고 율법의 저주에서 그의 십자가의 핏값으로 우리들을 사셨다. 그것이 율법의 저주에서 우리들을 속량하셨다는 뜻이다.

2. 예수님의 죽음과 메시아의 관계

1) 십자가의 죽음 예고

기독교에서 십자가가 중요한 이유는 예수께서 십자가에 죽으심으로 구원을 완성하셨기 때문이다. 십자가의 죽음 없는 기독교는 없다. 예수님의 십자가 죽음은 이미 창세 전부터 계획되었다(엡 1:3-14). 예수님은 가이샤랴 빌립보에서 제자들에게 자신의 죽음과 부활에 대해 말씀하셨다.

> 인자가 많은 고난을 받고 장로들과 대제사장들과 서기관들에게 버린 바 되어 죽임을 당하고 사흘 만에 살아나야 할 것을 비로소 그들에게 가르치시되(막 8:31).

예수님은 만류하는 베드로를 꾸짖으시며 "사탄아 내 뒤로 물러가라 네가 하나님의 일을 생각하지 아니하고 도리어 사람의 일을 생각하는도다"라고 말씀하셨다(막 8:33). 그리고 무리와 제자들에게 말씀하셨다.

> 34... 누구든지 나를 따라오려거든 자기를 부인하고 자기 십자가를 지고 나를 따를 것이니라 35누구든지 자기 목숨을 구원하고자 하면 잃을 것이요 누구든지 나와 복음을 위하여 자기 목숨을 잃으면 구원하리라(막 8:34-35).

예수님은 십자가의 죽음이 인류의 구원이 될 것을 말씀하셨다. 그는 예루살렘으로 향하기 전, 일명 '대제사장적 기도'(the High priest's prayer)를 드렸다.

> ¹아버지여 때가 이르렀사오니 아들을 영화롭게 하사 아들로 아버지를 영화롭게 하게 하옵소서 ²아버지께서 아들에게 주신 모든 사람에게 영생을 주게 하시려고 만민을 다스리는 권세를 아들에게 주셨음이로소이다 ³영생은 곧 유일하신 참 하나님과 그가 보내신 자 예수 그리스도를 아는 것이니이다(요 17:1-3).

영생은 유일하신 참 하나님을 아는 것이며, 하나님께서 구약에 언약한 이 땅에 구원자로 보내실 메시아 예수를 아는 것이다.

2) 수전절에 메시아를 밝힘

수전절(the Feast of Dedication)은 유대를 가장 고통스럽게 했던 시리아의 셀루커스(Seleucus) 왕조의 안티오쿠스 4세 때문에 생겨난 절기이다. 그는 스스로를 '신의 현현'(Ephipanes)이라고 주장하면서 이름을 안티오쿠스 4세 에피파네스'(Antiochus Ephipanes IV)로 명칭했다. 유대인들은 안티오쿠스의 폭정 때문에 '미친놈'이라는 뜻의 '에피마네스'(Epimanes)라고 불렀다. B.C. 175년 왕위를 계승한 안티오쿠스 4세는 야손이 돈을 바치겠다고 약속함으로써 대제사장직에 임명했다.

> ⁷셀류쿠스가 죽고 에피파네스라고 불리는 안티오쿠스가 그 왕위를 계승했을 때에 오니아스의 동생 야손이 부정한 수단으로 대사제직을 손에 넣었다. ⁸야손은 왕을 알현하고 은 삼백육십 달란트와 또 다른 수입원에서 팔십 달란트를 바치겠다고 약속했다(마카베오하 4:7-8).

헬레니즘(Hellenism) 세계에서 제사장직의 매매가 보기 드문 일은 아니었지만 예루살렘의 대제사장직이 거래 대상이 된 것은 처음이었다. 이것은 안티오쿠스 3세의 "그 나라의 모든 구성원들은 자기 나라의 법에 맞는 형태를 갖게 될 것이다"(Ant. 12:142)라는 내부적 자치 법규/약속을 깨뜨리는 행위였다. 이러한 새로운 대제사장의 의도는 예루살렘을 헬레니즘의 도시로 변형시키려는 의도였다.[1] 야손의 간청으로 안티오쿠스 4세는 예루살렘 중심에 운동장과 경기장을 세움으로써 유대 사회를 헬레니즘 문화로 물들였다.

> [10]왕은 이것을 승낙하였다. 야손은 왕의 승낙을 받아 직권을 쥐자마자 자기 동족들의 생활을 그리스식으로 바꾸어 놓았다. [11]그는 유다인들이 유폴레모스의 아버지 요한의 주선으로 다른 왕들에게서 받았던 특혜를 폐지시켰다. 유폴레모스는 전에 로마 사람과 우호동맹조약을 맺기 위해 로마에 사신을 갔던 사람이다. 야손은 유다 율법에 의한 여러 제도를 없애 버리고 율법에 반대되는 새로운 생활양식을 도입하였다. [12]그는 요새도시의 성 바로 밑에 경기장을 재빨리 건축하고 가장 우수한 청년들에게 그리스식 모자를 쓰게 했다. [13]이렇게 불경건한 사이비 대사제 야손의 극심한 모독적인 행위로 그리스화 운동은 극도에 달하였고 이국의 풍습이 물밀 듯 쏟아져 들어 왔다. [14]그래서 사제들은 제단을 돌보는 일에는 열성이 없어져 성전을 우습게 생각하고 희생제물을 바치는 일은 할 생각도 안했으며 원반던지기를 신호로 경기가 시작되기가 바쁘게 경기장으로 달려가서 율법에 어긋나는 레슬링 경기에 다른 사람들과 함께 휩쓸렸다. [15]이렇게 선조 때부터 내려 오는 명예로운 전통을 짓밟고 그리스 문화를 가장 영광스럽게

---

1 앤손 F. 레이니, R. 스티븐 나틀리, 『성경 역사, 지리학, 고고학 아틀라스』, 강성열 역 (서울: 이레서원, 2010), p. 394.

생각했다(마카베오하 4:10-15).

안티오쿠스 4세는 이집트를 침공했다가 후퇴하면서 전쟁 재원을 마련하기 위해 예루살렘으로 갔다. 율법과 조국을 배반한 메넬라오스의 인도로 성전을 약탈하여 유대인들의 분노를 샀다.[2] 제2차 이집트 원정 실패 이후 유대인들의 반란을 오해한 안티오쿠스 4세는 예루살렘을 공격해 8만 명의 유대인들을 무자비하게 죽였다.

> [11]이러한 이야기가 안티우쿠스 왕의 귀에 들어가자 왕은 유다인들이 반란을 일으켰다고 생각하여 크게 격분하였다. 그는 이집트를 떠나 예루살렘을 맹렬히 공격하여 점령해 버렸다. [12]거기에서 그는 만나는 사람마다 가차 없이 칼로 쳐 죽이고 집으로 도망간 사람들을 모두 학살해 버리라고 부하들에게 명령했다. [13]이렇게 되어 젊은이와 늙은이는 살육, 여자와 어린이의 학살, 처녀와 젖먹이의 도살이 자행되었다. [14]단 사흘 만에 팔만 명이 살해되었는데 그 중 사만 명은 백병전을 하다가 죽었다. 그뿐 아니라 노예로 잡혀 간 사람의 수도 살해된 사람의 수만큼 많았다. [15]안티오쿠스는 이것으로 만족하지 않고 무엄하게도 세계에서도 가장 성스러운 성전으로 들어갔다. 왕을 인도한 사람은 자기 율법과 조국을 배반한 메넬라우스였다(마카베오하 5:11-15).

더욱이 안티오쿠스 4세는 안식일을 지키지 말 것과 유대인들이 이교도들의 관습을 따를 것, 성소 안에서 번제를 드리거나 희생제물을 드리거나, 술을 봉헌하는 예식을 하지 말 것, 이교의 제단과 성전과 신당을 세울

---

2 앤손 F. 레이니. R. 스티븐 나틀리, 『성경 역사, 지리학, 고고학 아틀라스』, p. 395.

것, 돼지와 부정한 동물을 희생제물로 잡아 바칠 것, 사내 아이에게 할례를 주지 말 것, 온갖 종류의 음란과 모독의 행위로 스스로 더럽힐 것, 이렇게 율법을 버리고 모든 규칙을 바꿀 것, 이 명령을 따르지 않는 자는 사형에 처한다고 명령했다.[3] 더 나아가 안티오쿠스 4세는 다니엘의 "멸망의 가증한 것이 세워질 것"이라는 예언처럼(단 11:31; 12:11; 마 24:15) B.C. 167년 기슬르월(Kislev, 11-12월) 15일에 예루살렘 성전에서 이방신에게 제사를 드리고 부정한 돼지 피로 성전을 더럽혔다.[4]

> [41] 그 후 안티오쿠스 왕은 온 왕국에 영을 내려 모든 사람은 자기 관습을 버리고 한 국민이 되어야 한다고 했다. [42]이방인들은 모두 왕의 명령에 순종했고 [43]많은 이스라엘 사람들도 왕의 종교를 받아들여 안식일을 더럽히고 우상에게 제물을 바쳤다. [44]왕은 또 사신들을 예루살렘과 유다의 여러 도시에 보내어 다음과 같은 칙령을 내렸다. 유다인들은 이교도들의 관습을 따를 것. [45]성소 안에서 번제를 드리거나 희생제물을 드리거나, 술을 봉헌하는 따위의 예식을 하지 말 것. 안식일과 기타 축제일을 지키지 말 것. [46]성소와 성직자들을 모독할 것. [47]이교의 제단과 성전과 신당을 세울 것. 돼지와 부정한 동물들을 희생제물로 잡아 바칠 것. [48]사내 아이들에게 할례를 주지 말 것. 온갖 종류의 음란과 모독의 행위로 스스로를 더럽힐 것. [49]이렇게 하여 율법을 저버리고 모든 규칙을 바꿀 것. [50]이 명령을 따르지 않는 자는 사형에 처한다. … [54]백사십오년 기슬레우월 십오일에 안티오쿠스 왕은 번제 제단 위에 가증스러운 파멸의 우상을 세웠다. 그러자 사람들은 유다의

---

3 앤손 F. 레이니. R. 스티븐 나틀리, 『성경 역사, 지리학, 고고학 아틀라스』, p. 396.
4 앤손 F. 레이니. R. 스티븐 나틀리, 『성경 역사, 지리학, 고고학 아틀라스』, p. 396.

근방 여러 도시에 이교 제단을 세우고 ^{55}집 대문 앞에나 거리에서 향을 피웠다. ^{56}율법서는 발견되는 대로 찢어 불살라 버렸다. ^{57}율법서를 가지고 있다가 들키거나 율법을 지키거나 하는 사람이면 누구든지 왕명에 의해서 사형을 당하였다. ^{58}그들은 여러 도시에서 권력을 휘두르며 왕명을 위반한 이스라엘 사람들을 매달 잡아들여 모질게 학대하였다. ^{59}매달 이십오일에는 옛 제단 위에 새로 세운 제단에 희생제물을 바쳤다. ^{60}자기 아이들에게 할례를 받게 한 여자들은 법령에 따라서 사형에 처하고 ^{61}그 젖먹이들도 목을 매달아 죽였다. 그뿐 아니라 그들의 가족과 그 아이들에게 할례를 베푼 사람까지 모두 죽였다
(마카베오상 1:41-49, 54-61).

이 때문에 유다 벤 맛다디아스(Judas Ben Mattathias)와 다섯 명의 아들들은 항거했다. 3년간 시리아와 싸워 승리를 얻었다. 만 3년 째 되는 날(B.C 165/164) 유다 마카비우스(Judas Maccabeus)가 성전을 청결케 하고 재건하여 새 번제단을 봉헌하였던 날을 기념하는 유대인들의 축제였다.

^{52}백사십팔년 기슬레우월 즉 구월 이십오일 이른 아침에 그들은 일찍 일어나서 ^{53}율법대로 새로 만든 번제제단에 희생제물을 바쳤다. ^{54}이방인들이 그 제단을 더럽혔던 바로 그날과 그때에 그들은 노래와 비파와 통소와 꽹과리로 연주를 하며 그 제단을 다시 바쳤다. ^{55}모든 백성은 땅에 엎드려 그들에게 성공을 가져다 주신 하늘을 경배하며 찬양하였다. ^{56}제단봉헌 축제는 팔 일 동안 계속 되었는데, 그들은 기쁜 마음으로 번제물을 바치고 구원의 제물과 감사의 제물을 드렸다. ^{57}그들은 성전의 정면을 금으로 만든 왕관과 방패로 장식하고 사제들의 방을 수리하여 문을 달았다. ^{58}이방인들이 주고 간 치욕의 흔적이

가져졌기 때문에 사람들은 크게 기뻐하였다. [59]유다와 그의 형제들과 이스라엘의 온 회중들은 매년 기슬레우월 이십오 일부터 팔 일간 기쁜 마음으로 제단봉헌 축일을 지키기로 작정하였다. [60]그때 그들은 시온 산 주위에 높은 성벽을 쌓고 든든한 망대를 세워 이방인들이 전에 한 것처럼 그 거룩한 산을 짓밟지 못하게 하였다. [61]유다는 또 시온 산을 지키기 위해 그곳에 수비대를 배치하고 백성들을 에돔쪽으로부터 지키는 유새를 마련해 주기 위해 벳술 진지를 강화하였다(마카베오상 4:51-61).

[1]마카베오와 그의 동지들은 주님의 인도를 받아 성전과 예루살렘 성을 탈환하고 이교도들이 광장에 쌓아놓은 제단과 소위 그들의 성역을 헐어버렸다. [2]그리고 나서 성소를 정화하고 제단을 새로 쌓고 부싯돌을 쳐서 불을 일으킨 후 이 년 만에 처음으로 그 불로 희생제물을 드리고 향을 피우고 등불을 켜고 떡을 바쳤다. [3]이 일을 다 마치고 땅에 엎드려 주님께 다시는 이런 재난을 당하지 않도록 해달라고 빌었고, 혹 죄를 짓는 일이 있다 하더라도 하느님의 자비로 손수 채찍질하실망정 야만스럽고 하느님을 모독하는 이방인의 손에는 절대로 넘어가지 않게 해달라고 빌었다. [4]그리고는 전에 이방인들이 성전을 더럽힌 바로 그날 즉 기슬레우월 이십오일에 성전을 정화하였다. [5]초막절과 마찬가지로 이 즐거운 축제는 팔 일 동안 계속되었다. 그들은 얼마 전까지만 해도 초막절을 제대로 지내지 못하고 산과 동굴에서 들짐승처럼 지내던 일을 회상하였다. [6]그들은 나뭇잎으로 엮은 화환과 아름다운 나뭇가지와 종려나무 가지를 손에 들고 성전의 정화를 성취케 해주신 주님께 찬미를 드렸다. [7]그리고 나서, 그들은 공적인 결의를 하여 포고령을 내리고 온 유다인은 누구든지 해마다 이 축제를 지

키라고 명하였다(마카베오하 10:1-7).

수전절의 현대적 명칭은 '빛의 축제'라는 뜻의 '하누카'(Hanukkah)[5]로 부르고 있다. 예수님은 겨울/우기 때인 수전절에 예루살렘 성전 안 솔로몬 행각에서 거니셨다(요 10:22-23). 유대인들은 예수님을 에워싸고 "당신이 언제까지나 우리 마음을 의혹하게 하려 하나이까 그리스도이면 밝히 말씀하소서"라고 공격적으로 질문했다(요 10:24). 예수님은 대답하셨다.

> [25]… 내가 너희에게 말하였으되 믿지 아니하는도다 내가 내 아버지의 이름으로 행하는 일들이 나를 증거 하는 것이거늘 [26]너희가 내 양이 아니므로 믿지 아니하는도다 [27]내 양은 내 음성을 들으며 나는 그들을 알며 그들은 나를 따르느니라 [28]내가 그들에게 영생을 주노니 영원히 멸망하지 아니할 것이요 또 그들을 내 손에서 빼앗을 자가 없느니라 [29]그들을 주신 내 아버지는 만물보다 크시매 아무도 아버지 손에서 빼앗을 수 없느니라 나와 아버지는 하나이니라(요 10:25-29).

예수님은 자신이 그리스도/메시아이심을 밝히셨다. 그러나 유대인들은 예수님의 양이 아니기 때문에 그의 음성을 외면했다. 더 나아가 예수님은 "나와 아버지는 하나"라고 말씀하셨다. 예수님의 대답은 유대인들을 분노케 했다. 유대인들은 다시 돌을 들어 치려고 했다(요 10:31). 그들은 예수님을 향해 신성모독이라고 했다(요 10:33). 예수님은 그들을 향해 말씀하셨다.

---

[5] 아가페 성경 사전 편찬위원회, 『아가페 성경사전』 (서울: 아가페출판사, 1991), p. 897.

> ³⁵성경은 폐하지 못하나니 하나님의 말씀을 받은 사람들을 신이라 하셨거든 ³⁶하물며 아버지께서 거룩하게 하사 세상에 보내신 자가 나는 하나님의 아들이라 하는 것으로 너희가 어찌 신성모독이라 하느냐 (요 10:35-36).

예수님은 성전을 정결케 한 절기인 수전절 때 자신이 그리스도/메시아이며 하나님의 아들이라고 밝히셨다. 유대인들은 유다 마카비가 성전을 정화했던 것처럼, 성전을 정화하고 참된 하나님의 성전의 역할을 할 메시아를 기대하고 있었다. 예수님은 수전절에 성전에 들어가 자신이 그 메시아임을 밝힌 것이다. 이미 예수님은 유월절 가까웠을 때 예루살렘에 들어가서 장사와 비리로 강도의 소굴로 만들었던 성전을 청결하게 하셨다(마 21:12-16; 막 11:15. 눅 19:45-46; 요 2:14-16). 이 사건은 십자가에 죽으시고 부활하심으로써 돌로 된 성전이 아닌 진정한 영적인 성전을 세우실 메시아 예수님을 가리키는 것이다(요 2:19-22).

3) 죽음으로 가는 길과 부활

예수님은 수전절 사건으로 자신을 잡으려는 손길을 피해 세례 요한이 세례를 베풀던 요단강 저편으로 가셨다(요 10:39-40). 그곳에서 나사로가 병들었음을 들었다(요 11:1-3). 예수님은 다시 한 번 자신이 하나님의 아들임을 강조하셨다.

> 이 병은 죽을 병이 아니라 하나님의 영광을 위함이요 하나님의 아들이 이로 말미암아 영광을 받게 하려 함이라(요 11:4).

베다니에 도착한 예수님은 마르다에게 부활에 대한 확신을 주셨다.

> ²⁵나는 부활이요 생명이니 나를 믿는 자는 죽어도 살겠고 ²⁶무릇 살아서 나를 믿는 자는 영원히 죽지 아니하리니 이것을 네가 믿느냐 (요 11:25-26).

마르다는 대답했다.

> 주여 그러하외다 주는 그리스도시요 세상에 오시는 하나님의 아들이신 줄 내가 믿나이다(요 11:27).

마르다는 예수께서 그리스도/메시아요. 하나님의 아들이심을 믿었다. 이는 십자가의 죽음으로 가는 여정에서 중요한 신앙고백이었다. 예수님은 죽은 나사로를 살리셨다(요 11:43). 예수님의 부활의 약속은 죽은 나사로가 살아남으로써 현실화되었다.

4) 죽음을 준비한 마리아의 향유

유월절이 가까울 때 많은 사람들이 자기 자신을 성결하게 하기 위해 유월절 전에 시골에서 예루살렘으로 올라갔다(요 11:55). 예수님은 유월절 엿새 전에 베다니에 이르렀다(요 12:1a). 요한은 "이 곳은 예수께서 죽은 자 가운데서 살리신 나사로가 있는 곳이라"고 설명했다(요 11:1b). 예수님은 베다니 나병환자 시몬의 집에 계실 때(마 26:6), 예수님의 죽음을 예비하는 중요한 사건이 등장한다. 마리아가 아주 비싼 향유인 순전한 나드 한 근을 가져다가 예수님의 발에 붓고 자기 머리털로 그의 발을 닦았다(요

12:3). 이 모습을 본 가룟 유다는 마리아를 꾸짖으며 말했다.

> 이 향유를 어찌하여 삼백 데나리온에 팔아 가난한 자들에게 주지 아니하였느냐?(요 12:5).

요한은 가룟 유다의 본심을 밝혔다.

> 이렇게 말함은 가난한 자들을 생각함이 아니요 그는 도둑이라 돈궤를 맡고 거기 넣는 것을 훔쳐 감이러라(요 12:6).

예수님은 마리아가 향유를 부은 의미에 대해 말씀하셨다.

> [7]… 그를 가만 두어 나의 장례할 날을 위하여 그것을 간직하게 하라 [8]가난한 자들은 항상 너희와 함께 있거니와 나는 항상 있지 아니하리라(요 12:7-8).

> [11]가난한 자들은 항상 너희와 함께 있거니와 나는 항상 함께 있지 아니하리라 [12]이 여자가 내 몸에 이 향유를 부은 것은 내 장례를 위하여 함이니라(마 26:11-12).

예수님은 마리아가 향유를 부은 것은 자신의 장례를 예비한 것이며 "온 천하에 어디서든지 이 복음이 전파되는 곳에서는 이 여자가 행한 일도 말하여 그를 기억하리라"고 말씀하셨다(마 26:13).

5) 죽음의 길과 메시아의 환호

나사로가 살아난 이틀 후가 유월절이었다. 큰 무리가 예수께서 예루살렘으로 오신다는 소식을 들었다(요 12:12). 그들은 예수께서 예루살렘으로 오시자 무리의 대다수는 겉옷을 길에 펴고, 다른 이들은 종려나무/대추야자 잎을 길에 깔며 외치기 시작했다(마 21:8-9a; 요 12:12-13a; 막 11:8-9).

> 호산나 다윗의 자손이여 찬송하리로다 주의 이름으로 오시는 이여 가장 높은 곳에서 호산나(마 21:9b).

> 호산나 찬송하리로다 주의 이름으로 오시는 이여 찬송하리로다 오는 우리 조상 다윗의 나라여 가장 높은 곳에서 호산나(막 11:8-9).

> 호산나 찬송하리로다 주의 이름으로 오시는 이 곧 이스라엘의 왕이시여(요 12:13).

무리는 호산나를 외치며 메시아의 예루살렘 입성을 환영했다. 요한은 메시아로 오신 예수님을 "이스라엘의 왕"으로, 마태는 "다윗의 자손"으로, 마가는 "주의 이름으로 오시는 이…다윗의 나라"로 소개했다. 예수님은 스가랴 9:9의 예언 "시온 딸아 두려워하지 말라. 보라 너의 왕이 나귀 새끼를 타고 오신다"는 말씀을 성취하기 위해 어린 나귀를 타고 예루살렘으로 들어가셨다(요 12:14-15; 막 11:2-6; 마 21:4-5). 요한은 "제자들은 처음에 이 일을 깨닫지 못하였다가 예수께서 영광을 얻으신 후에야 이것이 예수께 대하여 기록된 것임과 사람들이 예수께 이같이 한 것임이 생각났더라"라고 기록한다(요 12:16). 제자들은 예수께 부활하신 후에야 이 사건이 메시아 예언의 성취였음을 깨달았다.

6) 죽음과 새 언약의 선포

예수님은 감람산에서 세상 끝날에 대한 말씀을 마치시고(마 24-25장) "너희가 아는 바와 같이 이틀이 지나면 유월절이라 인자가 십자가에 못 박히기 위하여 팔리리라"고 말씀하셨다(마 26:2). 그때 대제사장들과 백성의 장로들이 대제사장 가야바의 관정에 모여 예수님을 흉계로 잡아 죽이려는 의논을 하고 있었다(마 26:3). 무교절 첫 날, 제자들은 예수님의 말씀대로 유월절을 준비하였다(마 26:19). 유월절 전날, 예수님은 제자들과 무교절 떡을 떼며 새 언약(New Covenant)을 선포하셨다.

> [26]그들이 먹을 때에 예수께서 떡을 가지사 축복하시고 떼어 제자들에게 주시며 이르시되 받아서 먹으라 이것은 내 몸이니라 하시고 [27]또 잔을 가지사 감사 기도 하시고 그들에게 주시며 이르시되 너희가 다 이것을 마시라 [28]이것은 죄 사함을 얻게 하려고 많은 사람을 위하여 흘리는 바 나의 피 곧 언약의 피니라(마 26:26-28).

> [22]그들이 먹을 때에 예수께서 떡을 가지사 축복하시고 떼어 제자들에게 주시며 이르시되 받으라 이것은 내 몸이니라 하시고 [23]또 잔을 가지사 감사 기도 하시고 그들에게 주시니 다 이를 마시매 [24]이르시되 이것은 많은 사람을 위하여 흘리는 나의 피 곧 언약의 피니라(막 14:22-24).

> [23]… 주 예수께서 잡히시던 밤에 떡을 가지사 [24]축사하시고 떼어 이

> 르시되 이것은 너희를 위하는 내 몸이니 이것을 행하여 나를 기념하라 하시고 ²⁵식후에 또한 그와 같이 잔을 가지시고 이르시되 이 잔은 내 피로 세운 새 언약이니 이것을 행하여 마실 때마다 나를 기념하라 (고전 11:23-25).

예수님의 죽음은 생명의 떡, 생명의 피를 죄인들에게 주시고자 하시는 구원을 위한 죽음이다. 구원의 새 언약을 이루시는 죽음이다.

7) 대제사장 앞에서 메시아 선포

예수님은 가룟 유다에게 팔려 대제사장 가야바의 집으로 끌려가셨다(마 26:57). 대제사장은 예수께 물었다.

> 내가 너로 살아 계신 하나님께 맹세하게 하노니 네가 하나님의 아들 그리스도인지 우리에게 말하라(마 26:63).

예수님은 대답하셨다.

> 네가 말하였느니라 그러나 내가 너희에게 이르노니 이 후에 인자가 권능의 우편에 앉아 있는 것과 하늘 구름을 타고 오는 것을 너희가 보리라(마 26:64).

대제사장이 "네가 하나님의 아들 그리스도/메시아냐?"고 물을 때 예수님은 "내가 그리스도/메시아이다"라고 하지 않았다. 간접적으로, 마치 대제사장이 예수께서 메시아라고 증거 한 것처럼 "네가 말하였느니라"고 말씀하셨다. 예수님은 계속해서 인자에 대한 메시아 예언 다니엘 7:13을 인용해 말씀하심으로써 자신이 메시아이심을 증거 하셨다.

8) 빌라도의 메시아 인정

예수께서 태어날 때 헤롯 대왕에게 찾아온 동방의 박사들은 말했다.

> 유대인의 왕으로 나신 이가 어디 계시냐 우리가 동방에서 그의 별을 보고 그에게 경배하러 왔노라(마 2:2).

헤롯은 모든 대제사장들과 백성의 서기관들에게 물었다.

> 그리스도가 어디서 나겠느냐?(마 2:4)

예수님은 유대인의 왕으로 오시는 메시아로 태어나셨고 진정한 유대인의 왕으로 죽으셨다. 신기하게도 이두메인 헤롯 대왕에 의해 메시아 탄생이, 로마의 총독 빌라도에 의해 메시아의 죽음이 증거 된다.

총독 빌라도(Pilate)는[6] "네가 유대인의 왕이냐?"라고 물었고, 예수님은

---

[6] 빌라도는 국역 성경에 디베료(눅 3:1)로 번역된 티베리우스 황제(Tiberius Caesar)에 의해 A.D. 26-36년까지 유대의 총독으로 임명되었다. 그는 로마의 입장에서는 공명정대하고 유능한 행정관이었으나 유대의 입장에서는 유대인에 대한 매우 냉소적 입장으로 미움을 샀다. 빌라도는 로마 황제의 동상을 예루살렘에 세우려 했으나 유대인들의 반발로 무산되었다. 또한 수로 공사에 코르보나스(Corbonas)라 알려진 성전의 보물을 수로 비용을 위해 충당해 유대인들의 분노를 샀다(『유대 전쟁사 II』제9장 2, 3). 빌라도의 기질에 대해 "필로(Philo)에 따르면 칼리굴라(Caligula) 황제에게 보낸 편지에서 아그립바 1세 왕(King Agrippa I)은 빌라도를 가리켜 '매우 융통성이 없는 기질을 가졌으며 무척 완고할 뿐만 아니라 매우 무자비한 인물'로 묘사"했다. 존 스토트, 『그리스도의 십자가』(서울: IVP, 2002), p. 69. 재인용

"네 말이 옳도다"라고 대답하셨다(마 27:11). 빌라도는 대제사장들과 장로들에게 물었다.

> 너희는 내가 누구를 너희에게 놓아 주기를 원하느냐 바라바냐 그리스도라 하는 예수냐?(마 27:17)

빌라도는 그들의 시기(envy) 때문에 예수님을 넘겨 준 줄 알았기 때문이었다(마 27:18). 총독이 재판석에 앉아 있을 때 그의 아내가 사람을 보내어 말했다.

> 저 옳은 사람에게 아무 상관도 하지 마옵소서 오늘 꿈에 내가 그 사람으로 인하여 애를 많이 태웠나이다(마 27:19).

빌라도의 아내는 꿈을 통해 예수께서 죄가 없음을 알았다. 그러나 정치적 술수에 능한 빌라도는 아내의 말보다 대제사장들과 장로들의 말을 듣고 "그리스도라 하는 예수를 내가 어떻게 하랴" 하고 물었다. 그들이 함께 소리 높여 말했다.

> 십자가에 못 박혀야 하겠나이다(마 27:20).

빌라도와 대제사장과 장로들의 대화는 결국, 예수께서 메시아/그리스도라는 사실을 입증한다. 빌라도는 예수님의 죄를 찾지 못했음에도 민란을 우려했다. 그래서 물을 가져다가 무리 앞에서 손을 씻으며 말했다.

> 이 사람의 피에 대하여 나는 무죄하니 너희가 당하라(마 27:24).

백성은 다 함께 외쳤다.

> 그 피를 우리와 우리 자손에게 돌릴지어다(마 27:25).

유대인들은 자신들의 외침이 얼마나 끔찍한지를 몰랐을 것이다.

9) 메시아로서의 죽음

빌라도는 예수께 십자가형을 언도하며 채찍질하고 십자가에 못 박도록 넘겨주었다(마 27:26). 온 군병들은 예수님의 옷을 벗기고 홍포를 입혔다. 머리에 가시관을 엮어 씌우고 갈대를 그 오른손에 들리고 그 앞에서 무릎을 꿇고 "유대인의 왕이여 평안할지어다"라고 희롱했다. 군병들은 예수님께 침을 뱉고 갈대로 머리를 쳤다(마 27:28-30). 그러나 군병들의 조롱은 오히려 유대인의 왕으로 오신 예수께서 메시아라는 사실을 강조할 뿐이었다.

군병들은 골고다에서 예수님을 십자가에 못 박았다. 그리고 군병들은 예수님의 찢어진 옷을 제비뽑아 나눠 가졌다(마 27:32-35). 요한은 이 사건을 시편 22:18의 메시아 예언의 성취였다고 기록한다.

> 성경에 그들이 내 옷을 나누고 내 옷을 제비 뽑나이다 한 것을 응하게 하려 함이러라(요 19:24).

지나가던 사람들은 십자가에 못 박힌 예수께 모욕하며 말했다.

> 아하 성전을 헐고 사흘에 짓는다는 자여(막 14:29).

그들의 조롱은 오히려 성전을 정화하고(요 2:14-17) "너희가 이 성전을 헐라 내가 사흘 동안에 일으키리라"(요 2:19)는 말씀이 십자가의 죽음과 연관됨을 증거 한다. 요한은 예수님의 부활 이후에 이 말씀을 깨달았다(요 2:21-22). 대제사장과 서기관들도 희롱하며 외쳤다.

> 이스라엘의 왕 그리스도가 지금 십자가에서 내려와 우리가 보고 믿게 할지어다(막 15:32).

그들의 조롱도 메시아 예수를 증거 해 줄 뿐이었다. 요한은 예수님의 마지막 행동과 말씀조차도 "그들이 쓸개를 나의 음식물로 주며 목마를 때에는 초를 마시게 하였사오니"(시 69:21)라는 메시아 예언을 성취였음을 기록한다.

> [28]그 후에 예수께서 모든 일이 이미 이루어진 줄 아시고 성경을 응하게 하려 하사 이르시되 내가 목마르다 [29]거기 신 포도주가 가득히 담긴 그릇이 있는지라 사람들이 신 포도주를 적신 해면을 우슬초에 매어 예수의 입에 대니 [30]예수께서 신 포도주를 받으신 후에 이르시되 다 이루었다 하시고 머리를 숙이니 영혼이 떠나가시니라(요 19:28-30).

예수님은 살아계셨을 때뿐 아니라 죽음 이후에도 구약에 예언된 모든 메시아 사명을 성취하셨다. 아리마대 사람 요셉은 빌라도에게 예수님의 시체를 달라고 말했다(막 15:43). 빌라도는 "예수께서 벌써 죽었을까 하고 이상히 여겨 백부장을 불러 죽은 지가 오래냐 묻고 백부장에게 알아 본 후에 요셉에게 시체를" 내주었다(막 15:44-45). 동일한 시점에 유대인들도 빌라도에게 찾아와 십자가에 달린 자들의 다리를 꺾어 시체를 치워 달라고 요구했다. 왜냐하면 이 날은 안식일 예비일이기 때문이다(요 19:31).

〈사진 31〉 성묘교회

〈사진 32〉 성묘교회 내 예수님의 무덤 내부

그들의 요구는 신명기 21:22-23 때문이었다. 빌라도의 명령에 따라 군병들은 십자가에 달린 두 죄수의 다리를 꺾었다. 그러나 예수님은 이미 죽으셨기 때문에 다리를 꺾지 않았다. 대신 창으로 옆구리를 찔러 피와 물이 나오는 것으로 죽음을 확인했다(요 19:32-33). 요한은 이 사건도 메시아 예언의 중요한 성취로 보았다.

> ²⁶그 뼈가 하나도 꺾이지 아니하리라 한 성경을 응하게 하려 함이라
> ³⁷또 다른 성경에 그들이 그 찌른 자를 보리라 하였느니라(요 19:36-37).

유월절 양은 뼈를 꺾지 말아야 했기 때문에(출 12:46; 민 9:12) 온 인류를 구원하신 유월절 양 예수님의 뼈는 꺾이지 않았다. 바울도 예수께서 유월절 양으로 오셨다고 고백했다.

> 우리의 유월절 양 곧 그리스도께서 희생되셨느니라(고전 5:7).

또한 뼈가 꺾이지 않는 메시아의 예언인 "그의 모든 뼈를 보호하심이여 그 중에서 하나도 꺾이지 아니하도다"(시 34:20)와 "그들이 그 찌른 바 그를 바라보고"(슥 12:10)라는 말씀이 성취되었다.

3. 왜, 예수님은 십자가에 못 박히셨을까?

1) 십자가[7]에 달리신 이유

(1) 유대인의 입장

유대인들의 입장에서 본다면 예수님의 죄는 무엇이었을까?

예수께서 대제사장 가야바에게 끌려갔을 때(마 26:57) 산헤드린 공회가 열리고 있었다. 예수님을 죽이기 위해 세운 거짓 증인들은 증언했다.

> 이 사람의 말이 내가 하나님의 성전을 헐고 사흘 동안에 지을 수 있다 하더라(마 26:60-61; 참고 막 14:57-58).

그러나 마가는 "그 증언도 서로 일치하지 않더라"고 기록한다(막 14:59). 예수님은 거짓 증언에 침묵하셨다(마 26:62-63; 막 14:60-61). 대제사장은 예수께 물었다.

---

[7] 십자가형이 성서고고학을 통해 설명된 것은 1967년 이후이다. 1967년 동예루살렘에서 신약 시대의 무덤들이 발굴되었는데 그 중 한 무덤에서 8개의 유골함이 발견되었다. 당시 이 유골함에서는 유대인의 장례법에 따른 17구의 유골이 발견되었다. 유대인들은 B.C. 8세기 이후 페르시아의 영향으로 부활신앙을 갖고 있었기 때문에 사람이 죽으면 바위를 파서 만든 바위무덤에 시신을 안치한 후 유골이 되면 유골함에 모시는 방법으로 장례를 치렀다. 신약성경에서 예수께서 십자가에서 숨을 거두자 아리마대 사람 요셉이 바위무덤에 모신 것도 그 이유 때문이다. 이스라엘 고고학성에서 이중 한 유골의 발뒤꿈치 뼈에 철제 못이 박혀 있는 것을 확인하면서, 십자가형으로 죽은 사람의 유골을 처음 발견하였다. 유골의 손목뼈에는 날카로운 홈집이 있어 십자가형이 사형수의 손과 발이 아닌 손목과 발뒤꿈치에 못을 박는 방법으로 집행되었다는 것이 확인되었다. 또한 무릎 아래 두 개의 정강이뼈가 부러져 있음을 발견한 학자들은 십자가형을 집행한 자들이 해가 지기 전에 시신을 거둬 매장하기 위해서 사형수의 다리를 부러뜨린 증거로 추정했다. 요한복음에 따르면 예수님과 함께 십자가형을 당한 두 강도들도 안식일이 되기 전 시체를 거두기 위해서 다리를 부러뜨렸다(요 19:31-33) (http://ko.wikipedia.org/wik으 "십자가형과 성서고고학").

> 네가 하나님의 아들 그리스도인지 우리에게 말하라(마 26:63).
> 네가 찬송 받을 이의 아들 그리스도냐(막 14:61).
> 네가 그리스도이거든 우리에게 말하라(눅 22:67).

예수님은 예언된 메시아로 오셨다고 당당히 밝히신다.

> 네가 말하였느니라 그러나 내가 너희에게 이르노니 이 후에 인자가 권능의 우편에 앉아 있는 것과 하늘 구름을 타고 오는 것을 너희가 보리라(마 26:64).

> 내가 그니라 인자가 권능자의 우편에 앉은 것과 하늘 구름을 타고 오는 것을 너희가 보리라(막 14:62).

> …그러나 이제부터는 인자가 하나님의 권능의 우편에 앉아 있으리라 (눅 22:69).

산헤드린 공회원들은 예수님께 물었다.
"네가 하나님의 아들이냐?"
예수님은 대답하셨다.
"너희들이 내가 그라고 말하고 있느니라"(눅 22:70).
예수님은 자신이 하나님의 아들 그리스도/메시아라고 인정했다. 그리고 "이 후에 인자가 권능의 우편에 앉아 있는 것과 하늘 구름을 타고 오는 것을 너희가 보리라"고 말씀하셨다. "인자 같은 이가 하늘 구름을 타고 와서 옛적부터 항상 계신 이"라는 다니엘 7:13의 예언의 성취였다.
대제사장은 자기 옷을 찢으며 '신성모독'(blasphemy)이라고 말했다(마

26:65). 유대인들에게 신성모독은 사형에 해당하는 죄였다(마 26:66). 그러나 신성모독은 유대인들의 율법에 해당하는 죄로, 유대 종교의 죄였다. 유대인들은 십자가에 죽일 권한이 없었다. 그래서 그들은 로마 총독 빌라도에게 예수님을 데리고 간 것이다.

(2) 로마의 입장

로마의 입장에서는 예수님의 죄가 십자가에 못 박힐 만한 죄였을까?

먼저 과정을 보면, 새벽에 모든 대제사장과 백성의 장로들은 예수님을 죽이려고 함께 의논했다. 그들은 예수님을 결박해 총독 빌라도에게 넘겨주었다(마 27:1-2; 막 15:1). 그들은 예수님을 빌라도에게 끌어와 고발했다.

> 우리 백성을 미혹하고 가이사에게 세금 바치는 것을 금하며 자칭 왕 그리스도라 하더이다(눅 23:2).

무리들은 이미 예수님을 죽이고자 계획했다(마 27:1). 그들은 신성모독뿐 아니라 로마 법률로 다스릴 수 있는 세금 문제로 고소했다. 그러나 빌라도는 무리에게 말했다.

> 너희가 그를 데려다가 너희 법대로 재판하라(요 18:31a).

빌라도는 유대인들의 마음을 알았던 것이다. 그러나 유대인들은 대답했다.

> 우리에게는 사람을 죽이는 권한이 없나이다(요 18:31b).

빌라도는 예수님께 물었다.

> 네가 유대인의 왕이냐?(요 18:33)

예수님은 빌라도에게 대답했다.

> 네 말이 옳도다(마 27:11; 막 15:2; 눅 23:3; 요 18:33-34).

예수님은 빌라도에게 물었다.

> 네가 스스로 하는 말이냐 다른 사람들이 나에 대하여 네게 한 말이냐 (요 18:34).

빌라도는 대답했다.

> 내가 유대인이냐 네 나라 사람과 대제사장들이 너를 내게 넘겼으니 네가 무엇을 하였느냐(요 18:35).

예수님은 빌라도에게 말했다.

> 내 나라는 이 세상에 속한 것이 아니니라 만일 내 나라가 이 세상에 속한 것이었더라면 내 종들이 싸워 나로 유대인들에게 넘겨지지 않게 하였으리라 이제 내 나라는 여기에 속한 것이 아니니라(요 18:36).

빌라도가 물었다.

네가 왕이 아니냐?(요 18:37)

예수님이 대답했다.

"네 말과 같이 내가 왕이니라 내가 이를 위하여 태어났으며 이를 위하여 세상에 왔나니 곧 진리에 대하여 증언하려 함이로라 무릇 진리에 속한 자는 내 음성을 듣느니라"(요 18:37).

빌라도는 예수께 "진리가 무엇이냐?"고 묻고 유대인들에게 나가서 "나는 그에게서 아무 죄도 찾지 못하였노라"고 선포했다(눅 23:3; 요 18:38). 빌라도는 예수께 죄를 찾아내지 못했다. 로마의 법령으로 처벌할 죄를 찾지 못한 것이다. 유대 총독은 유대인의 명절 때가 되면 무리의 청원대로 죄수 한 사람을 사면하는 전례가 있었다(마 27:15). 빌라도는 군중들에게 물었다.

내가 누구를 너희에게 놓아 주기를 원하느냐 바라바냐 그리스도라 하는 예수냐?(마 27:17).

빌라도는 군중들이 예수님을 시기했기 때문에 자신에게 넘겨준 것을 알고 있었다(마 27:18). 빌라도는 예수님을 놓아 주고 싶었다. 왜냐하면 예수님은 로마에 죄를 짓지 않았기 때문이었다. 빌라도는 유대인들의 종교에 관여하고 싶지 않았다. 빌라도가 재판석에 앉아 있을 때 그의 아내가 사람을 보내 말했다.

저 옳은 사람에게 아무 상관도 하지 마옵소서 오늘 꿈에 내가 그 사람

> 으로 인하여 애를 많이 태웠나이다(마 27:19).

빌라도의 아내조차도 예수님께 죄가 없음을 증거 했다. 그러나 빌라도는 정치인이었다. 자신에게 해가 되는 일은 절대 하지 않는 치졸한 자였다. 유대 지도자들과 백성들의 눈치를 살피는 자였다. 대제사장과 장로들은 무리들을 부추겨 바라바를 달라고 요구했다(마 27:20). 바라바는 민란을 꾸미고 그 민란 중에 살인하고 체포된 자였다(막 15:7; 눅 23:19). 빌라도는 그들에게 물었다.

> 그러면 그리스도라 하는 예수를 내가 어떻게 하랴?(마 27:22)

군중들은 외쳤다.

> 십자가에 못 박혀야 하겠나이다(마 27:22; 막 15:12-13; 눅 23:21).

빌라도는 군중들에게 말했다.

> 어찜이냐 무슨 악한 일을 하였느냐?(마 27:23)

군중들은 더욱 소리 질러 외쳤다.

> 십자가에 못 박혀야 하겠나이다(마 27:23; 막 15:14).

결국 빌라도는 군중에게 말했다.

> 이 사람이 무슨 악한 일을 하였느냐 나는 그에게서 죽일 죄를 찾지 못
> 하였나니 때려서 놓으리라(눅 23:22).

그러나 빌라도는 성난 군중들이 민란의 움직임을 보이자 죄 없는 예수님을 풀어 주고자 하는 마음을 바꾸었다. 빌라도는 물을 가져와 무리 앞에서 손을 씻으며 말했다.

> 이 사람의 피에 대하여 나는 무죄하니 너희가 당하라(마 27:24).

군중들은 대답했다.

> 그 피를 우리와 우리 자손에게 돌릴지어다(마 27:25).

결국 빌라도는 바라바를 군중들에게 놓아 주고 예수님을 채찍질하고 십자가에 못 박히게 넘겨주었다(마 27:26; 막 15:15).

빌라도는 예수께서 죄가 없다는 것을 알았음에도 군중의 소리가 두려워 예수님을 십자가에 못 박도록 넘겨주었다. 복음서는 이 사실을 자세히 기록함으로써 예수께서 로마의 십자가형을 받을 이유가 전혀 없었음을 강조했다. 복음서와 서신서들이 기록될 때 복음은 이미 로마 전역으로 전파되고 있었다.

만일, 빌라도가 예수께 죄가 있음을 선포했다면 과연 로마 제국에 복음이 전해질 수 있었을까?

로마인들은 죄인으로 죽은 예수님을 구주로 영접할 수 있었을까?

아마도 복음은 전해지지 못했을 것이고, 로마 제국에 교회는 세워질 수 없었을 것이다. 그렇기 때문에 로마의 유대 총독인 빌라도가 예수님의

죄 없음을 선고했다는 것은 복음 전파에 너무나 중요한 사건이 되는 것이다.

2) 십자가의 역사

고고학 발굴을 통해 밝혀진 결과 기독교 이전 고대 세계에 교차하는 두 팔을 가진 다양한 형태 즉, 십자가 형태는 널리 퍼져 있었다. 고대 이집트 그림에 등장하는 신들은 크룩스 안타사로 불리는 고리 십자가를 들고 있다. 고리 십자가는 생명을 상징한다.[8] 십자가 형법은 이미 B.C. 1000년경 앗수르, 베니게, 페르시아 등에서 사용했다. 동쪽의 제국들의 십자가 형법이 알렉산더의 헬라 제국이 전 세계를 장악하면서 헬라 제국으로 보편화되었다. 알렉산더 사후 시리아의 통치자 셀류쿠드(Seleucide)와 이집트의 통치자 프톨레미(Ptolemies) 왕도 십자가 형법을 응용해 사용했다.[9]

이후 로마 제국이 등장하면서 십자가 사형은 제한된 형법으로 사용되었다. 로마인들은 B.C. 1세기 말에 정치적으로 제한된 범죄를 범한 비(非)로마인들에게만 공식적으로 십자가 형벌을 집행했다. 그래서 로마 초기에는 십자가 형벌을 받은 대부분이 죄를 범한 노예였다. 초기 십자가 형벌은 나무의 들보를 노예의 목에 대고 노예의 팔은 나무에 붙들어 맸다. 노예는 그 십자가를 지고 자기의 죄를 외치면서 이웃을 지나가야 했다. 이는 속죄와 굴욕의 의미였다. 시간이 지나면서 십자가 형벌은 굴욕을 더 가중하기 위해 죄수의 옷을 벗기고 채찍질을 가했다. 좀 더 후대에는 각

---

[8] 김희성, "신약성서의 십자가 이해," 「教授論叢」, Vol. 16 No, 2004, p. 70.
[9] 원용국, "십자가 형틀에 대한 고고학적 증거," 「학술저널 생수」, Vol.5 No. 1987, pp. 111-112.

목에 노예의 손을 붙들어 매고 걷는 대신 노예를 수직 나무에 붙들어 매었으나 죽이지는 않았다. 왜냐하면 이 형벌의 주요 목적은 형벌, 굴욕, 불순종에 대한 징계였기 때문이었다.[10]

그 후 십자가 형벌은 전쟁이나 반란이 일어났을 때 외국인 포로, 반역자, 망명자에게 형벌을 가하는 데까지 확대되었다. 로마는 B.C. 73-71년에 일어난 스파르타쿠스(Spartacus) 반란을 진압하면서 크라수스에서 붙잡힌 반란 노예 6,000명을 카푸아(Capua)에서 로마까지 약 200km에 이르는 아피아 거리(Via Appia)에서 6,000개의 십자가에 못 박아 죽였다. A.D. 1세기 이후에는 로마에 대항하는 자들을 벌하는 처형 방법으로 바뀌었다.

그러나 로마 시민은 오직 극단적인 국가 반역죄를 행했을 경우만 십자가형을 당했다. 키케로(Cicero)는 한 연설에서 십자가형을 '가장 잔인하고 혐오스러운 형벌'이라고 비난했다. 키케로는 계속해서 말했다.

> 로마 시민을 결박하는 것은 범죄이고, 그를 매질하는 것은 가증한 행위이고, 그를 죽이는 것은 살인이나 마찬가지이다. 그러면 로마 시민을 십자가에 못 박는 것은 무엇인가? 그렇게도 끔찍한 행동을 묘사할 수 있는 적절한 말은 존재하지 않는다.[11]

키케로의 주장을 통해 십자가형이 얼마나 끔찍하고 무서운 형벌인지를 알게 된다.

---

10 원용국, "십자가 형틀에 대한 고고학적 증거," p. 112.
11 존 스토트, 『그리스도의 십자가』, 정옥배 역 (서울: IVP, 1998), p. 34. 재인용. 원문은 Cicero, *Against Verres* II. v. 64, para. 170.

3) 유대인의 십자가 역사

유대인들에게는 팔레스틴과 디아스포라 초기 유대인들에게 나타난다. 그들은 동일한 길이의 팔을 가진 십자가(×, +)를 사용했다. 고대 셈어의 알파벳 타우(ㄲ)의 형태로, 타우는 십자가뿐 아니라 바벨론 유수와 포로 시기에는 이마나 손에 등장함으로써 제의를 표시했다. 유대인들은 여호와 하나님의 소유물에 대한 고백의 표현과 종말론적인 보호의 표시로 사용했다. 특별히 레스틴의 납골기들과 무덤비, 로마에 있는 유대 카타콤에서 나온 대리석 판과 램프와 사본들에 있었고 심지어 헤롯 대왕의 동전에도 사용되었다.[12]

유대인들에게 십자가는 신앙의 상징뿐 아니라 헬라 제국에 있었던 사형법으로도 사용되었다. 하스모니안 왕조 때 일부 유대 폭도들에 의해 일시 사용되었다. 알렉산더 얀네우스는 A.D. 7년 인구조사를 반대해 반란을 일으킨 유대인 800여 명을 십자가 형틀에 못 박아 죽였다.[13] A.D. 7년 유대 전역에서 일어난 큰 반란은 헤롯 왕의 죽음으로 이어졌다.

시리아에 거주하는 퀸틸리우스 바루스(Quintilius Varus) 총독은 유대의 반란을 진압하기 위해 예루살렘으로 왔다. 바루스는 죄가 무거운 자들은 처벌하고 경미한 사람들은 풀어주었는데 이 때 십자가에 못 박혀 처형당한 유대인은 2,000명이나 되었다(『유대 고대사』 XVII, 10.10)[14]. A.D. 70년경, 티투스(Titus) 장군은 예루살렘을 함락하는 동안에 로마 군인들이 여러 달 동안 매일 500명의 유대인들을 십자가에 못 박아 죽였다. 요세푸스는 당

---

12 존 스토트, 『그리스도의 십자가』, 70.
13 원용국, "십자가 형틀에 대한 고고학적 증거," p, 111
14 요세푸스, 『유대 고대사 IV』, 성서자료연구원 역 (서울: 도서출판 달산, 1991), p. 173-174.

시의 상황을 이렇게 기록한다.

> 로마 병사들은 분노와 증오에 차서 유대인들을 각각 다른 자세로 십자가에 못 박는 것을 즐겼다. 십자가에 못 박힌 수가 너무 많아서 십자가를 세울 공간도 찾을 수 없을 정도였으며 사람을 못 박을 여분의 십자가도 찾아볼 수 없을 지경이었다(『유대 전쟁사 V』 11:1).[15]

> 티투스가 십자가 처형을 중단시키지 않은 주된 이유를 유대인들이 계속적으로 저항하다가는 십자가 처형을 당하리라는 두려움에서 항복할 것을 기대했을 것이라(『유대 전쟁사 V』 11:1).[16]

유대 역사 속에서도 십자가는 로마가 자행한 무서운 형벌이었다.

> 유대인들도 '나무'와 '십자가'를 구분하지 않았다. 나무에 달리는 것과 십자가에 못 박히는 것도 구별하지 않았다. 그러므로 그들은 십자가에 못 박힌 범죄자에게 자동적으로 '나무에 달린 자는 하나님께 저주를 받았음이니라'(신 21:23)라는 율법의 끔찍한 진술을 적용시켰다. 그래서 유대인들은 메시아가 나무에 달려 하나님의 저주 아래에서 죽으라는 것을 도저히 믿을 수 없었다. 유대인이었던 트리포(Trypho)도 유대인의 생각을 그대로 믿으며 변증가 저스틴(Justin)에게 '나는 이 점을 극히 의심하지 않을 수 없다.[17]

---

15 요세푸스, 『유대 전쟁사 Ⅰ』, 성서자료연구원 역 (서울: 도서출판 달산, 1991), p. 211.
16 요세푸스, 『유대 전쟁사 Ⅰ』, p. 211.
17 존 스토트, 『그리스도의 십자가』, pp. 34-35.

초기 기독교 반대자들은 하나님께 '기름 부음 받은 메시아' 예수께서 인간으로 십자가에 죽었다는 것에 대해 비판적이었다.

4) 사실로서의 십자가

(1) 십자가 죽음의 성취

사복음서는 사실(fact)로서의 십자가를 기록한다. 빌라도는 예수님의 죄가 없다고 판단했음에도 유대인들의 요구 때문에 십자가형을 언도했다. 예수님은 로마법에 의해 십자가형을 받을 이유가 없었다. 빌라도가 유대인들에게 "너희가 그를 데려다가 너희 법대로 재판하라"라고 했지만 유대인들은 "우리에게는 사람을 죽이는 권한이 없나이다" 하고 대답했다(요 18:31). 그러나 요한은 십자가의 죽음은 유대인들이 원했기 때문이 아니라 "예수께서 자기가 어떠한 죽음으로 죽을 것을 가리켜 하신 말씀을 응하게 하려 함이러라"라고 설명했다(요 18:32). 예수께서 십자가에서 죽으신 것은 그를 시기한 유대인들의 요구 때문도, 빌라도의 정치적 의도 때문도 아니라 하나님의 구원계획이었으며 예수님의 순종의 결과였다.

> ¹⁴모세가 광야에서 뱀을 든 것같이 인자도 들려야 하리니 ¹⁵이는 그를 믿는 자마다 영생을 얻게 하려 하심이니라(요 3:14-15).

예수님은 장대에 높이 달린 광야의 구리 뱀처럼 십자가에 달리셔야 했다. 이것은 예수님의 죽음으로 온 인류를 구원하시고자 하시는 하나님의 사랑이었다.

> 하나님이 세상을 이처럼 사랑하사 독생자를 주셨으니 이는 그를 믿

는 자마다 멸망하지 않고 영생을 얻게 하려 하심이라(요 3:16).

또한 예수님은 예루살렘에 올라가실 때 길에서 말씀하셨다.

> ¹⁸보라 우리가 예루살렘으로 올라가노니 인자가 대제사장들과 서기관들에게 넘겨지매 그들이 죽이기로 결의하고 ¹⁹이방인들에게 넘겨주어 그를 조롱하며 채찍질하며 십자가에 못 박게 할 것이나 제삼일에 살아나리라(마 20:18-19).

예수님은 감람산에서 마지막 때에 있을 일들을 설교(마 24-25장) 하신 뒤 제자들에게 말씀하셨다.

> 너희가 아는 바와 같이 이틀이 지나면 유월절이라 인자가 십자가에 못 박히기 위하여 팔리리라 하시더라(마 26:2).

십자가는 예수께서 가서야 할 길이었다. 그러나 예수님의 말씀을 듣는 제자들은 그의 십자가 죽음을 이해하지 못했다. 제자들은 십자가의 죽음이 얼마나 참혹한가를 알고 있었다. 제자들은 약 20년 전, A.D. 7년에 로마의 바루스(Q. Varus) 총독이 유대인 2,000명을 십자가에 못 박아 죽인 사건을 기억하고 있었을 것이다. 예수께서 그 잔혹한 십자가에서 죽어야 한다는 것은 제자들에게 엄청난 충격이었다. 제자들은 왜, 예수께서 십자가에 죽어야 하는지 이해할 수 없었다.

(2) 십자가와 제자도

예수님은 '십자가의 제자도'를 세 번 가르치셨다.

첫째, 열두제자를 파송하시며 처음 십자가의 제자도를 말씀하셨다.

제자들은 이스라엘의 잃어버린 양에게 천국이 가까웠다고 선포해야 했다(마 10:1-7). 그러나 그들이 평안의 복음을 받지 않을 때 심판 날에 소돔과 고모라보다 더 고통스러울 것이다(마 10:8-15). 복음을 전할 때 양을 이리 가운데 보냄과 같기 때문에 뱀같이 지혜롭게 비둘기처럼 순결해야 한다(마 10:16). 복음을 전하다가 공회에 넘겨져 채찍 당하고 고통을 당해도 염려하지 말 것은 성령님께서 친히 할 말을 가르쳐 주실 것이다(마 10:17-20). 장차 가족 간에 대적하게 되지만 끝까지 견디면 구원을 얻을 것이다(마 10:21-23). 예수님은 말씀하셨다.

> 몸은 죽여도 영혼은 능히 죽이지 못하는 자들을 두려워하지 말고 오직 몸과 영혼을 능히 지옥에 멸하실 수 있는 이를 두려워하라 (마 10:28).

왜냐하면 머리털까지 다 세신 바 되신 하나님께서 우리와 함께 하시기 때문이다(마 10:30). 열두 제자 파송식은 영적 전쟁터로 보내는 것과 같다. 지금까지 제자들은 예수님을 따르며, 그가 하신 기적을 체험하는 수동적 삶이었다. 하지만 예수님은 열두 제자 파송식에서 영적 전투에 임할 제자들의 능동적 자세를 말씀하셨다. 그 후 십자가의 제자도를 가르치셨다.

> ³⁷아버지나 어머니를 나보다 더 사랑하는 자는 내게 합당하지 아니하고 아들이나 딸을 나보다 더 사랑하는 자도 내게 합당하지 아니하며 ³⁸또 자기 십자가를 지고 나를 따르지 않는 자도 내게 합당하지 아니하니라 ³⁹자기 목숨을 얻는 자는 잃을 것이요 나를 위하여 자기 목숨을 잃는 자는 얻으리라(마 10:37-39).

둘째, 안식일에 병을 고치시고(눅 14:1-6) 청함을 받은 사람들이 높은 자리를 택하는 것을 보시고 혼인잔치 비유로 말씀하셨다(눅 14:7-24). 그리고 수많은 무리들과 함께 길을 가실 때 십자가의 제자도를 말씀하셨다(눅 14:25).

> [26]무릇 내게 오는 자가 자기 부모와 처자와 형제와 자매와 더욱이 자기 목숨까지 미워하지 아니하면 능히 내 제자가 되지 못하고 [27]누구든지 자기 십자가를 지고 나를 따르지 않는 자도 능히 내 제자가 되지 못하리라(눅 14:26-27).

셋째, 빌립보 가이사랴 지방에서 십자가의 제자도를 말씀하셨다.

예수님은 제자들에게 "사람들이 인자를 누구라 하느냐?"라고 질문하셨다(마 16:13). 제자들은 세례 요한, 엘리야, 예레미야, 선지자 중의 하나라고 대답했다(마 16:14). 그러나 베드로는 "주는 그리스도시요 살아 계신 하나님의 아들"이라고 고백했다(마 16:15). 베드로가 제자 중 처음으로 예수께서 주와 그리스도/메시아, 하나님의 아들이심을 고백했다. 예수님은 베드로의 고백을 듣고 칭찬하시면서 베드로를 통해 교회를 세우고 천국의 열쇠를 주신다고 말씀하셨다

> [17]...바요나 시몬아 네가 복이 있도다 이를 네게 알게 한 이는 혈육이 아니요 하늘에 계신 내 아버지시니라 [18]또 내가 네게 이르노니 너는 베드로라 내가 이 반석 위에 내 교회를 세우리니 음부의 권세가 이기지 못하리라 [19]내가 천국 열쇠를 네게 주리니 네가 땅에서 무엇이든지 매면 하늘에서도 매일 것이요 네가 땅에서 무엇이든지 풀면 하늘에서도 풀리리라(마 16:17-19).

예수님은 제자들에게 경고하시며 자신이 그리스도/메시아인 것을 아무에게도 알리지 말 것을 말씀하셨다(마 16:20). 이때부터 예수 그리스도께서 자기가 예루살렘으로 올라가 장로들과 대제사장들과 서기관들에게 많은 고난을 받고 죽임을 당하고 제삼일에 살아날 것을 가르치셨다(마 16:21). 그리고 예수님은 당시 가장 잔혹한 십자가의 제자도를 가르치셨다.

> 24…누구든지 나를 따라오려거든 자기를 부인하고 자기 십자가를 지고 나를 따를 것이니라 25누구든지 제 목숨을 구원하고자 하면 잃을 것이요. 누구든지 나를 위하여 제 목숨을 잃으면 찾으리라(마 16:24-25).

> 34무리와 제자들을 불러 이르시되 누구든지 나를 따라오려거든 자기를 부인하고 자기 십자가를 지고 나를 따를 것이니라 35누구든지 자기 목숨을 구원하고자 하면 잃을 것이요 누구든지 나와 복음을 위하여 자기 목숨을 잃으면 구원하리라(막 8:34-35).

제자들은 십자가의 제자도를 이해할 수 있었을까?

그들은 예수님의 부활과 오순절의 성령의 임하심을 체험하기 전까지는 십자가의 제자도를 결코 이해할 수 없었다. 제자들에게 십자가 형틀이란 단지 극악한 죄인들을 처벌하는 무서운 형벌에 지나지 않았다. 하지만 예수님은 당시 그토록 고통스럽고 잔혹한 십자가에 제자도를 비유하셨다. 그 이유는 예수님의 진정한 제자가 된다는 것은 그렇게 쉽지 않다는 것이다. 예수님과 함께 십자가를 지는 고통, 고난을 감당하지 않는 제자도는 가식(假飾)에 불과하다.

동시에 그리스도인들에게 십자가는 단순히 예수님의 십자가 형틀뿐 아니라 영광이다. 하나님의 영광을 보기 위해서는 자신이 죽고 예수님이 사시는 체험을 해야 한다. 예수님의 십자가에 우리의 자아가 죽고 예수님의 부활로 내 안에 예수님이 살아날 때 영광을 체험할 수 있다. 내 자아가 죽는 것 자체는 너무나 고통스럽지만 예수님과 함께 부활을 체험할 때는 인간이 누릴 수 없는 가장 큰 행복과 영광을 체험할 수 있는 것이다.

(3) 십자가의 죽음

빌라도는 유대인들의 요청 때문에 예수님을 채찍질하고 십자가에 못 박도록 넘겨주었다(마 27:26). 군병들은 예수님의 옷을 벗기고 홍포를 입혔다. 가시관을 엮어 머리에 씌우고, 갈대를 예수님의 오른손에 들렸다. 그들은 예수님 앞에서 무릎을 꿇고 희롱했다.

"유대인의 왕이여 평안할지어다."

그리고 예수께 침을 뱉고 갈대를 빼앗아 머리를 쳤다(마 27:27-31). 희롱을 다하고 홍포를 벗기고 예수님의 옷을 다시 입히고 십자가에 못 박으려고 끌고 나갔다(마 27:31). 알렉산더와 루포의 아버지인 구레네 사람 시몬을 억지로 데려와 예수님의 십자가를 지도록 했다(마 27:32; 막 15:21).

예수님은 유대시간으로 제삼시(막 15:25, 오전 9시)에 골고다(해골의 곳)에서 십자가에 못 박히셨다(마 27:33; 막 15:22; 눅 23:33). 군병들은 예수께 쓸개 탄 포도주를 마시게 했으나 맛보시고 마시지 않았다(마 27:34). 예수님은 기도하셨다.

> 아버지 저들을 사하여 주옵소서 자기들이 하는 것을 알지 못함이니이다(눅 23:34).

군병들은 예수님을 십자가에 못 박은 후에 옷을 제비뽑아 나누어 가졌다(마 27:35). 강도 둘도 예수님과 함께 십자가에 못 박혔다(마 27:38; 막 15:27; 요 19:18). 지나가는 자들은 자기 머리를 흔들며 예수님을 모욕했다.

> 아하 성전을 헐고 사흘에 짓는다는 자여 네가 너를 구원하여 십자가에서 내려오라(막 15:29-30).

예수님과 함께 십자가에 못 박혔던 죄수들도 예수께 욕했고(막 15:34), 대제사장들과 서기관들도 함께 희롱하며 서로 말했다.

> [31]그가 남은 구원하였으되 자기는 구원할 수 없도다 [32]이스라엘의 왕 그리스도가 지금 십자가에서 내려와 우리가 보고 믿게 할지어다 (막 15:31-32).

예수님의 십자가 위에는 죄패가 붙어졌다.

> 유대인의 왕 예수(마 27:37).
> 유대인의 왕(막 15:26; 눅 23:38).
> 나사렛 예수 유대인의 왕(요 19:19).

죄패(罪牌)는 히브리(Hebrew 또는 Aramaic), 로마(Latin), 헬라어(Greek)로 기록되었다(마 27:37; 요 19:20). 대제사장들은 빌라도에게 "유대인의 왕이라 쓰지 말고 '자칭' 유대인의 왕이라 쓰라" 하고 청했다(요 19:21). 하지만 빌라도는 "내가 쓸 것을 썼다"라고 대답했다(요 19:22). 죄패에 대한 빌라도의 대답은 유대인뿐 아니라 복음서를 읽는 로마 제국 내 모든 사람들에게 예수께서 유대인의 왕으로 오신 메시아라는 확실한 증거가 되었다. 예수님과 함께 십자가에 달린 한 행악자는 계속해서 조롱했다.

> 네가 그리스도가 아니냐 너와 우리를 구원하라(눅 23:39).

그러나 다른 강도는 그를 꾸짖으며 말했다.

> 네가 동일한 정죄를 받고서도 하나님을 두려워하지 아니하느냐 우리는 우리가 행한 일에 상당한 보응을 받는 것이니 이에 당연하거니와 이 사람이 행한 것은 옳지 않은 것이 없느니라(눅 23:40-41).

그는 예수께 간청했다.

> 예수여 당신의 나라에 임하실 때에 나를 기억하소서(눅 23:42).

예수님은 그에게 말씀하셨다.

> 내가 진실로 네게 이르노니 오늘 네가 나와 함께 낙원에 있으리라 (눅 23:43).

예수님은 고통스러운 십자가에 못 박히셨음에도 회개한 강도를 구원하셨다. 예수님의 십자가 곁에는 어머니 마리아와 이모, 글로바의 아내 마리아와 막달라 마리아가 서 있었다(요 19:25). 예수님은 어머니 마리아에게 사랑하는 제자 요한이 서 있는 것을 보고 말씀하셨다.

> 여자여 보소서 아들이니이다(요 19:26).

예수님은 요한에게도 말씀하셨다.

　　보라 네 어머니라(요 19:27a).

요한은 그때부터 마리아를 자기 집에서 모셨다(요 19:27b). 전승에 의하면 마리아는 오래도록 살았으며, 사도 요한은 마리아가 죽을 때까지 어머니처럼 모셨다고 한다.

때가 제6시(정오 12시)쯤 되어 해가 빛을 잃고 온 땅에 어둠이 임하여 제9시(오후 3시)까지 계속되었다(마 27:45; 눅 23:44). 성소의 휘장이 한 가운데가 찢어졌다(마 27:45; 막 15:38; 눅 23:45). 예수님은 제9시쯤 크게 소리 질렀다.

　　엘리 엘리 라마 사박다니.

이는 "나의 하나님, 나의 하나님, 어찌하여 나를 버리셨나이까"라는 뜻이다(마 27:46). 예수님의 외침은 시편 22:1의 메시아가 외쳐야 하는 기도였다. 이 소리를 들은 어떤 사람은 말했다.

　　이 사람이 엘리야를 부른다(마 27:47).

예수님은 모든 일이 이미 이루어진 줄 아시고 성경을 성취하게 하시려고 말씀하셨다.

　　내가 목마르다(요 19:28).

사람들은 신 포도주를 적신 해면을 우슬초에 매어 예수님의 입에 댔고 예수님은 신 포도주를 받으신 후 "다 이루었다." 말씀하시고 머리를 숙이니 영혼이 떠나갔다(요 19:29-30). 십자가를 지키고 있던 백부장은 이 모든 일들을 보고 하나님께 영광을 돌리며 말했다.

> 이는 진실로 하나님의 아들이었도다(마 27:54).
> 이 사람은 진실로 하나님의 아들이었도다(막 15:39).
> 이 사람은 정녕 의인이었도다(눅 23:47).

백부장의 고백은 복음서의 절정(climax)이다. 이방인 로마 백부장이 십자가에 죽으신 예수께서 하나님의 아들이라 고백한 것이다. 예수님의 십자가의 죽음의 과정 모두가 메시아 예언의 성취였다. 군병들이 예수님의 옷을 제비뽑아 나눠 가진 것(요 19:24)은 시편 22:18의 성취였다. "내가 목마르다"하심(요 19:28)은 시편 69:21의 성취였다. 예수님의 다리가 꺾이지 않은 것(요 19:36)은 출애굽기 12:46과 민수기 9:12의 성취였다. 모두가 구약에 예언된 말씀을 성취하기 위한 죽음의 과정이었다.

예수께서 십자가에서 마지막으로 말씀하신 일곱 마디/가상칠언(架上七言)을 정리하면 다음과 같다.

> ① 아버지 저들을 사하여 주옵소서 자기들이 하는 것을 알지 못함이니이다(눅 23:34).
> ② 내가 진실로 네게 이르노니 오늘 네가 나와 함께 낙원에 있으리라 (눅 23:43).
> ③ 여자여 보소서 아들이니이다(요 19:26).
> ④ 내가 목마르다(요 19:28).

⑤ 엘리 엘리 라마 사박다니 하시니(나의 하나님, 나의 하나님, 어찌하여 나를 버리셨나이까)(마 27:36; 막 15:34).

⑥ 아버지 내 영혼을 아버지 손에 부탁하나이다(눅 23:46).

⑦ 다 이루었다(요 19:30).

(4) 십자가의 죽음과 부활

예수께서 십자가에서 죽으시자 곧 무덤이 열리며 자던 성도들의 몸이 많이 일어났다(마 27:52). 유대에는 매우 가난한 자들은 땅에 묻고 돌로 덮었으나 대부분은 돌을 파서 공동묘지를 만들었다. 부자들은 개인무덤 또는 가족무덤을 소유하고 있었으며 입구는 둥근 돌로 막았다. 그러므로 "무덤이 열렸다"는 것은 무덤 입구를 막았던 큰 돌문이 열렸다는 것이다. 예수님의 죽음과 함께 죽었던 성도들이 무덤에서 다시 살아났다. 예수님의 부활 후에 그들은 무덤에서 나와서 거룩한 성에 들어가 많은 사람에게 보였다(마 27:53). 예수님은 말씀하셨다.

나는 부활이요 생명이니 나를 믿는 자는 죽어도 살겠고(요 11:25).

예수님은 사역하실 때 죽은 자 3명을 살리셨다(막 5:38-43; 눅 7:12-16; 요 11:43-44). 장례에 참여했던 사람들은 예수께서 살리신 소녀, 청년, 나사로를 눈으로 목격했다. 예수님께서 십자가에 죽으실 때도 무덤이 열리며 죽었던 많은 성도들이 부활하는 기적이 일어났다(마 27:50-52). 예수께서 부활하신 후에 이들은 무덤에서 나와 거룩한 성 예루살렘에 들어가 많은 사람들에게 부활의 모습을 보여주었다(마 27:53). 예수님의 말씀은 부활로 진실성을 증거 하셨다.

5) 신앙고백으로서의 십자가

십자가는 종류가 무엇이냐가 중요하지 않다. 신명기 21:23을 성취하는 '나무'에 달리는 것이 중요하다. 예수님은 '나무' 십자가에 달리셨다. 하나님은 율법을 성취하시기 위해 로마의 형틀인 나무 십자가를 사용하셨다. 로마의 십자가 형틀로 인해 예수님의 십자가의 죽음은 자연스럽게 신명기 21:23의 성취였다. 사복음서는 예수님이 십자가 죽음에 대해 사실성과 그의 죽음이 구약의 성취였음을 강조한다.

(1) 새로워진 십자가의 의미

초대 교회 사도들은 예수님의 십자가의 죽음과 하나님께서 살리심을 선포했다. 그리고 십자가에서 살아나신 예수 그리스도를 통해 병 고치는 능력을 보여주었다. 하나님은 십자가에 못 박히신 예수님을 그리스도/메시아가 되게 하셨다. 베드로는 오순절의 성령 강림 후 담대히 복음을 선포했다(행 2장). 베드로는 예수님의 십자가 사건과 그 의미를 선포했다.

> 그런즉 이스라엘 온 집은 확실히 알지니 너희가 십자가에 못 박은 이 예수를 하나님이 주와 그리스도가 되게 하셨느니라 하니라(행 2:36).

유대인들은 예수님을 십자가에 못 박아 죽였으나 하나님은 그를 "주와 그리스도/메시아"가 되도록 하셨다. 베드로에게 복음을 들은 유대인들은 사도들에게 물었다.

> 형제들아 우리가 어찌할꼬(행 2:37).

베드로는 그들에게 선포했다.

> ³⁸너희가 회개하여 각각 예수 그리스도의 이름으로 세례를 받고 죄 사함을 받으라 그리하면 성령의 선물을 받으리니 ³⁹이 약속은 너희와 너희 자녀와 모든 먼 데 사람 곧 주 우리 하나님이 얼마든지 부르시는 자들에게 하신 것이라(행 2:38-39).

제자들은 예수님의 십자가 죽음 이전에는 예수께서 그리스도/메시아 이심을 이해하지 못했다. 그러나 제자들은 오순절 성령체험을 통해 담대히 예수 그리스도를 증거 했다. 왜냐하면 하나님께서 예수님의 십자가의 죽음과 부활을 통해 그를 그리스도/메시아가 되게 하셨기 때문이다. 베드로는 성전 미문에 앉아 있던 "나면서 못 걷게 된 이"를 고치고 난 뒤 예수 그리스도를 선포했다.

> ¹⁴너희가 거룩하고 의로운 이를 거부하고 도리어 살인한 사람을 놓아 주기를 구하여 ¹⁵생명의 주를 죽였도다 그러나 하나님이 죽은 자 가운데서 그를 살리셨으니 우리가 이 일에 증인이라 ¹⁶그 이름을 믿으므로 그 이름이 너희가 보고 아는 이 사람을 성하게 하였나니 예수로 말미암아 난 믿음이 너희 모든 사람 앞에서 이같이 완전히 낫게 하였느니라(행 3:14-16).

하나님은 십자가에서 죽으신 예수님을 살리셨다. 예수님의 이름을 믿는 자는 병 고침의 능력을 체험하게 되었다. 모세가 신명기 18:15에서 말한 "나 같은 선지자 하나를 세울 것"은 예수 그리스도였다(행 3:22). 사무엘부터 모든 선지자는 이 때 즉 예수 그리스도의 십자가 죽음을 통해 구원의 때를 가리켜 말한 것이다(행 3:24). 사도들은 "예수 안에 죽은 자의 부활"을 전했다(행 4:2). 베드로는 대제사장 안나스와 가야바, 요한, 알렉산더, 대제사장의 문중이 참여한 가운데 예수 그리스도를 담대히 전했다.

> 너희와 모든 이스라엘 백성들은 알라 너희가 십자가에 못 박고 하나님이 죽은 자 가운데서 살리신 나사렛 예수 그리스도의 이름으로 이 사람이 건강하게 되어 너희 앞에 섰느니라(행 4:10).

베드로는 예수께서 건축자들의 버린 돌로서 집 모퉁이의 머릿돌이 되었다고 말했다(행 4:11). 그리고 오직 예수 그리스도만이 구원의 이름임을 선포했다.

> 다른 이로써는 구원을 받을 수 없나니 천하 사람 중에 구원을 받을 만한 다른 이름을 우리에게 주신 일이 없음이라 하였더라(행 4:12).

초대 교회 사도들과 성도들은 한마음으로 하나님께 소리 높여 기도했다(행 4:23-29). 그들의 기도는 "담대히 하나님의 말씀을 전하는 것"과 "손을 내밀어 병을 낫게 하시옵고 표적과 기사가 거룩한 종 예수의 이름으로 이루어지게 하옵소서"라는 기도였다(행 4:29-30). 그들의 기도가 끝나고 모인 곳이 진동하더니 무리가 다 성령이 충만하여 담대히 하나님의 말씀을 전했다(행 4:31). 대제사장들은 사도들을 옥에 가두었다(행 5:17). 감옥에 갇혔던 베드로는 공회 앞에서 담대히 나무에 달리신 예수 그리스도의 복음을 담대히 선포했다.

> [30]너희가 나무에 달아 죽인 예수를 우리 조상의 하나님이 살리시고

> ³¹이스라엘에게 회개함과 죄 사함을 주시려고 그를 오른손으로 높이
> 사 임금과 구주로 삼으셨느니라(행 5:30-31).

오순절 성령을 체험한 사도들은 십자가에서 부활하신 예수 그리스도를 전했고 예수님의 이름으로 병든 자를 치유하는 놀라운 기적을 행했다. 대제사장들은 사도들은 채찍질하며 예수님의 이름으로 말하는 것을 금했다(행 5:40). 그러나 사도들은 예수님의 이름을 위해 능욕 받는 일에 합당한 자로 여김을 기뻐하며 공회 앞을 떠나갔다(행 5:41). 그들은 날마다 성전에 있든지 집에 있든지 예수는 그리스도라고 가르치기와 전도하기를 그치지 않았다(행 5:42).

(2) 성령과 함께 하는 복음의 역사

예수님은 말씀하셨다.

> ⁴예루살렘을 떠나지 말고 내게서 들은 바 아버지께서 약속하신 것을 기다리라 ⁵… 몇 날이 못되어 성령으로 세례를 받으리라 ⁸… 오직 성령이 너희에게 임하시면 너희가 권능을 받고 예루살렘과 온 유대와 사마리아와 땅끝까지 이르러 내 증인이 되리라(행 1:4-5, 8).

예수님의 약속대로 오순절 날에 성령이 임하므로 집에 있던 모든 사람들이 성령 충만함을 받았다(행 2:1-4). 오순절의 성령 충만을 받은 베드로는 담대히 예수 그리스도를 전했다(행 2:14-36). 스데반은 은혜와 권능이 충만하여 큰 이적과 표적을 사람들에게 행하였다(행 6:8). 많은 사람들이 회당에서 스데반과 논쟁했지만 그는 지혜와 성령으로 말했기 때문에 그들이 감당하지 못했다(행 6:10). 스데반은 구약을 시작으로 예수께서 메시아/

그리스도이심으로 선포했다.

> 너희 조상들이 선지자들 중의 누구를 박해하지 아니하였느냐 의인이 오시리라 예고한 자들을 그들이 죽였고 이제 너희는 그 의인을 잡아 준 자요 살인한 자가 되었다(행 7:2-51, 52).

스데반은 성령 충만하여 하늘을 우러러 볼 때 하나님의 영광과 예수께서 하나님 우편에 서신 것을 보았다(행 7:55). 그리고 복음을 듣던 자들에게 말했다.

> 보라 하늘이 열리고 인자가 하나님 우편에 서신 것을 보노라(행 7:56).

그들은 큰 소리를 지르며 귀를 막고 일제히 스데반에게 달려들어 성 밖으로 내치고 돌로 던졌다(행 7:57-58). 스데반은 돌을 맞으면서 하나님께 부르짖어 기도했다.

> 주 예수여 내 영혼을 받으시옵소서(행 7:59).

스데반은 무릎을 꿇고 크게 "주여 이 죄를 그들에게 돌리지 마옵소서"라고 부르며 잤다(행 7:60). 스데반의 죽음은 잠으로 표현했다. 육체적으로 죽었으나 하나님 나라에서 다시 살아난 것이다. 하나님의 품에 안식을 누리게 된 것이다.

스데반의 죽음과 함께 예루살렘교회에 큰 핍박에 있어 성도들은 흩어졌지만 그들은 두루 다니며 복음을 전했다(행 8:4). 예수님이 말씀하신 사도행전 1:8이 성취된 것이다. 빌립은 사마리아 성에 가서 그리스도를 전했다(행 8:5-13). 그리고 이사야서를 읽고 있던 에디오피아 내시에게 예수 그리스도를 전하고 세례를 주었다(행 8:26-39). 베드로와 요한도 사마리아인의 여러 마을에서 복음을 전했다(행 8:25). 베드로는 가이사랴의 백부장 고넬료에게 예수 그리스도를 전했다(행 10:1-43).

> ³⁹우리는 유대인의 땅과 예루살렘에서 그가 행하신 모든 일에 증인이라 그를 그들이 나무에 달아 죽였으나 ⁴⁰하나님이 사흘 만에 다시 살리사 나타내시되 ⁴¹모든 백성에게 하신 것이 아니요 오직 미리 택하신 증인 곧 죽은 자 가운데서 부활하신 후 그를 모시고 음식을 먹은 우리에게 하신 것이라(행 10:39-41).

베드로는 십자가에 죽으시고 부활하신 메시아 예수를 전했다.

(3) 사도 바울의 십자가의 신앙고백

사도 바울을 통해 예수 그리스도의 십자가는 신앙의 차원으로 더욱 높아진다. 바울은 십자가에 못 박혀 죽으시고 부활하신 나사렛 예수께서 '메시아/그리스도,' '주,' '하나님의 아들'이라는 신앙을 고백할 뿐만 아니라 그 신앙고백 속에 담겨 있는 사상들도 받아들였다.[18] 그래서 바울은 예수께서 '메시아/그리스도이다'라는 초기 기독교의 신앙고백을 고유 명사인 '메시아/그리스도'를 '예수'와 밀접하게 연결시켜 '메시아 예수' 곧 '그리스도 예수,' '예수 그리스도'라는 고유 명사를 만들어 사용했다. 바울은 '예수 그리스도'를 예수의 죽음과 부활, 그리고 구원의 사건을 설명하는 데 주

---

[18] 김세윤, 『바울복음의 기원』, 홍성희 역 (서울: 도서출판 엠마오, 1996), p. 171.

로 사용했다.[19] 바울의 고백은 크게 두 부분으로 나눌 수 있다.

첫째, 사도행전을 통한 바울의 회심과 이방선교와 메시지이다.

사도행전에서 바울의 이름으로 개명되기 전 사울은 스데반의 죽음을 바라보고 있었다(행 7:58). 사울은 교회를 잔멸하고 각 집에 들어가 남녀를 끌어다가 옥에 넘겼다(행 8:3). 그는 살기가 등등해 대제사장에게 가서 다메섹 여러 회당에 가져갈 공문을 청했다. 사울은 예수님의 말씀을 따르는 사람을 만나면 남녀를 불문하고 결박하여 예루살렘으로 끌고 오려는 계획이었다(행 9:1-2). 그는 다메섹 도상에서 부활하신 예수님을 만났다(행 9:3-6).

바울이 예수님을 만난 사건은 "변화 내지 회심, 선지자가 부름을 받을 때와 같은 부르심(a prophetic call), 그리고 하나님의 사명 수여(a commission)로서의 체험"[20]이었다. 교회를 핍박하던 사울은 부활하신 예수님을 만난 뒤 각 회당에서 예수가 하나님의 아들(행 9:20)이며 그리스도/메시아라고 전파했다(행 9:22). 바울은 회심한 뒤 이방인의 사도가 되었다(롬 11:13; 갈 2:8). 그는 이방인 선교가 그의 최대 목표였다. 바울은 하나님이 자신을 그리스도를 믿게 된 목적이 이방인 선교였으며(갈 1:15-16), 하나님은 자신이 태어나기 전에 이방인에게 복음을 전하도록 택한 사람으로 묘사했다.

바울은 이방인에게 복음을 전해 회심시키는 것을 율법을 따르는 개종자로 만드는 것이 아닌 복음에 순종하도록 하는 것이었다. 그래서 이방인들이 그리스도인이 된다는 것은 하나님의 구원에 동참하는 것이며, 교회의 지체가 되는 것이며, 믿음으로 아브라함의 자손이 되어 아브라함과 함

---

19 김세윤, 『바울복음의 기원』, pp. 172-173.
20 마이클 고먼, 『삶으로 담아내는 십자가: 십자가 신학과 영성』, 박규태 역 (서울: 새물결플러스, 2010), p. 50

께 복을 받는 것이다(갈 2:1-5, 11-18; 롬 4:13-17).[21]

바나바와 사울은 안디옥에서 1년간 큰 무리를 가르쳤을 때 제자들이 비로소 '그리스도인'이라 불리게 되었다(행 11:26). 이후 바울은 전도여행을 통해 복음을 전파했다. 바울 복음의 핵심은 예수님의 부활과 그가 하나님의 아들, 주, 메시아/그리스도라는 것이다(행 14-28장).

둘째, 바울은 서신서에서 더욱 강력하게 십자가의 복음을 전했다.

> [2]이 복음은 하나님이 선지자들을 통하여 그의 아들에 관하여 성경에 미리 약속하신 것이라 [3]그의 아들에 관하여 말하면 육신으로는 다윗의 혈통에서 나셨고 [4]성결의 영으로는 죽은 자들 가운데서 부활하사 능력으로 하나님의 아들로 선포되셨으니 곧 우리 주 예수 그리스도시니라(롬 1:2-4).

예수님은 다윗의 혈통으로 약속된 메시아이며, 죽은 자 가운데서 부활하고 하나님의 아들로 선포된 주 예수 그리스도/메시아이다. 이 복음은 모든 믿는 자에게 구원을 주시는 하나님의 능력이 된다(롬 1:16). 율법의 행위로는 의롭게 될 자 없지만 예수 그리스도를 믿음으로 죄에서 속량을 받아 의롭게 됐다(롬 3:9-26). 율법의 행위로 의로워지면 그리스도께서 헛되이 죽음이다(갈 2:21). 예수님은 유대인이나 이방인이나 차별하지 않는다(롬 3:29-31). 바울은 선포했다.

> 우리가 아직 연약할 때에 기약대로 그리스도께서 경건하지 않은 자를 위하여 죽으셨도다(롬 5:6).

---

21 래리 허타도, 『주 예수 그리스도』, 박규태 역 (서울: 새물결플러스, 2011), pp. 185-190.

바울은 예수님의 십자가의 죽으심과 죄 용서, 예수님의 부활과 믿는 자들의 부활의 관계를 설명했다. 예수님의 십자가의 죽음은 하나님께서 우리에게 대한 사랑의 확증이다(롬 5:8). 그의 죽음으로 하나님과 원수 되었던 우리를 하나님과 화목하게 했다(롬 5:10-11). 하나님은 예수님의 피로 화목제물을 삼으셨다(롬 3:25). 십자가로 하나님과 화평하게 하셨다(엡 2:13-16). 한 사람 아담의 범죄로 모든 사람에게 사망이 왕 노릇했으며 아담은 오실 자의 모형이었다(롬 5:12-14).

그러나 예수 그리스도를 통해 생명 안에서 왕 노릇하며(롬 5:17), 그리스도 예수와 합하여 세례를 받으면 그의 죽으심과 합하여 세례를 받은 것이다(롬 6:3). 예수님의 죽으심과 합하여 세례를 받음으로 그와 함께 장사되었기 때문에 아버지의 영광으로 그리스도를 죽은 자 가운데서 살리심과 같이 우리가 새 생명 가운데서 행하게 된다(롬 6:4).

죄인이었던 옛 사람이 예수님과 함께 십자가에 못 박힌 것은 죄의 몸이 죽어 다시는 우리가 죄에게 종 노릇하지 않는다. 왜냐하면 죽은 자가 죄에서 벗어나 의롭다 하심을 얻었기 때문이다(롬 6:6-7). 그리스도께서 죽은 자 가운데서 부활하셔서 사망이 믿는 자들을 주장하지 못하기 때문에 그리스도와 함께 죽으면 그와 함께 다시 살아난다(롬 6:8-9; 14:8-9). 예수님은 죄에 대해 단번에 죽으셨고 예수님의 살아나심은 하나님께 대한 살아나심이 되었다(롬 6:10). 하나님은 예수 그리스도를 죽은 자 가운데서 살리셨다(갈 1:1). 우리는 십자가에서 흘린 예수님의 피로 인해 속량 곧 죄 사함을 받았다(엡 1:7). 죄와 허물로 죽었던 우리들을 그리스도와 함께 살리셨다(엡 2:1, 5).

예수 그리스도를 믿으면 성령이 임하고 하나님을 아빠 아버지라 부르며 성령은 우리가 하나님의 자녀인 것을 증언하신다(롬 8:14-16). 그래서 그리스도를 위해 고난도 함께 받을 수 있다(롬 8:17-18). 이제 그리스도의 사랑에서 우리를 끊을 수 없다(롬 8:35, 39). 우리는 그리스도와 그 부활의 권능과 그 고난에 참여함을 알고자 예수님의 죽으심을 본받아야 한다(빌 3:10).

바울은 십자가에 죽으신 예수님과 교회의 관계도 설명한다. 교회는 예수 그리스도의 이름으로 부름을 받은 자들이다(고전 1:1-2). 예수 그리스도의 십자가로 인해 우리는 하나님의 성전이 되었고 성령이 거하시는 처소가 되었다(고전 3:16). 하나님의 나라를 유업으로 받은 그리스도인들은 거룩함으로 나아가야 한다(고전 6:9-11).

바울은 십자가는 그리스도인의 능력임을 선포한다. 십자가의 도는 멸망하는 자들에게는 미련한 것이지만 구원을 받은 자들에게는 하나님의 능력이다(고전 1:18). 십자가의 도는 기독교 공동체 생활을 형성해야 할 뿐만 아니라 복음 전도 방법도 결정한다. 십자가의 도는 개인의 구원뿐 아니라 사회 변혁이다.[22] 유대인들은 하나님의 지혜가 없었기 때문에 영광의 주를 십자가에 못 박았다(고전 2:8). 그리스도는 하나님의 형상이며(고후 4:4), 우리는 오직 그리스도 예수의 주되심과 그를 위하여 우리가 종 된 것을 전파한다(고후 3:5). 우리가 항상 예수님의 죽음을 몸에 짊어지는 것은 예수님의 생명이 우리 몸에 나타나도록 하기 위함이다(고후 4:10). 그러므로 우리는 그리스도와 함께 십자가에 못 박혔기 때문에 내가 사는 것이 아니라 내 안에 그리스도께서 사신 것이다(갈 2:20).

우리는 그리스도 예수의 마음을 품어야 한다(빌 2:5). 그는 근본 하나님의 본체셨지만 하나님과 동등 됨을 취하지 않고 자기를 비워 종의 형체를 가진 사람으로 이 땅에 오셨다(빌 2:6-7). 그리고 자신을 낮추시고 십자가에 죽기까지 복종하셨다(빌 2:8). 그 때문에 하나님은 예수님을 지극히 높

22　데렉 티드볼, 『십자가』, 정옥배 역 (서울: IVP, 2003), pp. 304-306.

여 모든 이름 위에 뛰어난 이름을 주셔서 하늘에 있는 자들과 땅에 있는 자들과 땅 아래 있는 자들로 모든 무릎을 예수님의 이름에 꿇게 하셨다(빌 2:9-10). 그리고 모든 입으로 예수 그리스도를 주라 시인하여 하나님 아버지께 영광을 돌리게 하셨다(빌 2:11).

6) 기독교의 상징으로서의 십자가

초대 교회에서는 십계명의 제2계명 때문에 신성을 담은 형상을 새기지 않았다.

> 너를 위하여 새긴 우상을 만들지 말고 또 위로 하늘에 있는 것이나 아래로 땅에 있는 것이나 땅 아래 물 속에 있는 것의 어떤 형상도 만들지 말며(출 20:4).

초대 교회에서는 십자가도 기독교 상징이 아니었다. 초기 그리스도인들은 심한 박해를 받았다. 그래서 그리스도인이라는 것을 드러내는 것을 매우 신중히 할 수 밖에 없었다. 초기에 십자가가 기독교의 보편적 상징으로 회피된 이유는 예수 그리스도와 직접 관련이 되었을 뿐 아니라 일반적으로 죄인의 처형과 관련되었기 때문이다. 그래서 약 A.D. 220년 경에 로마의 카타콤의 벽과 천장에 나타난 최초의 그리스도인의 주된 표시들은 닻(anchor), 공작, 비둘기, 운동선수의 승리의 월계관, 물고기 등 성격이 모호한 그림이었다. 물고기는 그리스어로 익투스(소문자 ιχθύς, 대문자 ΙΧΘΥΣ)인데 이 뜻은 "예수 그리스도 하나님의 아들, 구세주"(Ιησους Χριστος Θεου Υιος Σωτηρ, 예수스 크리스토스 데우 휘오스 소테르)의 머리글자를 따옴으로써 기독교 신앙의 상징으로 사용되었다.[23] 이후 기독교의 상징적 메시지들은 다양한 성경 이야기의 그림으로 표현되었다.

콥틱 기독교인들은 고리 십자가(우)를 받아들여 그것을 영혼, 다시 태어남, 영원한 생명의 상징으로 사용했다. X형 십자가는 예수님의 제자 안드레가 X형틀에 순교한 것을 기념하여 일명 '안드레 십자가'로 불렸다. T형 십자가는 그리스식 십자가 유형에 속하며 예언, 예수님의 재림 등을 상징한다.[24]

콘스탄틴(Constantine) 황제에 의해 기독교 상징은 키-로(X-P) 모노그람으로 유명해 졌다. 처음 콘스탄틴 황제는 기독교를 박해했으나 A.D. 312년 10월 28일 밀비안(Milvian) 다리에서 막센티우스(Maxentius)를 물리치는 계기로 그리스도인이 되었다. 이 결전에 대해 콘스탄틴은 생의 말년에 가이샤라의 유세비우스(Eusebius of Caesarea)에게 밝혔다.[25] 콘스탄틴은 "이교적 마술을 의지"하고 있던 막센티우스를 로마의 권좌에서 축출하기 위해 이탈리아로 향했다. 콘스탄틴은 '최고의 하나님'(Supreme God)께 도움을 간구했다. 콘스탄틴은 정오 이글거리는 태양에서 승리의 십자가 표시를 보았다.

이 표지로 정복하라(*In hoc signo vinces*).[26]

그날 밤, 콘스탄틴은 예수님이 꿈속에 나타나 그 표지를 사용할 것을 명령하여 그리스어 크리스토스(그리스도)에서 첫 번째와 두 번째 알파벳을

---

23 존 스토트, 『그리스도의 십자가』, p. 29.
24 김희성, "신약성서의 십자가 이해," p. 71.
25 핸리 채드윅, 『초대 교회사』, 박종숙 역 (서울: 크리스챤다이제스트, 1999), p. 148.
26 박용규, 『초대 교회사』 (서울: 총신대학교출판부, 1998), p. 106.

따라서 키-로(Chi-Rho, X-P)를 사용했다. 유세비우스는 콘스탄틴이 자신의 군대의 창과 방패에 키-로 모노그램을 새기고 이 표지를 깃발에 새기고 막센티우스와 싸워 이겼다고 기록했다. 그리스도인들은 유일하신 하나님께서 콘스탄틴에게 승리를 안겨 주었다고 믿었다. 하지만 로마 원로원은 그의 승리를 기념하기 위해 개선문을 세웠고 콘스탄틴은 "신의 격려에 힘입어" 승리를 거뒀다는 비명을 적었는데 여기서 언급한 신은 정복되지 않은 태양신이었다.[27] 이후 콘스탄틴은 A.D. 313년 루키니우스(Lucinius)와 밀란에서 협약하고 기독교의 국교로 공식 선포했다.

    4세기 중엽에 이르러서 기독교 신앙의 고유한 대상인 예수 그리스도의 십자가 처형과 부활에 대한 기독교 묘사의 첫 번째 시도가 '상징'에서 이뤄졌다. 약 A.D. 350년경 갑자기 십자가가 기독교 예술의 주제로 등장하면서 십자가에 대한 공경이 일어났다. 그 이유는 콘스탄틴의 기독교 공인 때문이며, 그의 어머니 헬레나가 A.D. 320-345년 사이 골고다에서 예수님이 두 명의 도둑과 함께 못 박혔던 3개의 십자가가 발견되고 이를 안치할 성당과 부활 성당이 예루살렘에 건축되었는데 A.D. 335년 9월 14일 이 두 성당의 헌당 축일로 제정되었다. 십자가는 기독교의 공경의 대상으로 인정되기 시작했고 고레고리오 대교황 때 로마교회에 전해졌다. 그 뒤 A.D. 692년 트룰라눔(Trullanum)교회 회의를 통해 십자가 공경은 강화되었고 787년 제2차 니케아 공의회에서 공식적으로 인정되었다.[28]

    예수님의 십자가 그림에 자주 등장하는 죄패 INRI의 의미는 '나사렛 예수 유대인의 왕'(Iesus Nazarenus Rex Iudaeorum)의 라틴어 첫 알파벳이다. 현재 가톨릭에서 많이 사용하는 예수님상이 새겨진 십자가(crucifix)는 5세

---

27 핸리 채드윅, 『초대 교회사』, pp. 147-148.
28 핸리 채드윅, 『초대 교회사』, p. 71.

기 이후부터 본격적으로 나타났고 6세기 이후 중세 교회에서는 보편화되었다.

중세 교회 중반기 이후 9세기에는 그리스도의 신성을 담고 있는 십자가를 성물인 성만찬의 요소들(sacramentals)로 생각했다. 중세 후기에는 여러 미신적, 주술적인 의미들이 십자가에 더해졌다. 더욱이 중세 교회의 공로사상과 결부되어 십자가에 입을 맞추는 행위가 구원을 위한 점수를 쌓는 행위로 여겨졌다.

16세기 종교개혁자들은 십자가에 대해 다양한 견해를 가졌다. 루터는 십자가에 달린 예수님상을 미신적으로 생각하거나 예배 때 사용하는 것을 금했으나 교회 벽이나 집안의 장식은 허용했다. 그러나 츠빙글리와 칼빈은 성상(icon)이나 성상 십자가의 철폐를 주장했다. 칼빈의 성상 십자가의 철폐 사상은 영국 교회를 통해 청교도들에게 전해졌고 이후 미국 교회와 그들에 의해 복음이 전해진 우리나라 교회는 십자가를 달지 않거나 단순한 십자가만을 예배용으로 사용하게 되었다.

제6장

예수의 부활

1. 왜, 예수님의 부활이 중요할까?

1) 영원히 살고자 하는 꿈

창조 이래 모든 인간은 죽었다. 죽음은 인간이 가장 극복하고 싶은 난제(難題)이다. 인간은 역사를 초월해 영원한 세계를 동경하고, 유토피아(Utopia)를 꿈꿔왔다. 진시황제(秦始皇帝)는 불로초를 찾고자 했고 도교는 신선(神仙)의 세계를 추구했다. 현대 의학(醫學)의 중요한 연구도 '인간의 수명을 어떻게 늘릴 것인가'에 있다. 그러나 불변의 진리는 모든 인간은 죽는다는 것이다. 죽음은 인간에게 가장 큰 두려움이며, 무서운 형벌이다.

2) 부활의 약속

인간은 영원히 죽음을 정복할 수 없는가?

부활의 소망은 없는 것인가?

부활은 죽음과 관련된다. 죽음이 없다면 부활은 의미가 없다. 죽음은 죄의 결과이다(롬 6:23). 그렇기 때문에 죄 문제를 해결하면 죽음의 문제도 해결되는 것이다. 그러나 역사 이래 오직 하나님의 아들 예수 그리스도 외에 그 누구도 죄와 죽음의 문제를 해결하지 못했다. 오직 예수님만이 구원이며 부활이다. 예수님은 부활에 대해 확고한 믿음을 가지셨다. 부활이 없다고 믿고 있는 사두개인들이 칠형제와 아내의 예를 들어 예수님을 시험했다(마 22:23-28). 예수님은 그들에게 말씀하셨다.

> 너희가 성경도, 하나님의 능력도 알지 못하는 고로 오해하였도다 부활 때에는 장가도 아니 가고 시집도 아니 가고 하늘에 있는 천사들과 같으니라 죽은 자의 부활을 논할진대 하나님이 너희에게 말씀하신 바 나는 아브라함의 하나님이요 이삭의 하나님이요 야곱의 하나님이로라 하신 것을 읽어 보지 못하였느냐 하나님은 죽은 자의 하나님이 아니요 살아 있는 자의 하나님이시니라(마 22:29-32).

예수님은 부활을 확신하셨다.

> [28]이를 놀랍게 여기지 말라 무덤 속에 있는 자가 다 그의 음성을 들을 때가 오나니 [29]선한 일을 행한 자는 생명의 부활로, 악한 일을 행한 자는 심판의 부활로 나오리라(요 5:28-29).

3) 죽은 자를 살리신 예수님

예수님은 부활을 약속하셨다.

그렇다면, 부활을 어떻게 확인할 수 있을까?
예수님은 죽은 자를 살리심으로 부활의 약속이 사실임을 증거 하셨다.
첫째, 회당장의 죽은 딸을 살리신 사건이다(막 5:22-43).
회당장 야이로는 예수께 나와 죽게 된 어린 딸을 살려줄 것을 간청했다(막 5:22-23). 그러나 얼마 뒤 딸의 죽음 소식을 듣게 되었다(막 5:35). 예수님은 회당장에게 말씀하셨다.

두려워하지 말고 믿기만 하라(막 5:36).

회당장의 집으로 가서서 떠드는 것과 사람들이 울며 심히 통곡함을 보시고(막 5:38) 그들에게 말씀하셨다.

너희가 어찌하여 떠들며 우느냐 이 아이가 죽은 것이 아니라 잔다
(막 5:39).

예수님은 죽음을 "잠"으로 표현하셨다. 예수님은 비웃는 사람들 앞에서 어린 소녀의 손을 잡고 말씀하셨다.

달리다굼 하시니 번역하면 곧 내가 네게 말하노니 소녀야 일어나라
(막 5:41).

예수님의 말씀이 끝나자 죽었던 야이로의 딸이 살아나 일어섰다(막 5:42).
둘째, 나인성 과부의 아들을 살리신 사건이다(눅 7:11-17).
가버나움에서 병들어 죽게 된 하인을 살리시고(눅 7:1-10), 나인이라 불

리는 성으로 가셨다. 성문에 가까이 이를 때 사람들이 죽은 자를 메어 나왔는데 그는 과부의 독자였다(눅 7:12). 예수님은 과부를 불쌍히 여겨 울지 말라 하시며 관에 손을 대고 말씀하셨다. "청년아 내가 네게 말하노니 일어나라"(눅 7:13-14). 곧바로 죽은 과부의 아들이 살아났다(눅 7:15). 모든 사람이 두려워하며 하나님께 영광을 돌렸다. "큰 선지자가 우리 가운데 일어나셨다. 하나님께서 자기 백성을 돌보셨다"(눅 7:16).

셋째, 죽은 나사로를 살리신 사건이다(요 11:1-44).

예수님은 베다니에 사는 나사로가 병들었다는 소식을 듣고 나사로에게 갔다(요 11:1-4). 그러나 예수께서 베다니에 도착했을 때 나사로가 장사되고 무덤에 있은 지 이미 나흘이 되었다(요 11:17).

마르다는 예수님께 말씀드렸다.

> 주께서 여기 계셨더라면 내 오라버니가 죽지 아니하였겠나이다 그러나 나는 이제라도 주께서 무엇이든지 하나님께 구하시는 것을 하나님이 주실 줄을 아나이다(요 11:21-22).

예수님은 마르다에게 말씀하셨다.

> 네 오라비가 다시 살아나리라(요 11:23).

마르다는 대답했다.

> 마지막 날 부활 때에는 다시 살아날 줄을 내가 아나이다(요 11:24).

예수님은 마르다에게 물으셨다.

> ²⁵나는 부활이요 생명이니 나를 믿는 자는 죽어도 살겠고 ²⁶무릇 살
> 아서 나를 믿는 자는 영원히 죽지 아니하리니 이것을 네가 믿느냐
> (요 11:25-26).

마르다는 믿음으로 고백했다.

> 주여 그러하외다 주는 그리스도시오 세상에 오시는 하나님의 아들이
> 신 줄 내가 믿나이다(요 11:27).

놀랍게도 마르다는 예수께서 그리스도/메시아와 하나님의 아들이심을 믿노라고 고백했다. 마르다와 대화하실 때 예수님은 아직 동네에 들어가지 않으셨다. 동생 마리아가 예수께 나와 말했다.

> 주께서 여기 계셨더라면 내 오라버니가 죽지 아니하였겠나이다
> (요 11:32).

예수님은 마리아가 우는 것과 함께 온 유대인들이 우는 것을 보시고 심령에 비통히 여기시고 불쌍히 여기셨다(요 11:33). 예수님은 굴 무덤으로 가서 무덤을 막고 있는 돌을 옮겨 놓으라 명하셨다(요 11:38-39). 마르다는 대답했다.

> 주여 죽은 지가 나흘이 되었으매 벌써 냄새가 나나이다(요 11:39).

예수님은 말씀하셨다.

> 내 말이 네가 믿으면 하나님의 영광을 보리라 하지 아니하였느냐
> (요 11:40).

돌을 옮겨 놓을 때 예수님은 하나님께 기도드렸다.

> [41]… 아버지여 내 말을 들으신 것을 감사하나이다 [42]항상 내 말을 들으시는 줄을 내가 알았나이다 그러나 이 말씀 하옵는 것은 둘러선 무리를 위함이니 곧 아버지께서 나를 보내신 것을 그들로 믿게 하려 함이니이다(요 11:41-42).

예수님은 큰 소리로 부르셨다.

> 나사로야 나오라(요 11:43).

죽었던 나사로가 수건으로 얼굴을 감고 수족은 베로 동인 채로 무덤에서 걸어 나왔다(요 11:44). 예수님은 마르다에게 하신 부활의 말씀을 곧바로 실행하셨다. 부활의 능력을 가지신 예수님이다.

4) 예수님의 죽음

예수님은 분명히 십자가에서 죽으셨다. 그 이유는 다음과 같다.
첫째, 빌라도가 예수님의 죽음을 확인했다.
아리마대의 부자, 존경받는 산헤드린공회원이었던 요셉은 빌라도에게 예수님의 시체를 내어줄 것을 요청했다(마 27:57-58; 막 15:43; 눅 23:51-52). 빌라도는 예수께서 '벌써 죽었을까'하고 이상히 여겨 백부장에게 물었다.

> 죽은 지가 오래냐?(막 15:44).

빌라도는 예수님의 죽음을 확인하고 요셉에게 주라 명령했다.

둘째, 빌라도의 군병들이 예수님의 죽음을 확인했다.

유월절의 안식일은 유대인들에게는 큰 날이었다. 신명기 21:22-23의 율법에 의거해서 유대인들은 나무에 달린 시체를 해가 지기 전에 내려야 했다. 그래서 유대인들은 십자가에 달린 예수님과 강도들의 시체를 치워 달라고 요청했다(요 19:31). 두 강도는 아직 살아 있었기 때문에 다리를 꺾어 죽였지만 예수님은 이미 죽으신 것을 보고 다리를 꺾지 않고 창으로 옆구리를 찔러 피와 물이 나오는 것을 보고 죽음을 확인했다(요 19:32-34).

셋째, 요셉과 니고데모는 예수님의 죽음을 확인하고 장사지냈다.

예수님을 밤에 찾아왔던 니고데모는 몰약과 침향 섞은 것을 백 리트라($λίτρα$)쯤 가져와 장례에 동참했다(요 19:39). 요셉은 예수님의 시체를 가져다가 유대인의 장례법대로 향품과 함께 깨끗한 세마포로 쌌다. 그리고 자신의 장례를 위해 바위를 파서 만든 무덤에 장사지내고 돌로 입구를 막았다(마 27:59-60; 막 15: 46; 눅 23:53; 요 19:40-41).

넷째, 대제사장과 바리새인들의 요청 때문에 빌라도는 군병들에게 예수님의 무덤을 지키도록 했다.

> [63]주여 저 속이던 자가 살아 있을 때에 말하되 내가 사흘 후에 다시 살아나리라 한 것을 우리가 기억하노니 [64]그러므로 명령하여 그 무덤을 사흘까지 굳게 지키게 하소서 그의 제자들이 와서 시체를 도둑질하여 가고 백성에게 말하되 그가 죽은 자 가운데서 살아났다 하면 후의 속임이 전보다 더 클까 하나이다(마 27:63-64).

빌라도는 그들의 요청을 받아들였다. 빌라도는 그들에게 "너희에게 경비병이 있으니 가서 힘대로 굳게 지키라"고 말했다(마 27:65). 대제사장과 바리새인들은 경비병과 함께 예수님의 무덤에 가서 무덤을 막은 돌에 인봉하고 무덤을 굳게 지켰다(마 27:66). 이처럼 복음서는 적어도 네 가지의 기록을 통해 예수님의 죽음이 역사적 사건이었음을 증거 한다.

5) 예수님의 부활 증거

(1) 세 여인에게 천사의 증언

예수님은 나무 십자가에서 죽으시고 3일 동안 돌무덤 속에 싸늘한 시체(屍體)로 있었다. 군인들은 제자들이 예수님의 시신을 가져가지 못하도록 무덤을 지켰다. 죽은 지 3일째 되는 새벽, 안식 후 첫날이 되려는 새벽에 막달라 마리아와 야고보의 어머니 마리아와 살로메가 무덤을 보려고 갔다(마 28:1; 막 16:1; 요 20:1). 여인들이 도착하기 전에 큰 지진이 났고 주의 천사가 하늘로부터 내려와 무덤 입구를 막은 돌을 굴려 내고 그 위에 앉았다. 지키던 자들이 천사를 두려워 떨며 죽은 사람같이 되었다(마 28:2-4). 여인들이 무덤에 도착해 서로 "누가 우리를 위하여 무덤 문에서 돌을 굴려 주리요"라고 말했다(막 16:3). 여인들이 무덤을 보았을 때 무덤을 막은 큰 돌문이 벌써 굴려져 있었다(막 16:4). 여인들은 무덤 안에 들어가 보았지만 예수님의 시신이 없어 근심하고 있었다(눅 24:3-4). 천사들은 여인들에게 말했다.

> [5]... 너희는 무서워하지 말라 십자가에 못 박히신 예수를 너희가 찾는 줄을 내가 아노라 [6]그가 여기 계시지 않고 그가 말씀 하시던 대로 살아나셨느니라 와서 그가 누우셨던 곳을 보라(마 28:5-6).

놀라지 말라 너희가 십자가에 못 박히신 나사렛 예수를 찾는구나 그가 살아나셨고 여기 계시지 아니하니라 보라 그를 두었던 곳이니라 (막 16:6).

⁵... 어찌하여 살아 있는 자를 죽은 자 가운데서 찾느냐 ⁶여기 계시지 않고 살아나셨느니라 갈릴리에 계실 때에 너희에게 어떻게 말씀하셨는지를 기억하라 이르시기를 인자가 죄인의 손에 넘겨져 십자가에 못 박히고 제삼일에 다시 살아나야 하리라 하셨느니라(눅 24:5-7).

〈사진 33〉 헤롯 가문의 무덤[1]

---

[1] 예루살렘에 있는 헤롯 가문의 무덤은 A.D. 1세기의 전형적인 무덤의 형태를 보여준다. 돌을 파서 무덤을 만들고, 무덤을 가리는 원형 돌문으로 입구를 막았다. 아리마대 사람 요셉의 무덤도 동일한 형태의 무덤이었다. 예수님은 이 무덤에 장사되었고, 3일 후에 부활하실 때 돌문이 열렸다.

천사들은 빈 무덤에 찾아온 세 여인에게 예수께서 부활하셨다고 증언한다. 세 여인은 부활의 현장을 제일 처음 목격했다.

(2) 베드로와 요한의 빈 무덤 확인

빈 무덤을 목격한 여인들은 베드로와 예수께서 사랑하시던 제자(사도 요한)에게 달려가서 말했다.

> 사람들이 주님을 무덤에서 가져다가 어디 두었는지 우리가 알지 못하겠다(요 20:2).

베드로와 다른 제자 무덤을 향해 달려갔다. 요한은 베드로보다 더 빨리 달려가서 먼저 무덤에 도착해 무덤 속을 보았다. 그는 세마포 놓인 것을 보았지만 무덤 속으로 들어가지 않았다(요 20:3-5). 늦게 온 베드로는 무덤에 들어가 보았다. 그곳에는 세마포가 놓여 있었고 머리를 쌌던 수건은 세마포와 함께 놓이지 않고 다른 곳에 쌌던 대로 놓여 있었다(요 20:6-7). 그 뒤 무덤에 먼저 갔던 제자도 들어가 보고 믿었다(요 20:8). 요한은 "그들은 성경에 그가 죽은 자 가운데서 다시 살아나야 하리라 하신 말씀을 아직 알지 못하더라"고 기록한다(요 20:9). 빈 무덤을 보았던 두 제자는 예수께서 부활하셨는가 시신이 어디로 사라졌나를 묻거나 찾아볼 생각도 없이 자기들 집으로 돌아갔다(요 20:10).

(3) 부활하신 예수님을 만난 막달라 마리아

두 제자가 떠난 뒤 막달라 마리아는 무덤 밖에 서서 울면서 허리를 구부려 무덤 안을 들여다보았다(요 20:11). 무덤 속에는 흰 옷 입은 두 천사가 예수의 시체를 뉘었던 곳에 하나는 머리 방향에, 하나는 발 방향에 앉아 있었다(요 20:12).

천사들이 마리아에게 말했다.

> 여자여 어찌하여 우느냐?(요 20:13a)

마리아가 대답했다.

> 사람들이 내 주님을 옮겨다가 어디 두었는지 내가 알지 못함이니이다(요 20:13b).

이 말을 하고 뒤돌아보았을 때 예수께서 서 계신 것을 보았다. 그러나 마리아는 그가 예수님이심을 알지 못했다(요 20:14). 예수님은 마리아에게 물으셨다.

> 여자여 어찌하여 울며 누구를 찾느냐?(요 20:15a)

마리아는 예수께서 동산지기인 줄 알고 대답했다.

> 주여 당신이 옮겼거든 어디 두었는지 내게 이르소서 그리하면 내가 가져가리이다(요 20:15b).

예수께서 "마리아야"라고 부르셨을 때 마리아는 돌아보며 히브리어로 "랍오니(Rabboni, 선생님)여"라고 대답했다(요 20:16). 예수님은 마리아에게 대답하셨다.

> 나를 붙들지 말라 내가 아직 아버지께로 올라가지 아니하였노라 너는 내 형제들에게 가서 이르되 내가 내 아버지 곧 너희 아버지, 내 하나님 곧 너희 하나님께로 올라간다 하라(마 20:17).

막달라 마리아는 부활하신 예수님을 처음으로 만났다. 그녀는 예수님의 말씀을 전하기 위해 제자들에게 가서 "내가 주를 보았다"라고 하면서 예수님의 말씀을 전했다(요 20:18).

(4) 엠마오로 가던 두 제자

베드로와 요한은 예수님을 만나지 못하고 빈 무덤만 확인하고 되돌아갔다. 막달라 마리아 홀로 새벽에 부활하신 예수님을 만났다(요 20:11-18). 그날, 두 제자는 예루살렘에서 서쪽으로 약 11km 떨어진 엠마오로 내려가면서 서로 이야기하고 있었다(눅 24: 13-14). 그때 예수님이 그들과 동행했으나 그들은 눈이 가려져 예수님인지 알아보지 못했다(눅 24:15-16). 마가는 "예수께서 다른 모양으로 그들에게 나타나시니"라고 기록했다(막 16:12). 예수님은 "서로 주고받고 하는 이야기가 무엇이냐?" 물으셨다. 두 제자는 슬픈 빛을 하고서 잠시 걸음을 멈추었다(눅 24:17).

글로바가 예수께 대답했다.

> 당신이 예루살렘에 체류하면서도 요즘 거기서 된 일을 혼자만 알지 못하느냐?(눅 24:18).

예수님은 "무슨 일이냐?"고 물으셨다. 글로바는 예수께 예루살렘에 있었던 일을 자세히 설명했다.

> ¹⁹… 나사렛 예수의 일이니 그는 하나님과 모든 백성 앞에서 말과 일에 능하신 선지자이거늘 ²⁰우리 대제사장들과 관리들이 사형 판결에 넘겨 주어 십자가에 못 박았느니라 ²¹우리는 이 사람이 이스라엘을 속량할 자라고 바랐노라 이뿐 아니라 이 일이 일어난 지가 사흘째요 ²²또한 우리 중에 어떤 여자들이 우리로 놀라게 하였으니 이는 그들이 새벽에 무덤에 갔다가 ²³그의 시체는 보지 못하고 와서 그가 살아나셨다 하는 천사들의 나타남을 보았다 함이라 ²⁴또 우리와 함께 한 자 중에 두어 사람이 무덤에 가 과연 여자들이 말한 바와 같음을 보았으나 예수는 보지 못하였느니라(눅 24:19-24).

글로바의 말을 들은 예수님은 그들을 책망하셨다.

> ²⁵미련하고 선지자들이 말한 모든 것을 마음에 더디 믿는 자들이여 ²⁶그리스도가 이런 고난을 받고 자기의 영광에 들어가야 할 것이 아니냐(눅 24:25-26).

예수님은 두 제자에게 모세와 모든 선지자의 글로 시작해 자신에 관해 기록된 성경을 자세히 설명하셨다(눅 24:27). 두 제자가 가려던 마을에 가까이 왔을 때 예수님은 더 가지 않으셨다(눅 24:28). 제자들은 강권했다.

> 우리와 함께 유하사이다 때가 저물어가고 날이 이미 기울었나이다 (눅 24:29).

예수님은 그들과 함께 집에 들어가 떡을 가지고 축사하시고 떼어 제자들에게 주셨다(눅 24:30). 그때 두 제자의 눈이 밝아져 예수님인 줄 알게 되었으나 예수님은 사라지셨다(눅 24:31). 그들은 서로 말했다.

> 길에서 우리에게 말씀하시고 우리에게 성경을 풀어 주실 때에 우리 속에서 마음이 뜨겁지 아니하더냐(눅 24:32).

예수님은 부활의 새벽에 막달라 마리아에게 나타나시고 오후부터 저녁때까지 엠마오로 가는 두 제자에게 두 번째 나타나셔서 부활을 증거 하셨다.

(5) 집에서 제자들과의 만남

엠마오로 가던 두 제자가 부활하신 예수님을 만난 뒤 그들은 예루살렘으로 되돌아 왔다. 그곳에는 열한 제자와 여러 사람들이 함께 모여 있었다. 저녁에 모인 그들은 유대인들이 두려워 문을 굳게 닫고 있었다(요 20:20). 그들은 서로 "주께서 과연 살아나시고 시몬에게 보이셨다"고 말하고 있었다(눅 24:33-34). 엠마오로 가던 제자는 예수님을 만나 이야기한 내용들과 예수님이 떡을 떼심으로 자기들에게 알려주신 것을 모여 있는 제자들과 사람들에게 말했다(눅 24:35). 이 말을 할 때 문은 굳게 닫혀있었다. 예수님은 갑자기 그들 중에 나타나 말씀하셨다.

> 너희에게 평강이 있을지어다(눅 24:36; 요 20:19).

그들은 예수님을 영으로 생각해 놀라고 무서워했다(눅 24:37). 예수님은 그들에게 말씀하셨다.

> [38]… 어찌하여 두려워하며 어찌하여 마음에 의심이 일어나느냐 [39]내

> 손과 발을 보고 나인 줄 알라 또 나를 만져 보라 영은 살과 뼈가 없으
> 되 너희 보는 바와 같이 나는 있느니라(눅 24:38-39).

예수님은 제자들에게 손과 옆구리를 보여주셨다. 제자들은 주님을 보고 기뻐했지만(눅 24:40; 요 20:20) 아직도 두려워 믿지 못했다(눅 24:41). 예수님은 "여기 무슨 먹을 것이 있느냐?"라고 말씀하시고 생선 한 토막을 받아 잡수셨다(눅 24:42-43). 예수님은 집에 모여 있는 사람들에게 말씀하셨다.

> 너희에게 평강이 있을지어다 아버지께서 나를 보내신 것같이 나도
> 너희를 보내노라(요 20:21).

말씀을 마치시고 그들을 향해 숨을 내쉬며 말씀하셨다.

> 성령을 받으라 너희가 누구의 죄든지 사하면 사하여질 것이요 누구
> 의 죄든지 그대로 두면 그대로 있으리라(요 20:22).

예수님은 계속해 그들에게 말씀하셨다.

> 내가 너희와 함께 있을 때에 너희에게 말한 바 곧 모세의 율법과 선지
> 자의 글과 시편에 나를 가리켜 기록된 모든 것이 이루어져야 하리라
> 한 말이 이것이라(눅 24:44).

예수님은 그들의 마음을 열어 성경을 깨닫게 하셨고(눅 24:45) 그들에게 계속해서 말씀하셨다.

> ⁴⁶…이같이 그리스도가 고난을 받고 제삼일에 죽은 자 가운데서 살아날 것과 ⁴⁷또 그의 이름으로 죄 사함을 받게 하는 회개가 예루살렘에서 시작하여 모든 족속에게 전파될 것이 기록되었으니 ⁴⁸너희는 이 모든 일의 증인이라 ⁴⁹볼지어다 내가 내 아버지께서 약속하신 것을 너희에게 보내리니 너희는 위로부터 능력으로 입혀질 때까지 이 성에 머물라 하시니라(눅 24:46-49).

예루살렘의 한 집에 모였던 제자들과 여러 사람들은 부활하신 그날 부활하신 예수님을 보았다. 그들은 부활의 주님의 증인들이었다.

(6) 도마의 목격

예수께서 제자들이 모인 집에 찾아오셨을 때 디두모(Didymus)라 불리는 도마는 함께 있지 않았다(요 20:24). 예수님을 본 제자들이 도마에게 "우리가 주를 보았노라"라고 말했다. 도마는 대답했다.

> 내가 그의 손의 못 자국을 보며 내 손가락을 그 못 자국에 넣으며 내 손을 그 옆구리에 넣어 보지 않고는 믿지 아니하겠노라(요 20:25).

8일이 지난 뒤 제자들이 다시 집 안에 있을 때에 도마도 함께 있었다. 그들은 문들을 굳게 닫았다(요 20:26). 예수님은 문으로 들어오지 않았다. 부활하신 예수님은 분명 육체로 부활하셨지만 제자들 가운데 나타나시는 놀라운 능력을 보여주셨다. 예수님은 그들에게 "너희에게 평강이 있을지어다"라고 말씀하셨다(요 20:26). 예수님은 도마에게 말씀하셨다.

> 네 손가락을 이리 내밀어 내 손을 보고 네 손을 내밀어 내 옆구리

> 에 넣어 보라 그리하여 믿음 없는 자가 되지 말고 믿는 자가 되라 (요 20:27).

도마는 예수님께 믿음의 고백을 드렸다.

> 나의 주님이시요 나의 하나님이시니이다(요 20:28).

예수님은 도마에게 말씀하셨다.

> 너는 나를 본 고로 믿느냐 보지 못하고 믿는 자들은 복되도다 하시니라(요 20:29).

제자들과 함께 도마는 확실하게 부활하신 예수님을 목격했다. 요한은 이들이 모두 목격자로 '부활은 사실'임을 분명히 했다. 요한은 예수님은 제자들 앞에서 요한복음에 기록되지 아니한 다른 표적도 많이 행하셨다 (요 20:30). 요한은 복음서를 기록한 이유를 기록했다.

> 오직 이것을 기록함은 너희로 예수께서 하나님의 아들 그리스도를 믿게 하려 함이요 또 너희로 믿고 그 이름을 힘입어 생명을 얻게 하려 함이니라(요 20:31).

요한복음을 기록한 목적은 예수께서 하나님의 아들이며, 그리스도 곧 메시아이심을 믿게 하려는 것이다. 그리고 예수님의 이름을 힘입어 영원한 생명, 구원을 얻게 하려는 것이다.

(7) 디베랴 바닷가의 제자들

도마가 예수님을 만난 뒤 제자들은 디베랴 호수로 되돌아갔다. 막달라 마리아와 엠마오의 두 제자, 제자들 모두 부활한 예수님을 만났다. 천사는 여인들에게 말했다.

> 그가 죽은 자 가운데서 살아나셨고 너희보다 먼저 갈릴리로 가시나니 거기서 너희가 뵈오리라 하라(마 28:7).

여인들이 무서움과 두려움을 가지고 제자들에게 달려갈 때 예수께서 그들에게 말씀하셨다(마 28:9).

> 무서워하지 말라 가서 내 형제들에게 갈릴리로 가라 하라 거기서 나를 보리라(마 28:10).

제자들은 부활하신 예수님을 예루살렘에서 만났다. 그 후 제자들은 고향 디베랴 곧 갈릴리로 가서 고기를 잡았다. 베드로, 도마, 나다나엘과 세베대의 아들들과 다른 제자 둘이 함께 있었다(요 21:2). 베드로는 "나는 물고기 잡으러 가노라" 하고 말하자 그들도 "우리도 함께 가겠다"고 했다. 그들은 배를 타고 바다로 나갔으나 밤새도록 아무 것도 잡지 못했다(요 21:3). 날이 새어갈 때 예수께서 그들에게 찾아 오셔서 바닷가에 서 계셨다. 제자들은 그가 예수님이신 것을 알지 못했다(요 21:4). 예수님은 제자들과 대화하셨다. 예수님은 제자들에게 물었다.

> 얘들아 너희에게 고기가 있느냐?(요 21:5a)

제자들은 대답했다.

    없나이다(요 21:5b).

예수님은 제자들에게 말씀하셨다.

    그물을 배 오른편에 던지라 그리하면 잡으리라(요 21:5-6).

제자들은 예수님의 말씀대로 그물을 던졌다. 놀라운 일이 벌어졌다. 밤새도록 물고기를 잡지 못했던 제자들의 그물은 들어 올릴 수 없을 만큼 많은 물고기가 잡혔다(요 21:6). 요한은 베드로에게 말했다.

    주님이시라(요 21:7).

베드로는 벗고 있다가 주님이라 하는 말을 듣고 겉옷을 두른 후에 바다로 뛰어 내렸다(요 21:7). 다른 제자들은 육지에서 한 오십 칸쯤(약 91m) 떨어져 있었다.
    그들은 작은 배를 타고 물고기 든 그물을 끌고 와서 육지에 올라왔다. 해변에는 숯불 위에 생선이 놓였고 떡도 있었다(요 21:8-9). 예수님은 제자들에게 말씀하셨다.

    지금 잡은 생선을 좀 가져오라(요 21:10).

제6장 예수의 부활 261

〈사진 34〉 베드로 수위권교회와 갈릴리

베드로는 호수에서 올라와 그물을 끌어 올렸다. 잡힌 물고기는 153마리였다. 물고기가 많이 잡혔지만 그물은 찢어지지 않았다(요 21:11). 예수님은 제자들에게 "와서 조반을 먹으라" 하고 말씀하셨다. 제자들이 주님이신 줄 알고 있었기 때문에 "당신이 누구냐"라고 감히 묻는 자가 없었다(요 21:12). 예수님은 떡과 생선을 가져다가 제자들에게 주셨다(요 21:13). 이것은 예수께서 죽은 자 가운데서 살아나신 후에 세 번째로 제자들에게 나타나신 일이었다(요 21:14).

제7장

제사와 예수

1, 왜, 제사는 중요할까?

1) 제사의 기원

제사는 인류 역사에서 인간이 하나님(또는 神)의 존재를 찾는 매개체였다. 제사는 하나님과 교통하고 말씀을 수여 받고 복을 받으며, 죄의 고백과 예배로서의 제의였다. 제사는 특정한 장소, 제물, 제사 당사자, 매개자(제사장), 제사의례가 필요했다. 제사는 인류 역사와 함께 시작했다. 가인과 아벨은 인류 최초로 여호와 하나님께 제물을 드렸다(창 4:3-5). 그리고 인류의 새로운 시작점이 되었던 노아도 제단을 쌓고 하나님께 번제를 드렸다(창 8:20). 그렇기 때문에 제사는 인류 역사 속에서 가장 오래된 하나님과 인간의 만남의 도구였다. 모든 제사는 신을 찾는 도구였음으로 비록, 인류가 여호와 하나님을 떠나 우상을 섬겼지만 그 의미는 동일하다. 아이히로트는 다음과 같이 설명한다.

이스라엘의 제의의 관습들이 이방 세계의 관습과 일치하고 외적인 의례와 그에 수반되는 하나님 예배에 관한 개념이 광범위하게 유사 하다는 것은 이상한 일이 아니다.[1]

여호와 하나님과 관계된 제사는 우르에서 부름 받은 아브람을 통해 이어진다. 아브람은 가나안 땅에 도착해 세겜에서(창 12:7-8), 아이와 벧엘에서(창 13:3-4), 헤브론에서(창 13:18), 모리아 산에서(창 22:9) 여호와께 단을 쌓았다. 그리고 이삭(창 26:25), 야곱(창 35:1-15)도 여호와께 제단을 쌓아 제사를 드렸다. 출애굽 후 모세는 아말렉과 전쟁에서 승리하고 여호와께 단을 쌓았고(출 17:15), 여호와는 시내산에서 율법으로 제사제도를 수여하셨다(레 1-9장). 율법으로 제정된 제사는 이스라엘의 종교적 제의였다. 성막과 성전의 제사는 하나님의 임재를 체험하는 예배였으며, 죄 용서, 화평, 하나님의 말씀의 선포, 하나님과 교통의 제의였다.

2) 율법으로서 제사

(1) 번제(燔祭, a burnt offering)

여호와께 드리는 번제의 특징은 제물인 소, 양, 염소, 비둘기를 제단에서 태워 드렸으며 여호와께 향기로운 냄새가 되었다(레 1:17). 이스라엘 자손이면 누구나 예물로 가져와 제사를 드릴 수 있다. 소를 번제로 드릴 경우 수컷으로 하되 회막에서 여호와 앞에 기쁘게 받으시도록 드려야 한다(레 1:2). 그 방법은 다음과 같다.

---

[1] 발터 아이히로트, 『구약성서신학 Ⅰ』, 박문재 역 (서울: 크리스챤다이제스트, 1998), p. 105.

첫째, 예배자는 가져온 번제물의 머리에 안수한다. 하나님께서 그를 위해 기쁘게 받으시면 속죄가 된다(레 1:4).

둘째, 예배자는 송아지를 잡고 제사장은 피를 회막 문 앞 제단 사방에 뿌린다(레 1:5).

셋째, 번제물의 가죽을 벗기고 각을 뜨고 내장과 정강이를 물로 씻고 불타는 번제단 위에서 전부 태워야 한다. 이것이 화제로 여호와께 향기로운 냄새가 된다(레 1:6-9).

양과 염소의 번제는 흠 없는 수컷으로, 제단 북쪽 여호와 앞에서 잡고 제사장들은 피를 제단 사방에 뿌리고 각을 뜨고 머리, 기름을 베어내고 내장과 정강이를 물로 씻고 불타는 제단에 불살라 번제로 드린다. 이것이 화제로 여호와께 향기로운 냄새가 된다(레 11:10-13).

새의 번제는 산비둘기, 집비둘기 새끼로 예물을 드리는데 제사장은 제단에서 머리를 비틀어 죽이고 피는 제단 곁에 흘리고 제단에서 불사른다(레 1:14-15). 모이주머니, 더러운 것은 제거하고 제단 동쪽 재 버리는 곳에 던지고 날개를 잡고 몸을 완전히 찢지 말고 불타는 제단에 번제로 드리면 화제가 된다. 여호와 하나님께 향기로운 냄새가 된다(레 1:16-17).

(2) 화목제(和睦祭, a fellowship offering)

화목제에 소를 제물로 바칠 경우 암수로 흠 없는 것으로 드려야 한다(레 3:1).

첫째, 예배자는 예물에 안수하고 회막에서 잡는다.

둘째, 제사장은 피를 제단 사방에 뿌리고 내장, 콩팥, 간의 기름은 떼 내어 번제물 위에 사르는 화제이며 여호와께 향기로운 냄새였다(레 3:2-5).

화목제를 양으로 드릴 때는 암수로 흠 없는 것으로(레 3:6), 어린 양이면 다음의 순서와 같다.

첫째, 여호와 앞으로 끌어다가 예배자가 머리에 안수하고 회막 앞에서 잡는다.

둘째, 아론의 자손은 그 피를 제단 사방에 뿌린다(레 3:7-8).

셋째, 제물의 기름(미골에서 벤 기름진 꼬리와 내장에 덮인 기름과 내장에 붙은 모든 기름), 두 콩팥, 그 위의 기름(허리 쪽에 있는 것), 간에 덮인 꺼풀을 콩팥과 함께 떼어낸다(레 3:9-10).

넷째, 제사장은 제단 위에서 불사르는 화제로 드린다. 이것이 여호와께 드리는 음식이 된다(레 3:11).

화목제로 염소를 드린다면 여호와 앞으로 끌어가서 다음과 같다.

첫째, 예물 드리는 자는 머리에 안수하고 회막 앞에서 잡는다.

둘째, 아론의 자손은 그 피를 제단 사방에 뿌리고 예물을 가져다가 여호와께 화제로 드린다(레 3:12-14a).

셋째, 내장에 덮인 기름, 붙은 모든 기름, 두 콩팥과 그 위의 기름(허리 쪽에 있는 것)과 간에 덮인 꺼풀을 콩팥과 함께 떼어 낸다(레 3:14b-15).

넷째, 제사장은 제단 위에서 불사른다. 이는 화제로 드리는 음식이고 향기로운 냄새이다. 모든 기름은 여호와의 것이다(레 3:16). 여호와 하나님은 화목제를 설명하시고 마지막으로 선포하셨다.

> 너희는 기름과 피를 먹지 말라 이는 너희의 모든 처소에서 너희 대대로 지킬 영원한 규례니라(레 3:17).

(3) 속죄제(贖罪祭, a sin offering)

속죄제는 누구든지 '여호와의 계명' 중 하나라도 의도하지 않았는데 범하게 되면 드리는 제사이다(레 4:2). 그래서 이스라엘의 제사장, 장로, 족장, 평민 모두가 포함된다. 기름 부음을 받은 제사장이 범죄하여 백성의 허물이 되면, 제사장은 흠 없는 수송아지로 속죄제물을 삼아 여호와께 드려야 한다(레 4:3). 속건제를 드리는 방법은 다음과 같다.

첫째, 범죄 한 제사장이 회막 문 여호와 앞으로 수송아지를 끌고 가서 머리에 안수하고 여호와 앞에서 잡는다(레 4:4).

둘째, 제사장은 수송아지의 피를 가지고 회막에 들어가서 손가락에 송아지의 피를 찍어 여호와 앞 곧 성소의 휘장 앞에 일곱 번 뿌리고 회막 안 향단 뿔들에 바르고 피 전부를 회막 문 앞 번제단 밑에 쏟는다(레 4:5-7).

셋째, 수송아지의 모든 기름, 내장의 모든 기름, 두 콩팥과 그 위의 기름(허리 쪽에 있는 것)과 간에 덮인 꺼풀을 콩팥과 함께 떼어낸다(레 4:8-9). 이것은 화목제 제물의 소에게서 떼어냄 같이 해야 한다. 제사장은 기름을 제거한 수송아지를 번제단 위에서 불사른다(레 4:10).

넷째, 수송아지의 전체(가죽, 모든 고기, 머리, 정강이, 내장, 똥)는 진영 바깥 재 버리는 곳(정결한 곳)에서 불로 태운다(레 4:11-12).

① 범죄의 대상이 만일, 이스라엘 온 회중이 여호와의 계명 중 하나라도 부지중에(unintentionally) 범하여 허물이 있으나 스스로 깨닫지 못하다가 그 범한 죄를 깨달으면 회중은 수송아지를 속죄제로 드려야 한다(레 4:13-14a). 속죄제를 드리는 방법은 다음과 같다.

첫째, 수송아지를 회막 앞으로 끌어다가 회중의 장로들이 여호와 앞에서 그 수송아지 머리에 안수하고 여호와 앞에서 잡아야 한다(레 4:14b-15).

둘째, 제사장은 수송아지 피를 가지고 회막에 들어가서 제사장이 손가락으로 피를 찍어 여호와 앞, 휘장 앞에 일곱 번 뿌린다(레 4:16-17).

셋째, 그 피로 회막 안 여호와 앞에 있는 제단 뿔들에 바르고 나머지 피 전부는 회막 문 앞 번제단 밑에 쏟는다(레 4:18).

넷째, 기름은 다 떼어서 제단 위에서 불사르는데 속죄제의 수송아지에게 한 것같이 해야 한다. 제사장이 속죄제로 회중을 위하여 속죄할 때 회중들의 죄는 사함을 받는다(레 4:19-20). 제사장은 그 수송아지를 진영 밖으로 가져가 첫 번 수송아지를 사름같이 불사르면 회중의 속죄제가 된다(레 4:21).

② 범죄의 대상이 만일, 족장이 여호와 하나님의 계명 중 하나라도 부지중에 범하여 허물이 있는데 알지 못하다가 누가 그에게 죄를 깨우쳐 주면 속죄제를 드려야 한다(레 4:22-23a). 속죄제의 방법은 다음과 같다.

첫째, 족장은 흠 없는 숫염소를 예물로 가져다가 숫염소의 머리에 안수하고 여호와 앞 번제물을 잡는 곳에서 잡는다(레 4:24).
둘째, 제사장은 그 속죄제물의 피를 손가락에 찍어 번제단 뿔들에 바르고 그 피는 번제단 밑에 쏟는다(레 4:25).
셋째, 모든 기름은 화목제 제물의 기름같이 제단 위에서 불사른다. 제사장은 범한 죄에 대해 족장을 위해 속죄할 때 그 사람은 사함을 얻는다(레 4:26).

③ 범죄의 대상이 만일, 평민의 한 사람이 여호와의 계명 중 하나라도 부지중에 범하여 허물이 있는데 알지 못하다가 누가 그에게 죄를 깨우쳐 주면 속죄제를 드려야 한다(레 4:27-28a). 그 방법은 다음과 같다.

첫째, 범죄자는 죄 때문에 흠 없는 암염소를 끌고 와서 예물로 삼아 그 속죄제물의 머리에 안수하고 번제물을 잡는 곳에서 잡는다(레 4:29).

둘째, 제사장은 손가락으로 그 피를 찍어 번제단 뿔들에 바르고 그 피 전부를 제단 밑에 쏟는다(레 4:30).

셋째, 그 모든 기름은 화목제물의 기름을 떼어낸 것같이 떼어내 제단 위에서 불살라 여호와께 향기롭게 해야 한다. 제사장이 그를 위하여 속죄하면 범죄자는 사함을 받는다(레 4:31).

평민이 어린 양을 속죄제물로 가져오면 다음과 같은 순서로 드린다.

첫째, 흠 없는 암컷을 끌어다가 그 속죄제 제물의 머리에 안수하고 번제물을 잡는 곳에서 속죄제물로 잡는다(레 4:32-33).

둘째, 제사장은 피를 손가락으로 찍어 번제단 뿔들에 바르고 나머지 피는 전부 제단 밑에 쏟는다(레 4:34).

셋째, 그 모든 기름은 화목제 어린 양의 기름을 떼 낸 것같이 떼 내어 제단 위 여호와의 화제물 위에서 불사른다. 제사장이 범죄자의 죄에 대해 그를 위해 속죄하면 그는 죄 사함을 받는다(레 4:35).

넷째, 그 외에 여러 가지의 죄들로 속죄제를 드려야 했다. 저주(레 5:1), 부정한 사체를 만짐(레 5:2), 사람의 부정에 닿음(레 5:3), 입술로 맹세(레 5:4) 등의 죄 때문에 여호와께 속죄제를 드리려면 암컷 어린 양이나 염소로 드리며 제사장은 그의 허물을 위하여 속죄해야 한다(레 5:6).

만일 그들이 어린 양을 바칠 수 없는 형편이면 죄를 속죄하기 위해 산비둘기 두 마리나 집비둘기 새끼 두 마리를 여호와께로 가져가서 하나는 속죄제물을 삼고 하나는 번제물을 삼아 제사장에게로 가져가야 했다(레 5:7-8a). 제사장은 그 속죄제물을 먼저 드리고 그 머리를 목에서 비틀어 끊고 몸은 완전히 쪼개지 말며 그 속죄제물의 피를 제단 곁에 뿌리고 그 남은 피는 제단 밑에 흘려야 한다(레 5:8b-9). 또 다른 한 마리는 규례대로 번제를 드리고 제사장이 그의 잘못을 위하여 속죄하면 그가 사함을 받는다(레 5:10).

만일 산비둘기나 집비둘기도 드릴 형편이 되지 못하면 범죄자는 고운 가루 십분의 일 에바(1에바는 약 22ℓ)를 예물로 가져다가 속죄제물로 드리지만 그 위에 기름을 붓거나 유향을 놓지 말아야 한다(레 5:11). 제물을 제사장에게로 가져가면 제사장은 기념물로 고운 가루 한 움큼을 가져다가 제단 위 여호와의 화제물 위에서 불사르는 것이 속죄제이다(레 5:12). 제사장이 죄를 위해 속제하면 범죄자는 사함을 얻으며, 제물의 나머지는 소제물같이 제사장에게 돌려야 한다(레 5:13).

(4) 속건제(贖罪祭 a sin offering)

속건제의 규례는 다음과 같다.

첫째, 속건제는 '여호와의 성물'에 대해 부지중에 범죄 했을 때 드리는 제사이다(레 5:15, 19).

속건제는 성물에 대한 범죄이기 때문에 성소의 세겔(11.4g의 무게)로 계산하여 흠 없는 숫양을 속건제로 드려 성물에 대한 잘못을 보상한다. 제사장에게는 속건제물의 오분의 일을 더해 주어야 하고 제사장은 속건제의 숫양으로 범죄자를 위해 속죄하면 죄를 용서받는다(레 5:15-18).

둘째, 여호와께 신실하지 못해 범죄 했을 경우이다.

이웃이 맡긴 물건이나 전당물(典當物)을 속일 경우, 도둑질하거나 착취하고도 사실을 부인하는 경우, 남의 잃은 물건을 줍고도 사실을 부인하여 거짓 맹세하여 범죄 할 경우가 속건제를 드리는 경우에 속한다(레 6:2-3). 죄를 범한 사람은 원 물건에 오분의 일을 더해 돌려주고 죄가 드러나는 날에 본래 주인에게 돌려주어야 한다(레 6:4-5). 범죄자는 지정된 가치대로 흠 없는 숫양을 제사장에게 속건제물(贖罪祭物)을 끌고 가야 한다(레 6:6). 제사장은 여호와 앞에서 그를 위하여 속죄를 하면 무슨 허물이든지 사함을 받는다(레 6:7).

3) 피와 생명의 관계

제물인 소, 양, 염소의 기름은 절대 먹으면 안 된다(레 7:23-24). 만일 화제로 드린 제물의 기름을 먹으면 자기 백성 중에서 끊어지게 된다(레 7:25). 또한 새와 짐승의 피, 그 어떤 피든지 먹지 말아야 하며(레 7:26), 어떤 피든지 먹는 사람은 자기 백성 중에서 끊어지게 된다(레 7:27; 17:8). 백성 중에서 끊어진다는 것은 더 이상 이스라엘의 공동체에서 살 수 없다는 것을 의미한다.

하나님은 왜, 제물로 드린 동물의 피를 먹지 말라 하셨을까?

그 이유는 피는 생명이기 때문이다. 하나님은 창조하시면서 인간과 동물들에게 채식(菜食)만 허락하셨으나(창 1:29-30), 홍수 이후에 육식(肉食)도 허락하셨다(창 9:3). 하나님은 동물을 음식으로 먹으면서 필연적으로 피에 대해 설명하실 수밖에 없었다.

> ³모든 산 동물은 너희의 먹을 것이 될지라 채소같이 내가 이것을 다 너희에게 주노라 ⁴그러나 고기를 그 생명되는 피째 먹지 말 것이니라 ⁵내가 반드시 너희의 피 곧 너희의 생명의 피를 찾으리니 짐승이면 그 짐승에게서, 사람이나 사람의 형제면 그에게서 그의 생명을 찾으리라 (창 9:3-5).

하나님은 피는 생명이기 때문에 고기를 피째 먹으면 짐승이든, 사람이든 그 생명의 피를 찾는다고 말씀하셨다. 출애굽 이후에 하나님은 이것을 율법으로 제정하셨다.

모든 생물은 그 피가 생명과 일체라 그러므로 내가 이스라엘 자손

에게 이르기를 너희는 어떤 육체의 피든지 먹지 말라 하였나니 모
든 육체의 생명은 그것의 피인즉 그 피를 먹는 모든 자는 끊어지리라
(레 17:14).

피를 통한 구원은 유월절에서 시작된다. 이스라엘은 유월절 양의 피로 구원을 받았다(출 12:21-23). 그리고 피의 대속은 율법의 제사제도로 확정해 주셨다. 속죄제는 여호와의 계명을 어겼을 때 드려야 하는 제사로(레 4:1-5:12), 죄인은 흠 없는 동물과 그 피로 드리는 속죄제로 죄를 용서받았다(레 4:20, 26, 31, 35; 5:6, 13). 속건제는 여호와의 성물에 대한 죄(레 5:15)와 여호와께 신실하지 못하여 범죄(레 6:2) 했을 때 드리는 제사로(레 5:15-6:7), 동물의 속건제사로 죄 용서함을 받았다(레 5:16, 18; 6:7). 하나님은 피는 곧 생명이라고 선포하셨고 죄 때문에 죽어야 할 인간 대신 동물이 대신 죽는 대속(代贖)의 제사를 율법으로 주셨다.

육체의 생명은 피에 있음이라 내가 이 피를 너희에게 주어 제단에 뿌려 너희의 생명을 위하여 속죄하게 하였나니 생명이 피에 있으므로 피가 죄를 속하느니라(레 17:11).

인간은 아담의 죄 때문에 죽게 되었다(창 3:19). 죄의 삯은 사망이다(롬 6:23). 오직 피로써 죄 사함을 받는다.

율법을 따라 거의 모든 물건이 피로써 정결하게 되나니 피흘림이 없은즉 사함이 없느니라(히 9:22).

공의의 하나님은 죄에 대한 심판을 내리셔야 한다. 그 심판은 죽음

이다. 동시에 하나님은 거룩한 사랑이시다. 자신이 창조한 사람을 사랑하신다. 죄인조차도 사랑하신다.

 죄에 대한 공의로운 심판과 사랑을 어떻게 조화롭게 할 것인가?

 제사제도는 구약에 나타난 공의와 사랑을 담은 구원의 방법이다. "공의를 행하며 구원을 베푸시는 하나님"이다(사 45:21). 죄 때문에 죽어야 하는 인간을 대신해 하나님은 동물의 목숨을 받으셨다. 죄에 대한 하나님의 공의를 이루셨고 죄인을 용서하시고 구원하시는 하나님의 사랑을 이루신 것이다.

2. 왜, 예수님은 제사의 완성일까?

1) 동물제사는 불완전하기 때문

 하나님의 공의와 사랑을 간직한 율법의 제사제도는 불완전했다. 완전한 하나님의 공의는 인간이 지은 죄는 인간이 처벌 받아야 한다. 죄의 값은 죽음이다. 그러나 하나님의 사랑 때문에 인간의 죽음 대신 동물이 죽는 동물제사로 바꿔 주셨다. 동물제사는 하나님의 은혜로 주신 선물이다. 그래서 인간은 죄를 지을 때마다 속죄제와 속건제를 드림으로써 하나님께 죄사함 받았다.

> [2]누구든지 여호와의 계명 중 하나라도 그릇 범하였으되 [3]만일 기름 부음을 받은 제사장이 범죄하여 백성의 허물이 되었으면 그가 범한 죄로 말미암아 흠 없는 수송아지로 속죄제물을 삼아 여호와께 드릴지니 … [13]만일 이스라엘 온 회중이 여호와의 계명 중 하나라도 부지중

> 에 범하여 허물이 있으나 스스로 깨닫지 못하다가 [14]그 범한 죄를 깨달으면 회중은 수송아지를 속죄제로 드릴지니 … [22]만일 족장이 그의 하나님 여호와의 계명 중 하나라도 부지중에 범하여 허물이 있었는데 [23]그가 범한 죄를 누가 그에게 깨우쳐 주면 그는 흠 없는 숫염소를 예물로 가져다가 … [27]만일 평민의 한 사람이 여호와의 계명 중 하나라도 부지중에 범하여 허물이 있었는데 [28]그가 범한 죄를 누가 그에게 깨우쳐 주면 그는 흠 없는 암염소를 끌고 와서 그 범한 죄로 말미암아 그것을 예물로 삼아 … [35]여호와의 화제물 위에서 불사를지니 이같이 제사장이 그가 범한 죄에 대하여 그를 위하여 속죄한즉 그가 사함을 받으리라(레 4:2-3, 13-14, 22-23, 27-28, 35).

그러나 동물제사는 불완전한 제사였다. 인간은 죄를 지을 때마다 동물제사를 드려야 했다. 오직 예수 그리스도의 십자가의 죽음, 십자가의 제사만이 완전한 제사였다. 왜냐하면 인간으로 오신 예수님께서 십자가에 죽으심으로 인간이 죽어야 할 인간의 죽음이라는 죗값을 치르셨기 때문이다. 히브리서는 이 사실을 정확히 지적한다.

> [3]그러나 이 제사들에는 해마다 죄를 기억하게 하는 것이 있나니 [4]이는 황소와 염소의 피가 능히 죄를 없이 하지 못함이라 … [10]이 뜻을 따라 예수 그리스도의 몸을 단번에 드리심으로 말미암아 우리가 거룩함을 얻었노라 … [18]이것들을 사하셨은즉 다시 죄를 위하여 제사 드릴 것이 없느니라 [19]그러므로 형제들아 우리가 예수의 피를 힘입어 성소에 들어갈 담력을 얻었나니 [20]그 길은 우리를 위하여 휘장 가운데로 열어 놓으신 새로운 살 길이요 휘장은 곧 그의 육체니라(히 10:3-4, 10, 18-20).

동물제사는 인간의 죄를 영원히 없애는 기능이 없다. 오직 예수 그리스도의 십자가의 제사만이 영원히 죄를 용서한다. 이제 십자가의 제사로 불완전한 동물제사는 완전히 폐지되었다.

2) 세상 죄를 지고 가는 하나님의 어린 양

세례 요한은 예수님을 향해 "세상 죄를 지고 가는 하나님의 어린 양이로다"(요 1:29), 이틀 뒤에도 "보라 하나님의 어린 양이로다"라고 선포했다(요 1:36). 예수님은 세상의 모든 죄를 용서해 주는 어린 양 제물 되시기 위해 이 땅에 오셨다. 예수라는 이름은 "그가 자기 백성을 그들의 죄에서 구원할 자"라는 의미이다(마 1:21). 이사야는 53장에서 장차 올 메시아의 고난에 대해 예언했다.

> ⁵그가 찔림은 우리의 허물 때문이요 그가 상함은 우리의 죄악 때문이라 그가 징계를 받으므로 우리는 평화를 누리고 그가 채찍에 맞으므로 우리는 나음을 받았도다 ⁶우리는 다 양 같아서 그릇 행하여 각기 제 길로 갔거늘 여호와께서는 우리 모두의 죄악을 그에게 담당시키셨도다(사 53:5-6).

여호와 하나님은 우리의 모든 죄를 예수 그리스도께 짊어지도록 하셨다. 예수님은 세상 죄를 지고 가는 하나님의 어린 양으로 십자가에서 죽으셨다.

3) 유월절의 양

세상 죄를 지고 가는 어린 양은 이스라엘을 구원한 유월절 양(출 12:21-23)과 이스라엘의 모든 죄를 짊어지고 광야로 가는 아사셀 염소와 관련된다(레 16:8-22). 예수님은 유월절에 돌아가셨다(요 19:14). 바울은 유월절 양 되신 예수 그리스도에 대해 말씀했다.

> 너희는 누룩 없는 자인데 새 덩어리가 되기 위하여 묵은 누룩을 내버리라 우리의 유월절 양 곧 그리스도께서 희생되셨느니라(고전 5:7).

4) 산 제물 된 예수님

예수 그리스도는 모든 믿는 자에게 의를 이루기 위하여 율법의 마침이 되셨다(롬 10:4). 예수님은 불완전한 동물제사의 완성을 이루셨다. 왜냐하면, 예수님 자신이 직접 제물이 되셨기 때문이다. 예수님은 십자가에 죽으시기 전 제자들에게 떡과 잔을 가지고 새 언약을 베푸셨다.

> [26]그들이 먹을 때에 예수께서 떡을 가지사 축복하시고 떼어 제자들에게 주시며 이르시되 받아서 먹으라 이것은 내 몸이니라 하시고 [27]또 잔을 가지사 감사 기도 하시고 그들에게 주시며 이르시되 너희가 다 이것을 마시라 [28]이것은 죄 사함을 얻게 하려고 많은 사람을 위하여 흘리는 바 나의 피 곧 언약의 피니라(마 26:26-28).

예수님의 십자가의 죽으심은 바로 많은 사람의 죄 용서를 위한 피였다. 사도 바울도 새 언약에 대해 선포했다(고전 11:23-27). 예수께서 구원을 위해 하나님께서 만족하시는 제물이 되셨다.

> ¹²염소와 송아지의 피로 하지 아니하고 오직 자기의 피로 영원한 속죄를 이루사 단번에 성소에 들어가셨느니라 ¹³염소와 황소의 피와 및 암송아지의 재를 부정한 자에게 뿌려 그 육체를 정결하게 하여 거룩하게 하거든 ¹⁴하물며 영원하신 성령으로 말미암아 흠 없는 자기를 하나님께 드린 그리스도의 피가 어찌 너희 양심을 죽은 행실에서 깨끗하게 하고 살아 계신 하나님을 섬기게 하지 못하겠느냐(히 9:12-14).

하나님의 공의의 완전한 성취는 인간의 죄는 인간이 감당하는 것이다. 모든 인간은 죄인이기 때문에 하나님의 공의에 부합하기 위해서는 모두가 죽어야 한다. 그렇기 때문에 구약에는 불완전하지만 동물제사가 인간이 죽어야 할 죄를 대신해 동물이 죽어야 하는 대속의 제사로 드려졌다. 하지만 완전한 인간이신 예수 그리스도께서 인류의 모든 죄를 짊어지고 십자가에 죽으심으로써 하나님의 공의를 완전히 이루어 영원한 속죄를 이루게 됐다. 예수님은 자기를 단번에 제물로 드려 죄를 없이 하시려고 세상 끝에 나타나셨다(히 9:26). 한 번 죽는 것은 사람에게 정해진 것이며 그 후에는 심판이 있다(히 9:27). 예수 그리스도는 많은 사람의 죄를 담당하시려고 단번에 드리신바 되셨다(히 9:28).

제사장들은 하나님께 매일 섬기며 제사를 드리지만 죄를 없게 하지 못한다(히 10:11). 오직 예수 그리스도는 죄를 위해 영원한 제사를 드리셨기 때문에 하나님의 우편에 앉으셨다(히 10:12). 그리고 예수님을 통해 거룩하게 된 자들은 한 번의 제사로 영원히 온전하게 되었다(히 10:14). 그러므로 이제 우리는 예수님의 십자가의 죽으심의 피를 힘입어 제사장이 아니라도 성소에 들어갈 담력을 얻게 되었다(히 10:19).

3. 왜, 대제사장이 되셔야 했을까?

히브리서 5-10장은 예수님의 제사장직과 아론의 제사장직을 비교해 설명했다. 신약에는 오직 히브리서만이 예수님을 대제사장으로 표현했다. 교부들도 예수께서 제사장이심을 믿었다. 교부의 글 클레멘트 1서에서 "우리는 대제사장이며 우리 영혼의 수호자이신 당신을 찬양합니다"라고 했다(I Clem. 61:3). 클레멘트 1서 36:1에서 "우리의 봉헌의 대제사장"으로 소개되었다.[2]

아론 계열 제사장들은 하나님께 제사를 드리기 위해 택한 자들이다. 제사장들은 "하나님께 속한 일에 사람을 위하여 예물과 속죄하는 제사를 드리게" 한다(히 5:1). 그러나 제사장도 무식하고 미혹된 자들을 용납하는 연약함이 있기 때문에 자신을 위해서도 속죄제를 드려야 한다.

> [2]그가 무식하고 미혹된 자를 능히 용납할 수 있는 것은 자기도 연약에 휩싸여 있음이라 [3]그러므로 백성을 위하여 속죄제를 드림과 같이 또한 자신을 위하여도 드리는 것이 마땅하니라(히 5:2-3).

> 오직 둘째 장막은 대제사장이 홀로 일 년에 한 번 들어가되 자기와 백성의 허물을 위하여 드리는 피 없이는 아니하나니(히 9:7).

해마다 대속죄일에 드리는 제사는 완전하게 못하며(히 10:1, 11), 황소와 염소의 피는 능히 죄를 없애지 못한다(히 10:4). 예물과 제사는 섬기는 자

---

2 레온하르트 고펠트, 『신약신학 I』, 박문재 역 (서울: 크리스챤다이제스트, 2000), p. 321. 예수님을 대제사장으로 표현한 교부는 Phld. 9:1; Pol. Phil. 12:2; Mart. Pol. 14:3 등이며, 클레멘트 1서 36:1에 나타난다.

를 그 양심상 온전하게 할 수 없다(히 9:9).

그러나 예수님은 아론 계열의 대제사장, 제사장과는 다르다. 예수 그리스도는 부름 받은 제사장들처럼 대제사장 되려고 스스로 영광을 취하지 않았다. 하나님께서 "너는 내 아들이니 내가 오늘 너를 낳았다"라고 부름이 있었다(히 5:5). 예수님은 아론의 계열의 제사장이 아니라 영원히 멜기세덱의 계열을 따르는 대제사장이다(히 5:6, 10; 7:17). 멜기세덱은 살렘 왕이요 지극히 높으신 하나님의 제사장으로 아브라함에게 십일조를 받았다(히 7:1-2). 그는 부모, 족보, 시작도, 생명의 끝도 없는 하나님의 아들과 닮아 항상 제사장이었다(히 7:3).

아론 계열의 제사장은 온전함을 이룰 수 없으나(히 7:11), 예수님은 영원히 멜기세덱의 반차를 따르는 제사장으로(히 7:17) 육신에 속한 계명을 따르지 않고 오직 불멸의 생명의 능력을 따르고(히 7:16), 더 좋은 언약의 보증이 되셔서(히 7:22) 영원히 바뀌지 않는 제사장이 되셨다(히 7:24). 예수님은 항상 살아 계셔서 간구하시기 때문에 예수님을 힘입어 하나님께 나아가는 자들을 온전히 구원하신다(히 7:25). 대제사장 예수님은 거룩하고 악이 없고 더러움이 없고 죄인에게서 떠나 계시고 하늘보다 높으신 분이다(히 7:26).

인간 대제사장들은 하나님께 나아가기 전에 자기와 백성의 죄를 위해 날마다 제사를 드려야 하지만 예수님은 그렇게 할 필요가 없다. 왜냐하면 예수 그리스도께서 단번에 자기를 드려 제사를 완성하셨고(히 7:27), 믿는 자들을 거룩하게 하셨다(히 10:10). 예수 그리스도는 죄를 위해 한 영원한 제사를 드렸다(히 10:11). 예수께서 죄를 사해주셨기 때문에 더 이상 제사를 드릴 필요가 없다(히 10:18).

예수님은 영원하신 성령으로 흠 없는 자신을 하나님께 드렸기 때문에 그리스도의 피는 우리들의 양심을 죽은 행실에서 깨끗하게 하고 살아 계신 하나님을 섬기게 했다(히 9:14). 그래서 우리가 예수님의 피를 힘입어 성소에 들어갈 담력을 얻게 되었다(히 10:19). 성소의 휘장은 예수님의 육체였다(히 10:20; 마 27:51). 예수님은 지금 하늘에서 지극히 크신 하나님의 보좌 우편에 앉으신 메시아적인 왕으로 묘사된다(히 8:1).

하나님은 시내산에서 모세에게 하늘에 있는 것의 모형과 그림자인 성막을 주심으로 대제사장과 제사장이 예물과 제사를 드리도록 했다(히 8:3-5). 그러나 예수님은 하늘에서 주께서 세우신 성막과 참 장막을 섬기며(히 8:2), 더 좋은 언약의 중보자이다(히 8:6). 첫 언약도 피로 세웠고(히 9:18-19), 언약의 피가 되었다(히 9:20). 피 흘림이 없으며 죄 사함이 없기 때문에(히 9:22) 죄 없는 그리스도께서 많은 사람의 죄를 담당하시려고 제물로 단번에 드려 구원을 이루셨다(히 9:28). 예수님의 피로 하나님께서 우리들의 불의를 긍휼히 여기고 그 죄를 다시 기억하지 않으리라 하신 말씀을 성취하셨다(히 8:12). 이것이 새 언약이다(히 8:13). 대제사장으로서 예수님은 하나님의 아들이셨지만 고난과 순종함으로 자기에게 순종하는 모든 자에게 영원한 구원의 근원이 되셨다(히 5:8-9; 6:20).

제8장

성전과 예수

1. 제단의 역사

1) 돌제단

제단은 여러 제물을(소, 양, 염소, 비둘기, 곡식, 향 등) 바치는 장소이다. 제사와 제물에 대한 최초의 언급은 가인과 아벨이 여호와께 드린 제사였다(창 4:3-4). 이 사건을 통해 인간은 죄 때문에 하나님께 직접 나아가지 못하고 제사와 제물이라는 매개체가 필요했음을 알 수 있다. 가인과 아벨이 어떻게 제사를 드리게 되었는지에 대해서는 기록하지 않는다. 하지만 하나님께서 에덴의 동산에서 쫓겨난 아담과 그 가족들에게 하나님을 만날 수 있는 방법으로 제사제도를 알려 주셨음이 분명하다. 왜냐하면, 성경 전체는 제사를 통해 하나님을 만났기 때문이다.

성경의 진리는 세속사 속에서도 확인된다. 지역과 역사를 초월해서 인간은 제사를 통해 신적 존재(神的存在) 또는 영적 존재(靈的存在)와 만나고 그들을 섬겼다. 진화론적 인간은 결코 영적인 존재를 생각할 수 없다. 왜냐하면 모순논리에 빠지기 때문이다. 인간은 유한한 존재이기 때문에 영원한 존재인 여호와, 무한의 존재인 여호와 하나님을 생각할 수 없다. 유한존재가 어떻게 무한존재를 만들거나 생각할 수 있느냐는 형이상학적 모순 논제이다. 철학자들은 수천 년에 걸쳐 이러한 형이상학 논쟁을 했지만 지금까지 밝힐 수 없는 모순논리일 뿐이다.

죄는 하나님과 인간 사이에 넘을 수 없는 벽이며, 수렁이다. 인간은 하나님을 찾지만 만날 수 없다. 그래서 스스로 다른 신(神)의 존재를 찾을 수밖에 없다. 예레미야는 이 사실을 잘 지적한다.

> 내 백성이 두 가지 악을 행하였나니 곧 그들이 생수의 근원되는 나를 버린 것과 스스로 웅덩이를 판 것인데 그것은 그 물을 가두지 못할 터진 웅덩이들이니라(렘 2:13).

이스라엘뿐 아니라 모든 인간은 생수 곧 생명의 근원되신 여호와를 떠나면 영적으로 목말라 죽을 수밖에 없다. 그래서 죄인들은 영적 목마름을 해결하기 위해 스스로 웅덩이를 판다(돈, 명예, 권력, 외모, 인간관계 등으로). 하지만, 잠시 기쁨은 줄 수 있어도 영혼을 살릴 수 있는 생수가 될 수 없다. 물이 없는 터진 웅덩이에 불과하다. 그렇기 때문에 인간은 죽는 그날까지 행복, 만족, 기쁨을 찾아 헤매는 것이다.

가인과 아벨은 제물을 제단에 드렸다는 언급은 없다. 홍수 후 노아가 쌓은 제단이 최초이다.

> 노아가 여호와께 제단을 쌓고 모든 정결한 짐승과 모든 정결한 새 중에서 제물을 취하여 번제로 제단에 드렸더니(창 8:20).

그 후 아브라함이 가나안 땅 세겜에 도착해 쌓은 제단이다(창 12:7-8). 아브라함은 계속 여호와께 제단을 쌓았다(창 13:4, 18; 22:9). 이삭도 제단을 쌓았고(창 26:25), 야곱도 제단을 쌓았다. 야곱은 벧엘에서 꿈을 꾸고 "여호와께서 과연 여기 계시거늘 내가 알지 못하였도다 … 하나님의 집이요 이는 하늘의 문이로다"라고 하며 베게로 삼았던 돌을 기둥으로 삼고 기름을 부었다(창 28:16-17). 야곱은 가나안으로 돌아와 벧엘에서 여호와께 제단을 쌓았다.

> [1]하나님이 야곱에게 이르시되 일어나 벧엘로 올라가서 거기 거주하며 네가 네 형 에서의 낯을 피하여 도망하던 때에 네게 나타났던 하나님께 거기서 제단을 쌓으라 하신지라 [2]야곱이 이에 자기 집안 사람과 자기와 함께 한 모든 자에게 이르되 너희 중에 있는 이방 신상들을 버리고 자신을 정결하게 하고 너희들의 의복을 바꾸어 입으라 [3]우리가 일어나 벧엘로 올라가자 내 환난 날에 내게 응답하시며 내가 가는 길에서 나와 함께 하신 하나님께 내가 거기서 제단을 쌓으려 하노라 하매 [4]그들이 자기 손에 있는 모든 이방 신상들과 자기 귀에 있는 귀고리들을 야곱에게 주는지라 야곱이 그것들을 세겜 근처 상수리나무 아래에 묻고 … [7]그가 거기서 제단을 쌓고 그 곳을 엘벧엘이라 불렀으니 이는 그의 형의 낯을 피할 때에 하나님이 거기서 그에게 나타나셨음이더라(창 35:1-4, 7).

야곱은 라반의 집에서 20년간 살면서 하나님의 은혜를 누렸다. 그럼에도 야곱과 가족들은 이방 신상들을 가지고 있었다. 야곱은 가족들과 함께 벧엘에서 하나님께 돌제단을 쌓아 제사를 드리면서 이방 신상들을 버리고, 정결하게 하며 의복을 새롭게 했다. 온전히 하나님을 섬기는 자가 되고자 한 선언이며, 결단이었다. 하나님은 벧엘에서 다시 나타나 야곱에게 복을 주시며 이름을 야곱이 아닌 이스라엘로 부르시고, 생육하고 번성하며, 아브라함과 이삭에게 준 땅을 야곱과 그 후손에게 주실 것을 약속하셨다(창 35:9-12).

모세는 아말렉과 싸워 승리한 후 제단을 쌓고 그 이름을 '여호와 닛시'라고 했다.

> ¹⁵모세가 제단을 쌓고 그 이름을 여호와 닛시라 하고 ¹⁶이르되 여호와께서 맹세하시기를 여호와가 아말렉과 더불어 대대로 싸우리라 하셨다 하였더라(출 17:15-16).

모세는 시내산에서 말씀을 받고 여호와의 모든 말씀을 기록하고 제단을 쌓고 소로 번제와 화목제(fellowship offerings)를 드렸다(출 24:4-7). 여호수아는 여호와를 위해 에발산에 신명기 27:5-6의 말씀대로 다듬지 않은 돌로 제단을 쌓았다(수 8:30-31). 하나님은 그 이유를 말씀하셨다.

> 네가 내게 돌로 제단을 쌓거든 다듬은 돌로 쌓지 말라 네가 정으로 그것을 쪼면 부정하게 함이니라(출 20:25).

사사 시대는 마노아가 염소 새끼와 소제물을 바위 위에서 여호와께 드렸다(삿 13:19). 모두가 돌로 된 제단들이었다. 믿음의 조상들은 돌제단에 여러 제물을 드렸고 제물을 불로 태우는 번제를 드리기도 했다. 제단은 하나님께 감사드린 장소였고, 하나님을 만난 장소, 말씀을 듣는 장소였다. 하나님의 임재가 있는 장소였다.

2) 성막의 제단

돌제단은 화려하지 않았다. 그 자체만으로 존재했다. 건물과 함께 있거나 건물 속에 있지 않았다. 돌제단이 건물과 함께 시작된 것은 출애굽 이후 시내산(Mt. Sinai)에서 성막을 말씀하셨을 때부터이다. 이제 제단의 기능은 성막, 성전의 일부가 되었다. 성막과 성전제단은 하나님께서 그 모양을 말씀해 주셨으며, 정교하게 만들어졌다. 제단은 조각목(아카시아 나무)으로 만들어 놋(bronze)으로 감싸고 네 모퉁이에는 네 뿔이 있었다(출 27:1-2; 38:1-2). 하나님은 제단에 층계를 만들지 못하도록 하셨다. 왜냐하면 층계를 오르는 사람은 하나님 앞에서 하체를 드러내는 것과 같기 때문이다(출 20:26). 광야생활 중 성막이 이동될 때는 양 옆 4개의 고리에 막대기를 끼우고 번제단을 운반해야 했다(출 27:7-8; 38:4).

2. 성막의 역사

1) 광야생활의 성막

하나님은 시내산에서 모세에게 성막과 법궤, 제단 그리고 성막에서 사용되는 다양한 기구들을 만들라 명하셨다(출 25-27장). 성막(tabernacle)은 여호와의 임재를 상징한다. 성막은 뜰, 성소, 지성소로 구분된다. 뜰에는 번제단과 물두멍이 있고 성소에는 분향단, 떡상, 등대가 있고 지성소에는 두 그룹으로 호위 된 법궤가 있었다.

성막은 다양한 이름으로 불린다.

첫째, 히브리어 '오헬'(אֹהֶל)은 천막(Tent) 또는 장막으로 불리며 천으로 짠 유목민들의 집을 말한다. 아브라함, 이삭, 야곱 등이 양을 치면서 살던 집이다. 지금도 중동지역의 많은 베드윈(Bedouin)들이 유목과 천막생활을 하고 있다. 이스라엘은 40년 광야생활에서 장막(천막)생활을 했으며, 그 한 가운데 하나님께서 임재하신 장막이 있었다.

> 여호와께서 구름 기둥 가운데에서 장막에 나타나시고 구름 기둥은 장막 문 위에 머물러 있더라(신 31:15).

둘째, 성막의 히브리어 이름은 '미쉬칸'(משכן)이다. 미쉬칸은 '거함' '거처'의 뜻을 가지고 있다. 그러므로 성막(聖幕)은 '하나님이 거하시는 집'이라는 의미를 지닌다.

셋째, '회막'(會幕, the Tent of Meeting)이다. 글자 그대로 '모이는 집'(מו אהל)이라는 의미를 가진다. 이스라엘 백성들이 회막에서 여호와 하나님을 만나고 제사장과 백성들을 만났다. 처음 성막은 여호와와 모세의 만남의 장소였다. 하나님은 구름 속에서 나타나 자신의 뜻을 모세에게 알리셨다.

> ⁷모세가 항상 장막을 취하여 진 밖에 쳐서 진과 멀리 떠나게 하고 회막이라 이름하니 여호와를 앙모하는 자는 다 진 바깥 회막으로 나아가며 ⁸모세가 회막으로 나아갈 때에는 백성이 다 일어나 자기 장막 문에 서서 모세가 회막에 들어가기까지 바라보며 ⁹모세가 회막에 들어갈 때에 구름 기둥이 내려 회막 문에 서며 여호와께서 모세와 말씀하시니 ¹⁰모든 백성이 회막 문에 구름 기둥이 서 있는 것을 보고 다 일어나 각기 장막 문에 서서 예배하며 ¹¹사람이 자기의 친구와 이야기함 같이 여호와께서는 모세와 대면하여 말씀하시며 모세는 진으로 돌아

오나 눈의 아들 젊은 수종자 여호수아는 회막을 떠나지 아니하니라
(출 33:7-11).

하나님은 이방 우상과는 달리 '한 장소'에 한정되지 않는다. 이방 우상들, 신들은 '신전'(temple)이라 불리는 특정 장소에서 제사를 받는다. 그곳에서 신들을 부르고 신탁을 받고 신들을 만난다. 신들의 형상이 새겨져 있는 우상을 떠나서는 그들을 만날 수 없다. 하지만, 성경은 하나님께 제단을 쌓았던 사람들 모두가 하나님께서 자신을 나타내 보이신 곳, 계시하신 곳에 제단을 쌓았다. 아브라함(창 12:6-8; 13:18), 이삭(창 26:23-25), 야곱(창 28:10)이 그러했다.

> [6]아브람이 그 땅을 지나 세겜 땅 모레 상수리나무에 이르니 그때에 가나안 사람이 그 땅에 거주하였더라 [7]여호와께서 아브람에게 나타나 이르시되 내가 이 땅을 네 자손에게 주리라 하신지라 자기에게 나타나신 여호와께 그가 그곳에서 제단을 쌓고 [8]거기서 벧엘 동쪽 산으로 옮겨 장막을 치니 서쪽은 벧엘이요 동쪽은 아이라 그가 그 곳에서 여호와께 제단을 쌓고 여호와의 이름을 부르더니 [9]점점 남방으로 옮겨 갔더라(창 12:6-9).

> [14]야곱이 하나님이 자기와 말씀하시던 곳에 기둥 곧 돌 기둥을 세우고 그 위에 전제물을 붓고 또 그 위에 기름을 붓고 [15]하나님이 자기와 말씀하시던 곳의 이름을 벧엘이라 불렀더라(창 35:14-15).

출애굽 이후 시내산에서 주신 성막은 하나님의 뜻을 모세에게 계시하시는 장소가 되었다(출 33:7-11). 성경의 제단과 성막은 하나님께서 그곳에

서 말씀하시고 자신을 계시하셨기 때문에 중요했다. 성막은 하나님의 임재와 말씀하시는 장소이다. 하나님을 만나는 장소이다. 성막은 하나님께 제사를 드림으로, 죄를 용서받고 하나님과 화목하게 되고 하나님께 감사를 드리는 장소이다. 광야생활 40년간 성막은 이스라엘의 중심에 있었다. 성막은 이스라엘의 삶과 신앙의 중심이 되었다.

이스라엘이 출애굽하여 에담에 장막을 쳤을 때 하나님은 낮에는 구름 기둥으로, 밤에는 불 기둥으로 나타나 이스라엘의 길을 인도하셨다(출 13:21-22). 뿐만 아니라 여호와는 회막에서 모세와 말씀하실 때 구름 기둥으로 임하셨다(출 33:9-10; 신 31:15). 여호와의 임재는 법궤와 구름 기둥으로 상징된다.

> 여호와께서 구름 기둥 가운데서 장막에 나타나시고 구름 기둥은 장막문 위에 머물렀더라(신 31:15).

결론적으로 성막은 하나님께 제사 드리는 장소이며(레 1-7장), 하나님께 나아가 기도하는 자들에게 응답하는 곳이다(민 11:10-20). 회막은 이스라엘 회중 가운데 문제와 분쟁이 있을 때 판결하는 장소였다(민 12:1-8).

2) 가나안 땅 성막

성막(회막)은 이스라엘의 광야생활과 함께 광야에 있었고 여호수아가 가나안을 정복하면서 실로(Shiloh)에 세워졌다(수 18:1). 사사 시대 동안 성막은 계속 실로에 있었으며, 매년 절기가 거행되었다(삿 18:31; 21:19). 사무엘이 엘리 제사장을 섬길 때도 성막은 실로에 있었다(삼상 3:3). 그러나 여호와의 궤가 벧엘로 옮겨져 번제와 화목제를 드리기도 했다(삿 20:26-27).

성막의 중요성은 여호와의 임재의 상징인 법궤가 있기 때문이다. 그러나 실로가 성막의 기능이 상실되는 사건이 사무엘 시대에 발생했다. 엘리의 두 아들 홉니와 비느하스는 블레셋과 전쟁에서 패하자 여호와의 궤를 실로에서 전쟁터로 옮겨왔다(삼상 4:1-4). 하지만 홉니와 비느하스는 불레셋 사람들에게 죽임을 당하고 법궤를 빼앗겼다(삼상 4:11-22). 블레셋은 법궤를 아나돗의 다곤 신전으로 옮겼다(삼상 5:1-2). 이후 가드(삼상 5:8), 에그론으로 옮겨졌다(삼상 5:10). 법궤가 블레셋 지방에서 7개월째 있을 때(삼상 6:1), 블레셋 사람들은 법궤를 벧세메스로 보냈고(삼상 6:2-20), 벧세메스 사람들이 여호와의 궤를 보고 (오만) 70명이 죽게 되자(삼상 6:19), 기럇여아림으로 보냈다. 기럇여아림 사람들은 산에 사는 아비나답의 집으로 옮겨 그의 아들 엘리아살을 거룩히 구별하여 여호와의 궤를 지키게 했다. 법궤는 아비나답의 집에 20년 동안 머물게 되었다(삼상 7:1-2).

3. 성전의 준비

1) 모리아 땅

성전 장소의 역사에서 처음 언급된 곳은 모리아 땅의 한 산(山)이었다. 하나님은 아브라함을 시험하기 위해 말씀하셨다.

> 여호와께서 이르시되 네 아들 네 사랑하는 독자 이삭을 데리고 모리아 땅으로 가서 내가 네게 일러 준 한 산 거기서 그를 번제로 드리라 (창 22:2).

하나님은 아브라함이 거주하고 있었던 브엘세바에서 약 80km 정도 떨어진 "모리아 땅으로 가서 내가 네게 일러 준 한 산"에서 이삭을 번제로 바칠 것을 말씀하셨다. 하나님의 명령을 들은 아브라함은 아침 일찍 일어나 나귀에 안장을 지우고 두 종과 아들 이삭을 데리고 번제에 쓸 나무를 쪼개어 가지고 하나님께서 알려주신 땅으로 떠났다(창 22:3).

3일 후에 하나님께서 지시한 곳에 도착한 아브라함은 두 종들을 남겨 두고 번제에 쓸 나무를 이삭에게 지우고 불과 칼을 가지고 산으로 올라갔다(창 22:6).

이삭은 아브라함에게 물었다.

> 불과 나무는 있거니와 번제할 어린 양은 어디 있나이까?(창 22:7).

아브라함은 대답했다.

> 내 아들아 번제할 어린 양은 하나님이 자기를 위하여 친히 준비하시리라(창 22:8).

아브라함과 이삭은 하나님께서 일러 주신 곳에 이르렀다. 아브라함은 그곳에 제단을 쌓고 나무를 벌여 놓았다. 그는 이삭을 결박하고 제단 나무 위에 올려 놓고 손에 칼을 쥐고 아들을 잡으려 했다(창 22:9-10). 여호와의 사자가 하늘에서부터 그를 불렀다.

> 아브라함아 아브라함아(창 22:11a).

아브라함이 대답했다.

> 내가 여기 있나이다(창 22:11b).

천사는 아브라함에게 하나님의 마음을 전했다.

> 사자가 이르시되 그 아이에게 네 손을 대지 말라 그에게 아무 일도 하지 말라 네가 네 아들 네 독자까지도 내게 아끼지 아니하였으니 내가 이제야 네가 하나님을 경외하는 줄을 아노라(창 22:12).

아브라함이 눈을 들어 주위를 살펴보았다. 뒤쪽에 숫양 한 마리가 뿔이 수풀에 걸려 있었다. 아브라함은 그 숫양을 가져다가 아들을 대신하여 번제로 드렸다(창 22:13). 아브라함은 하나님의 믿음의 시험을 통과한 것이다(창 22:1). 아브라함은 그 땅 이름을 '여호와 이레'라 하였다. 사람들은 이 의미를 '여호와의 산에서 준비되리라'고 하였다(창 22:14).

여호와께 제사 드리는 장소는 인간이 선택하는 곳이 아니다. 여호와께서 택하시는 곳이다. 하나님은 이삭을 번제로 드릴 장소로 모리아 땅의 한 산을 선택하셨다. 하나님은 그곳에서 아브라함의 믿음을 시험하셨고 예비된 숫양을 이삭 대신 번제로 받으셨다. 모리아 땅은 성전이 세워질 장소에 대한 성경의 첫 언급이었다.

2) 여호와의 이름을 두려고 택한 장소

성막은 여호수아가 가나안 땅을 정복하고 사사 시대를 지나 사무엘과 다윗 때까지 존재했다. 그러나 하나님은 이미 여호수아의 가나안 정복 이전에, 가나안 땅에 들어가 안식하게 될 때 자기 이름을 두시려고 택한 곳에서 제사를 드릴 것을 말씀하셨다(신 12:10-11). 신학적으로 말하면 중앙

성소화에 대한 언급이었다.

> ¹¹너희는 너희의 하나님 여호와께서 자기 이름을 두시려고 택하실 그 곳으로 내가 명령하는 것을 모두 가지고 갈지니 곧 너희의 번제와 너희의 희생과 너희의 십일조와 너희 손의 거제와 너희가 여호와께서 원하시는 모든 아름다운 서원물을 가져가고 ¹²너희와 너희의 자녀와 노비와 함께 너희의 하나님 여호와 앞에서 즐거워할 것이요 네 성중에 있는 레위인과도 그리할지니 레위인은 너희 중에 분깃이나 기업이 없음이니라 ¹³너는 삼가서 네게 보이는 아무 곳에서나 번제를 드리지 말고 ¹⁴오직 너희의 한 지파 중에 여호와께서 택하실 그 곳에서 번제를 드리고 또 내가 네게 명령하는 모든 것을 거기서 행할지니라 (신 12:11-14).

> 여호와께서 자기의 이름을 두시려고 택하신 곳에서 소와 양으로 네 하나님 여호와께 유월절 제사를 드리되(신 16:2).

> 오직 네 하나님 여호와께서 자기의 이름을 두시려고 택하신 곳에서 네가 애굽에서 나오던 시각 곧 초저녁 해 질 때에 유월절 제물을 드리고(신 16:6).

> 너와 네 자녀와 노비와 네 성중에 있는 레위인과 및 너희 중에 있는 객과 고아와 과부가 함께 네 하나님 여호와께서 자기의 이름을 두시려고 택하신 곳에서 네 하나님 여호와 앞에서 즐거워할지니라 (신 16:11).

> 솔로몬의 아들 르호보암은 유다 왕이 되었으니 르호보암이 왕위에 오를 때에 나이가 사십일 세라 여호와께서 자기 이름을 두시려고 이스라엘 모든 지파 가운데에서 택하신 성읍 예루살렘에서 십칠 년 동안 다스리니라 그의 어머니의 이름은 나아마요 암몬 사람이더라 (왕상 14:21).

천으로 만들어진 성막은 광야생활뿐 아니라 가나안 땅에서 이스라엘의 중심이었다. 그러나 이제 유동적인 천막이 아니라 "내 이름을 위하여 택하신 곳"이라는 한 장소에서 여호와께 제사를 드릴 것을 명령했다. 하나님의 계획은 가나안 땅에서 영원히 변하지 않고 이스라엘을 떠나지 않는 하나님의 임재를 원하셨다.

3) 오르난의 타작 마당

사탄이 일어나 이스라엘을 대적하고 다윗을 충동하여 이스라엘을 계수하게 하였다(대상 21:1). 다윗은 요압에게 브엘세바에서 단까지 이스라엘을 계수하도록 하였다(대상 21:2). 하나님은 다윗의 계수를 악하게 여겨 이스라엘을 치셨다(대상 21:7). 다윗은 하나님께 회개 기도를 드렸지만, 전염병으로 7만 명의 이스라엘 사람들이 죽게 되었다(대상 21:14).

> 하나님이 예루살렘을 멸하러 천사를 보내셨더니 천사가 멸하려 할 때에 여호와께서 보시고 이 재앙 내림을 뉘우치사 멸하는 천사에게 이르시되 족하다 이제는 네 손을 거두라 하시니 그때에 여호와의 천사가 여부스 사람 오르난의 타작 마당 곁에 선지라(대상 21:15).

다윗이 눈을 들어 볼 때 여호와의 천사가 천지(天地) 사이에 섰고 칼을 빼어 손에 들고 예루살렘 하늘을 향하여 펴고 있었다. 다윗은 장로들과 함께 굵은 베를 입고 얼굴을 땅에 대고 엎드렸다(대상 21:16). 다윗은 하나님께 기도드렸다.

> 하나님께 아뢰되 명령하여 백성을 계수하게 한 자가 내가 아니니이까 범죄하고 악을 행한 자는 곧 나이니이다 이 양 떼는 무엇을 행하였나이까 청하건대 나의 하나님 여호와여 주의 손으로 나와 내 아버지의 집을 치시고 주의 백성에게 재앙을 내리지 마옵소서 하니라 (대상 21:17).

여호와의 천사는 갓 선지자에게 다윗에게 말을 전하라 명했다.

> 다윗은 올라가서 여부스 사람 오르난의 타작 마당에서 여호와를 위하여 제단을 쌓으라(대상 21:18).

갓 선지자의 말대로 다윗은 오르난의 타작 마당으로 올라갔다(대상 21:19). 그때 오르난은 밀을 타작하고 있다가 천사를 보고 네 아들과 함께 숨었다(대상 21:20). 다윗은 오르난에게 갔다. 오르난은 밖을 내다보다가 다윗을 보고 타작 마당에서 나와 얼굴을 땅에 대고 다윗에게 절했다(대상 21:21). 다윗은 오르난에게 요청했다.

> 이 타작하는 곳을 내게 넘기라 너는 상당한 값으로 내게 넘기라 내가 여호와를 위하여 여기 한 제단을 쌓으리니 그리하면 전염병이 백성 중에서 그치리라(대상 21:22).

오르난은 다윗에게 대답했다.

> 왕은 취하소서 내 주 왕께서 좋게 여기시는 대로 행하소서 보소서 내가 이것들을 드리나이다 소들은 번제물로, 곡식 떠는 기계는 화목으로, 밀은 소제물로 삼으시기 위하여 다 드리나이다(대상 21:23).

다윗은 오르난에게 말했다.

> 그렇지 아니하다 내가 반드시 상당한 값으로 사리라 내가 여호와께 드리려고 네 물건을 빼앗지 아니하겠고 값 없이는 번제를 드리지도 아니하리라(대상 21:24).

다윗은 오르난의 타작 마당을 금 600세겔을 주고 샀다(대상 21:25). 다윗은 돈을 주고 산 오르난의 타작 마당에서 여호와를 위하여 제단을 쌓고 번제와 화목제를 드리고 여호와께 아뢰었다. 여호와는 하늘에서부터 번제단 위에 불을 내려 응답하셨다. 여호와께서 천사를 명령하실 때 그가 칼을 칼집에 꽂았다(대상 21:26-27). 다윗은 여호와께서 여부스 사람 오르난의 타작 마당에서 응답하심을 보고 거기서 제사를 드렸다(대상 21:28). 이 때 실로에 있었던 여호와의 성막과 번제단은 기브온 산당에 있었다(대상 21:29). 다윗은 천사의 칼을 두려워하여 감히 그 앞에 가서 하나님께 묻지 못했다(대상 21:30). 다윗은 오르난의 타작 마당이 여호와의 성전 자리임을 알게 되었다. 그는 고백했다.

> 이는 여호와 하나님의 성전이요 이는 이스라엘의 번제단이라 (대상 23:1).

오르난의 타작 마당은 성전이 세워질 장소였다. 이 사실은 솔로몬이 성전을 건축할 때 증거되었다.

> 솔로몬이 예루살렘 모리아 산에 여호와의 전 건축하기를 시작하니 그곳은 전에 여호와께서 그의 아버지 다윗에게 나타나신 곳이요 여부스 사람 오르난의 타작 마당에 다윗이 정한 곳이라(대하 3:1).

하나님은 성전을 원하셨고 성전이 세워질 장소도 하나님께서 택하셨다. 하나님은 아브라함에게 이삭을 제물로 드리라 했던 모리아 땅의 한 산을 성전 장소로 선택하셨다. 그곳은 신명기를 통해 여호와께서 자기 이름을 두시려고 택하실 곳으로 다윗이 제사들 드린 오르난의 타작 마당이었다.

4. 다윗의 성전 준비

1) 성전 건축의 태동

돌로 된 성전을 처음 건축할 것을 생각한 사람은 다윗이다. 다윗은 "여호와께서 주위의 모든 원수를 무찌르사 왕으로 궁에 평안히 살게 하신 때에"(삼하 7:1), 나단 선지자에게 "나는 백향목 궁에 살거늘 하나님의 궤는 휘장 가운데에 있도다"라고 말했다(삼하 7:2). 하나님을 향한 다윗의 마음이었다. 자신은 호화로운 백향목 궁에서 살고 있는데 여호와 하나님의 법궤는 성막 속 휘장 가운데 초라하게 있는 것을 마음 아파했다. 다윗의 진심어린 마음을 들은 나단 선지자는 "여호와께서 왕과 함께 계시니 마음에 있는 모든 것을 행하소서"라고 말했다(삼하 7:3). 그날 밤 여호와께서 나단 선지자에게 말씀하셨다.

> ⁵가서 내 종 다윗에게 말하기를 여호와께서 이와 같이 말씀하시되 네가 나를 위하여 내가 살 집을 건축하겠느냐 ⁶내가 이스라엘 자손을 애굽에서 인도하여 내던 날부터 오늘까지 집에 살지 아니하고 장막과 성막 안에서 다녔나니 ⁷이스라엘 자손과 더불어 다니는 모든 곳에서 내가 내 백성 이스라엘을 먹이라고 명령한 이스라엘 어느 지파들 가운데 하나에게 내가 말하기를 너희가 어찌하여 나를 위하여 백향목 집을 건축하지 아니하였느냐고 말하였느냐 ⁸그러므로 이제 내 종 다윗에게 이와 같이 말하라 만군의 여호와께서 이와 같이 말씀하시기를 내가 너를 목장 곧 양을 따르는 데에서 데려다가 내 백성 이스라엘의 주권자로 삼고 ⁹네가 가는 모든 곳에서 내가 너와 함께 있어 네 모든 원수를 네 앞에서 멸하였은즉 땅에서 위대한 자들의 이름같이 네 이름을 위대하게 만들어 주리라 ¹⁰내가 또 내 백성 이스라엘을 위하여 한 곳을 정하여 그를 심고 그를 거주하게 하고 다시 옮기지 못하게 하며 악한 종류로 전과 같이 그들을 해하지 못하게 하여 ¹¹전에 내가 사사에게 명령하여 내 백성 이스라엘을 다스리던 때와 같지 아니하게 하고 너를 모든 원수에게서 벗어나 편히 쉬게 하리라 여호와가 또 네게 이르노니 여호와가 너를 위하여 집을 짓고 ¹²네 수한이 차서 네 조상들과 함께 누울 때에 내가 네 몸에서 날 네 씨를 네 뒤에 세워 그의 나라를 견고하게 하리라 ¹³그는 내 이름을 위하여 집을 건축할 것이요 나는 그의 나라 왕위를 영원히 견고하게 하리라 ¹⁴나는 그에게 아버지가 되고 그는 내게 아들이 되리니 그가 만일 죄를 범하면 내가 사람의 매와 인생의 채찍으로 징계하려니와 ¹⁵내가 네 앞에서 물러나게 한 사

울에게서 내 은총을 빼앗은 것처럼 그에게서 빼앗지는 아니하리라 [16]네 집과 네 나라가 내 앞에서 영원히 보전되고 네 왕위가 영원히 견고하리라 하셨다(삼하 7:5-16).

여호와는 성전을 건축하고 싶어 하는 다윗의 말을 듣고 기뻐하셨다. 하나님은 성전을 "내가 살 집"이라고 말씀하셨다. 성전은 단순한 건축물이 아니라 여호와의 임재가 있는 곳이다. 살아계신 여호와께서 거하시는 곳이다. 하나님은 "내가 이스라엘 자손을 애굽에서 인도하여 내던 날부터 오늘까지 집에 살지 아니하고 장막과 성막 안에서 다녔다"고 말씀하셨다(삼하 7:6).

광야생활은 그렇다 하더라도 가나안 땅을 정복한 뒤에도 하나님을 위해 "집"을 지은 사람은 아무도 없었다. 하나님은 약 440년을[1] 그렇게 쓸쓸하게 장막과 성막 안에서 계셨을 뿐이다. 하나님은 이스라엘 그 어느 지파 사람이 여호와를 위하여 백향목 집을 건축하려 했느냐고 물으셨다(삼하 7:7). 여호와는 다윗에게 놀라운 언약을 베푸셨다. 여호와는 다윗의 아들이 "내 이름을 위하여 집을 건축할 것"이라고 말씀하셨다(삼하 7:13). 다윗부터 돌로 지어지는 성전의 꿈이 태동하였지만, 건축은 그의 아들 솔로몬에 의해 시작되었다. 다윗은 여호와의 전을 건축할 수 없었다. 다윗은 그 이유를 솔로몬에서 말했다.

[7]… 내 아들아 나는 내 하나님 여호와의 이름을 위하여 성전을 건축할 마음이 있었으나 [8]여호와의 말씀이 내게 임하여 이르시되 너는 피

---

1 솔로몬이 성전을 건축하기 시작한 때는 "애굽에서 나온 지 480년이요 왕이 된 지 4년"이었다(왕상 6:1). 그러므로 광야 40년을 제외하면 여호수아와 이스라엘 백성들이 가나안 땅에 정착하고 난 뒤 약 440년 동안 초라한 성막의 형태로 실로에 있었다.

를 심히 많이 흘렸고 크게 전쟁하였느니라 네가 내 앞에서 땅에 피를 많이 흘렸은즉 내 이름을 위하여 성전을 건축하지 못하리라 ⁹보라 한 아들이 네게서 나리니 그는 온순한 사람이라 내가 그로 주변 모든 대적에게서 평온을 얻게 하리라 그의 이름을 솔로몬이라 하리니 이는 내가 그의 생전에 평안과 안일함을 이스라엘에게 줄 것임이니라 ¹⁰그가 내 이름을 위하여 성전을 건축할지라 그는 내 아들이 되고 나는 그의 아버지가 되어 그 나라 왕위를 이스라엘 위에 굳게 세워 영원까지 이르게 하리라 하셨나니 ¹¹이제 내 아들아 여호와께서 너와 함께 계시기를 원하며 네가 형통하여 여호와께서 네게 대하여 말씀하신 대로 네 하나님 여호와의 성전을 건축하며 ¹²여호와께서 네게 지혜와 총명을 주사 네게 이스라엘을 다스리게 하시고 네 하나님 여호와의 율법을 지키게 하시기를 더욱 원하노라 ¹³그때에 네가 만일 여호와께서 모세를 통하여 이스라엘에게 명령하신 모든 규례와 법도를 삼가 행하면 형통하리니 강하고 담대하여 두려워하지 말고 놀라지 말지어다 (대상 22:7-13).

다윗은 여호와의 집을 건축하고 싶었지만, 전쟁에서 많은 피를 흘려 그토록 원했던 성전을 지을 수 없었다.

2) 다윗의 성전 준비

비록 다윗은 전쟁에서 피를 많이 흘려 성전을 건축할 수 없었지만(대상 22:8), 아들이 여호와의 집을 건축할 것을 허락받았다(삼하 7:13). 다윗은 성전 건축에 필요한 모든 것을 준비했다.

> ²다윗이 명령하여 이스라엘 땅에 거류하는 이방 사람을 모으고 석수를 시켜 하나님의 성전을 건축할 돌을 다듬게 하고 ³다윗이 또 문짝 못과 거멀 못에 쓸 철을 많이 준비하고 또 무게를 달 수 없을 만큼 심히 많은 놋을 준비하고 ⁴또 백향목을 무수히 준비하였으니 이는 시돈 사람과 두로 사람이 백향목을 다윗에게로 많이 수운하여 왔음이라 ⁵다윗이 이르되 내 아들 솔로몬은 어리고 미숙하고 여호와를 위하여 건축할 성전은 극히 웅장하여 만국에 명성과 영광이 있게 하여야 할지라 그러므로 내가 이제 그것을 위하여 준비하리라 하고 다윗이 죽기 전에 많이 준비하였더라(대상 22:2-5).

다윗은 환난 중에서도 여호와의 성전을 위해 금 십만 달란트, 은 백만 달란트, 놋과 철은 무게를 달 수 없을 만큼 심히 많이 준비하였다. 재목과 돌(대상 22:14), 석수와 목수, 장인들과 온갖 일에 익숙한 모든 사람들을 준비하였다(대상 22:15-16). 다윗은 이스라엘 모든 백성들에게 "아들 솔로몬을 도우라"고 명령했다(대상 22:17). 다윗은 마지막으로 백성들에게 당부했다.

> ¹⁸너희 하나님 여호와께서 너희와 함께 계시지 아니하시느냐 사면으로 너희에게 평온함을 주지 아니하셨느냐 이 땅 주민을 내 손에 넘기사 이 땅으로 여호와와 그의 백성 앞에 복종하게 하셨나니 ¹⁹이제 너희는 마음과 뜻을 바쳐서 너희 하나님 여호와를 구하라 그리고 일어나서 여호와 하나님의 성전을 건축하고 여호와의 언약궤와 하나님 성전의 기물을 가져다가 여호와의 이름을 위하여 건축한 성전에 들이게 하라(대상 22:18-19).

다윗은 성전을 건축하면 성막에 있었던 여호와의 언약궤와 기물들은 여호와의 이름을 위하여 건축한 성전에 들이게 하라고 명령했다(대상 22:19).

5. 솔로몬의 성전 건축

다윗은 성전 건축을 준비했고 솔로몬은 건축했다.

> 이스라엘 자손이 애굽 땅에서 나온 지 사백팔십 년이요 솔로몬이 이스라엘 왕이 된 지 사 년 시브월 곧 둘째 달에 솔로몬이 여호와를 위하여 성전 건축하기를 시작하였더라(왕상 6:1).

성전은 출애굽한 지 480년, 솔로몬이 왕으로 등극한 지 4년 둘째 달인 시브월(the month of Ziv)에 건축이 시작되었다(B.C. 약 958년). 다르게 보면, 여호와의 언약궤는 약 480년 동안 불안전한 성막과 산당과 20년간 아비나답의 집에 전전했음을 보여준다. 여호와의 성전은 솔로몬에 의해 아름답게 건축되었다(왕상 6:2-36). 성전은 열한째 해 불월(the month of Bul) 곧 여덟째 달에 그 설계와 식양대로 성전 건축이 다 끝났다. 성전 건축은 두로(Tyres) 장인(匠人)들이 히람의 감독하에 진행되었다(왕상 7:40-45). 그리고 레바논의 백향목이 사용되었다(왕상 5:6-11). 솔로몬은 7년 동안 성전을 건축하였다(왕상 6:38). 반면에 솔로몬은 자기의 왕궁을 30년 동안 건축하였다(왕상 7:1).

6. 솔로몬 성전의 파괴

1) 성전파괴의 원인

하나님은 우상숭배에 빠진 이스라엘을 향해 앗수르와 바벨론의 멸망을 선포했다. 더 나아기 하나님의 임재로 영원한 하나님의 성소로 생각했던 성전이 이스라엘의 죄로 무너지리라고 말씀하셨다. 성전 없는 이스라엘은 생각할 수 없다. 예레미야는 우상숭배와 사회적 악들을 범하면서도 하나님의 성전을 모독하는 자들을 향해 여호와의 말씀을 외쳤다.

> ³만군의 여호와 이스라엘의 하나님이 이같이 말씀하시되 너희 길과 행위를 바르게 하라 그리하면 내가 너희로 이곳에 거하게 하리라 ⁴너희는 이것이 여호와의 전이라, 여호와의 전이라, 여호와의 전이라 하는 거짓말을 믿지 말라(렘 7:3-4).

하나님은 죄악으로 가득찬 이스라엘에게 회개의 기회를 제시한다. 하나님께로 돌아오라고 선포하셨다. 회개하고 돌아오면, 하나님께서 주신 땅에서 영원히 살도록 하신다고 말씀하셨다.

> ⁵너희가 만일 길과 행위를 참으로 바르게 하여 이웃들 사이에 정의를 행하며 ⁶이방인과 고아와 과부를 압제하지 아니하며 무죄한 자의 피를 이 곳에서 흘리지 아니하며 다른 신들 뒤를 따라 화를 자초하지 아니하면 ⁷내가 너희를 이 곳에 살게 하리니 곧 너희 조상에게 영원무궁토록 준 땅에니라(렘 7:5-7).

그럼에도 이스라엘은 무익한 거짓말과 도둑질, 살인, 간음, 거짓 맹세, 바알에게 분향하며, 알지 못하는 다른 신들까지도 따르는 범죄를 저질렀다(렘 7:8-9).

> [8]너희가 무익한 거짓말을 의뢰하는도다 [9]너희가 도적질하며 살인하며 간음하며 거짓맹세하며 바알에게 분향하며 너희의 알지 못하는 다른 신들을 좇으면서(렘 7:8-9).

요시야의 종교개혁으로 알게 되는 것은 여호와의 성전조차 우상으로 가득 찼다는 것이다. 요시야는 성전 안에서 발견된 언약책(the Book of the Covenant)을 백성 앞에서 읽었고 백성들은 율법의 말씀을 다 따르기로 결단했다.

> [2]이에 여호와의 전에 올라가매 유다 모든 사람과 예루살렘 거민과 제사장들과 선지자들과 모든 백성이 무론 노소하고 다 왕과 함께 한지라 왕이 여호와의 전 안에서 발견한 언약책의 모든 말씀을 읽어 무리의 귀에 들리고 [3]왕이 대 위에 서서 여호와 앞에서 언약을 세우되 마음을 다하고 성품을 다하여 여호와를 순종하고 그 계명과 법도와 율례를 지켜 이 책에 기록된 이 언약의 말씀을 이루게 하리라 하매 백성이 다 그 언약을 좇기로 하니라(왕하 23:2-3).

요시야 전에는 율법의 말씀대로 살지 않았으며, 언약책을 읽지 않았다. 요시야는 바알(Baal)과 아세라(Asherah), 하늘의 일월성신(all the starry hosts)을 위해 만든 모든 그릇들을 여호와의 성전에서 내다가 예루살렘 바깥 기드론 밭에서 불살랐다(왕하 23:4). 요시야는 "유다 모든 성읍과 예루살렘 주위의 산당들에서 분향하며 우상을 섬기게 한 제사장들을 폐하며 또 바알과 해와 달과 별 떼와 하늘의 모든 별에게 분향하는 자들을 폐"하였다(왕상 23:5). 이스라엘은 몰록(Molech)을 숭배하기 위해 자기의 자녀를 불로 지나가게 했고(왕상 23:10), 태양을 위해 말들을 드렸고(왕상 23:11), 솔로몬은 시돈 사람의 가증한 아스다롯(Ashtoreth)과 모압 사람의 가증한 그모스(Chemosh)와 암몬 자손의 가증한 밀곰(Molech)을 위하여 단을 세웠다(왕상 23:13).

느밧의 아들 여로보암은 벧엘에 아세라 제단과 산당을 지어 이스라엘을 죄에 빠지게 했다(왕상 23:15). 요시야가 유월절을 지키기 전까지 사사 시대부터 요시야 시대까지 유월절을 지킨 일이 없었다(왕상 23:22). 이스라엘은 하나님을 떠나 말씀에 순종하지 않았다. 그들은 우상을 숭배했다. 하나님께 대한 이스라엘의 범죄는 남·북이 각각 바벨론과 앗수르에 의해 멸망했고 성전의 파괴라는 수치를 가져왔다.

2) 죄의 결과

웅장했던 솔로몬의 성전은 바벨론 제국 느부갓네살(Nebuchadnezzar) 왕의 침입으로 위기를 맞았다. 느브갓네살의 유다 제1차 침공은 여호야김 시대에 일어났다. 이집트 제26왕조의 제2대 왕인 바로 느고(Pharaoh Neco II)는 이스라엘을 통과해 앗수르와 싸우기 위해 유브라데 강을 행해 가고 있었다. 요시야는 바벨론 므깃도에서 바로 느고와 맞섰다가 죽임을 당했다(왕하 23:29). 백성들은 요시야의 아들 여호아하스(렘 22:11; 대상 3:15은 살룸으로 부름)를 왕으로 세웠다. 그러나 느고는 그를 폐위시키고 요시야의 또 다른 아들 엘리야김(Eliakim)에게 '여호야김'(Jehoiakim)이라는 이름을 하사하며 왕으로 삼았다(왕하 23:34).

이집트는 B.C. 609년 북진하여 바벨론과 갈그미스(Carchemish)에서 전투를 벌였다.[2] 바벨론의 느브갓네살 왕은 B.C. 605년에 갈그미스에서 대승을 거두며 이집트의 패권을 종식시켰다.[3] 이후 B.C. 601년 바벨론과 이집트는 가나안 지방 경계선에서 전쟁을 치렀지만 무승부로 끝났다.[4] 그래서 바벨론이 완전한 패권을 차지하기 위해서 8년이라는 시간이 소요되었다. 남유다는 고대 근동의 패권을 차지한 바벨론의 종속국이 되었다. 자연스럽게 느고가 세운 왕 여호야김도 바벨론을 섬기게 되었다.

느브갓네살은 B.C. 604년 시리아-팔레스타인 원정에 올라 블레셋의 아스글론을 함락시켰다.[5] 바벨론은 회군하는 과정에서 남유다에서 제1차 포로들인 다니엘, 하나냐, 미사엘, 아사랴[6] 등을 데려갔다.[7] 성경에는 제1차 포로에 대한 명단이나 구체적인 내용에 대해 설명하지 않는다. 다니엘서에 등장하는 다니엘, 하나냐, 미사엘, 아사랴는 마치 여호야김 3년째 느브갓네살 왕이 예루살렘을 포위하고 예루살렘 사람들을 포로로 데려간 제2차 포로처럼 보인다. 그러나 다니엘과 세 명은 B.C. 604년 제1차 바벨론 포로로 끌려갔다.

---

2 알프레드 J. 허트, 『고고학과 구약성경』, 강대홍 역 (서울: 도서출판 미스바, 2003), p. 495.
3 헤르만 헤케, 『한 권으로 마스터하는 구약성경』, 차준희 역 (서울: 대한기독교서회, 2013), p. 360.
4 송병현, 『다니엘 어떻게 설교할 것인가』, 목회와신학 편집부 엮음 (서울: 두란노아카데미, 2009), p. 15.
5 이안 프로반 외 2인, 『이스라엘의 성경적 역사』, 김구원 옮김 (서울: CLC, 2013), p. 565.
6 이름은 존재의 의미를 담고 있다. 유대식 이름인 다니엘은 "하나님은 나의 재판관이다"는 의미를 가지며, 하나냐는 "여호와는 은혜로우시다," 미사엘은 "하나님은 누구신가?," 아사랴는 "여호와는 돕는 분이다"라는 의미를 가진다. 그러나 바벨론의 포로가 되면서 바벨론식 이름으로 불렸다. 다니엘은 벨드사살로 "벨이 생명을 지킨다," 하나냐는 사드락으로 "달신의 명령," 미사엘은 메삭으로 "누구냐," 아사랴는 아벳느고로 "(바벨론 신) 느고의 종"으로 바뀌었다.
7 조병호, 『성경과 고대전쟁』 (서울: 통독원, 2012), p. 106.

> ¹유다 왕 여호야김이 다스린 지 삼 년이 되는 해에 바벨론 왕 느부갓네살이 예루살렘에 이르러 성을 에워쌌더니 ²주께서 유다 왕 여호야김과 하나님의 전 그릇 얼마를 그의 손에 넘기시매 그가 그것을 가지고 시날 땅 자기 신들의 신전에 가져다가 그 신들의 보물 창고에 두었더라 ³왕이 환관장 아스부나스에게 말하여 이스라엘 자손 중에서 왕족과 귀족 몇 사람 ⁴곧 흠이 없고 용모가 아름다우며 모든 지혜를 통찰하며 지식에 통달하며 학문에 익숙하여 왕궁에 설 만한 소년을 데려오게 하였고 그들에게 갈대아 사람의 학문과 언어를 가르치게 하였고 … ⁶그들 가운데는 유다 자손 곧 다니엘과 하나냐와 미사엘과 아사랴가 있었더니 ⁷환관장이 그들의 이름을 고쳐 다니엘은 벨드사살이라 하고 하나냐는 사드락이라 하고 미사엘은 메삭이라 하고 아사랴는 아벳느고라 하였더라(단 1:1-4, 6-7).

여호야김은 3년간 바벨론을 섬기다가 느브갓네살 왕에게 반역했다. 그의 반역은 아마도 B.C. 601년 느브갓네살과 느고 사이에 벌어졌던 전투 때문일 것이다. 이 전투로 인해 이집트와 바벨론은 막대한 피해를 입었다. 바벨론의 『연대기 5』(Babylonian Chronicle 5)에 의하면 바벨론은 전쟁에서 입은 피해를 회복하는데 7년이나 걸렸다.⁸ 그래서 여호야김은 바벨론보다 자신을 왕으로 세운 이집트가 남유다를 지원해 줄 것이라고 기대했다. 성경은 여호야김의 잘못된 정치적 결정을 다른 각도로 설명한다.

> ¹여호야김 시대에 바벨론의 왕 느부갓네살이 올라오매 여호야김이 삼 년간 섬기다가 돌아서 그를 배반하였더니 ²여호와께서 그의 종

---

8 레스터 L. 그래비, 『고대 이스라엘 역사』, 류광현·김성천 옮김 (서울: CLC, 2012), p. 349.

선지자들을 통하여 하신 말씀과 같이 갈대아의 부대와 아람의 부대와 모압의 부대와 암몬 자손의 부대를 여호야김에게로 보내 유다를 쳐 멸하려 하시니 ³이 일이 유다에 임함은 곧 여호와의 말씀대로 그들을 자기 앞에서 물리치고자 하심이니 이는 므낫세의 지은 모든 죄때문이며 ⁴또 그가 무죄한 자의 피를 흘려 그의 피가 예루살렘에 가득하게 하였음이라 여호와께서 사하시기를 즐겨하지 아니하시니라

(왕하 24:1-4).

여호야김이 왕위에 오를 때에 나이가 이십오 세라 예루살렘에서 십일 년 동안 다스리며 그의 하나님 여호와 보시기에 악을 행하였더라

(대하 36:5).

느브갓네살 왕의 유다 침공은 여호야김과 유다 백성들의 죄의 결과였다. 하나님은 유다의 죄악으로 인해 바벨론을 사용하기로 결심했다(렘 27:25; 34:2-7). 하나님은 이스라엘의 죄악 때문에 끊임없이 선지자들을 보내 죄를 회개할 것을 촉구했다. 그러나 이스라엘은 하나님께 돌아오기를 거절했다. 하나님은 선지자 예레미야를 예언했다. 하나님은 바벨론을 그들의 죄악으로 심판하실 것이다.

여호와께서 이와 같이 말씀하시되 보라 내가 너로 너와 네 모든 친구에게 두려움이 되게 하리니 그들이 그들의 원수들의 칼에 엎드러질 것이요 네 눈은 그것을 볼 것이며 내가 온 유다를 바벨론 왕의 손에 넘기리니 그가 그들을 사로잡아 바벨론으로 옮겨 칼로 죽이리라

(렘 20:4).

> [1]유다의 왕 요시야의 아들 여호야김 넷째 해 곧 바벨론의 왕 느부갓네살 원년에 유다의 모든 백성에 관한 말씀이 예레미야에게 임하니라 … [4]그러므로 여호와께서 그의 모든 종 선지자를 너희에게 끊임없이 보내셨으나 너희가 순종하지 아니하였으며 귀를 기울여 듣지도 아니하였도다 [5]그가 이르시기를 너희는 각자의 악한 길과 악행을 버리고 돌아오라 그리하면 나 여호와가 너희와 너희 조상들에게 영원부터 영원까지 준 그 땅에 살리라 … [11]이 모든 땅이 폐허가 되어 놀랄 일이 될 것이며 이 민족들은 칠십 년 동안 바벨론의 왕을 섬기리라 [12]여호와의 말씀이니라 칠십 년이 끝나면 내가 바벨론의 왕과 그의 나라와 갈대아인의 땅을 그 죄악으로 말미암아 벌하여 영원히 폐허가 되게 하되(렘 20:1, 4-5, 11-12).

하나님의 측면에서는 유다의 멸망은 죄의 결과였다. 그러나 외형적으로는 여호야김의 정치적 결정이었으며 남유다에게는 참혹한 결과를 가져왔다. 느부갓네살은 B.C. 601년 남유다를 향했다. 그리고 B.C. 598년에 예루살렘을 포위했고 B.C. 597년 3월 16일/17일에 함락시켰다. 느부갓네살의 제2차 남유다 침공이었다. 느부갓네살은 예루살렘과 성전의 보화들을 약탈하고 여호야김 왕의 아들 여호야긴과 선지자 에스겔, 그리고 유대 지도자들과 약 1만 명의 사람들을 포로로 끌고 갔다. 제2차 바벨론 포로였다.

> [13]그가 여호와의 성전의 모든 보물과 왕궁 보물을 집어내고 또 이스라엘의 왕 솔로몬이 만든 것 곧 여호와의 성전의 금 그릇을 다 파괴하였으니 여호와의 말씀과 같이 되었더라 [14]그가 또 예루살렘의 모든 백성과 모든 지도자와 모든 용사 만 명과 모든 장인과 대장장이를 사로잡

> 아 가매 비천한 자 외에는 그 땅에 남은 자가 없었더라 ¹⁵그가 여호야긴을 바벨론으로 사로잡아 가고 왕의 어머니와 왕의 아내들과 내시들과 나라에 권세 있는 자도 예루살렘에서 바벨론으로 사로잡아 가고 ¹⁶또 용사 칠천 명과 장인과 대장장이 천 명 곧 용감하여 싸움을 할 만한 모든 자들을 바벨론 왕이 바벨론으로 사로잡아 가고(왕하 24:13-16).

느브갓네살 왕의 예루살렘 정벌은 토판인 『갈대아 왕들의 역대기』에 기록되어 있다.

> 재위 7년 기슬레브(Kislimu) 월에 아카드 왕이 자기 군대를 소집하였고, 하투(Hattu=Syria) 땅으로 행진해 갔다. 그가 유다의 도시(URU Ia-a-ḫu-du) 앞에 진을 치고, 아달(Adar) 월 2일에 그 성을 포위하였다. 그가 그 왕을 사로잡았다. 그는 자기가 선택한 왕을 대신 임명했다. 그가 거기서 많은 전리품을 빼앗았고 이를 바벨론으로 보냈다.⁹

느부갓네살은 맛다니야를 유다의 왕으로 세우고 이름을 시드기야로 바꾸었다(왕하 24:17). 그러나 시드기야는 예레미야의 경고에도 불구하고 11년 동안 유다를 통치하면서 반바벨론(Anti-Babylonian) 정책을 펴면서 이집트에 도움을 요청했다(렘 27-29장). 이것은 정치적인 동기였다. 그러나 하나님은 여호야김뿐 아니라 시드기야조차도 여호와 보시에게 악을 행했기 때문에 느브갓네살이 유다/예루살렘 제3차 침공의 계기였다고 말씀하신다.

---

9 제임스 B. 프리처드 편집, 『고대 근동 문학 선집』, 강승일 외 5인 옮김 (서울: CLC, 2016), p. 537. *ANET* 304-305.

[19]그가 여호야김의 모든 행위를 따라 여호와 보시기에 악을 행한지라 [20]여호와께서 예루살렘과 유다를 진노하심이 그들을 그 앞에서 쫓아내실 때까지 이르렀더라 시드기야가 바벨론 왕을 배반하니라 (왕하 24:19-20).

느부갓네살은 제3차 유다 침공을 감행했다. 느브갓네살은 시드기야의 반역 때문에 군대를 이끌고 예루살렘으로 왔으며 무참히 짓밟았다.

[1]시드기야 제구 년 열째 달 십일에 바벨론의 왕 느부갓네살이 그의 모든 군대를 거느리고 예루살렘을 치러 올라와서 그 성에 대하여 진을 치고 주위에 토성을 쌓으매 [2]그 성이 시드기야 왕 제십일 년까지 포위되었더라 [3]그 해 넷째 달 구일에 성 중에 기근이 심하여 그 땅 백성의 양식이 떨어졌더라 [4]그 성벽이 파괴되매 모든 군사가 밤중에 두 성벽 사이 왕의 동산 곁문 길로 도망하여 갈대아인들이 그 성읍을 에워쌌으므로 그가 아라바 길로 가더니 [5]갈대아 군대가 그 왕을 뒤쫓아가서 여리고 평지에서 그를 따라 잡으매 왕의 모든 군대가 그를 떠나 흩어진지라 [6]그들이 왕을 사로잡아 그를 립나에 있는 바벨론 왕에게로 끌고 가매 그들이 그를 심문하니라 [7]그들이 시드기야의 아들들을 그의 눈앞에서 죽이고 시드기야의 두 눈을 빼고 놋 사슬로 그를 결박하여 바벨론으로 끌고 갔더라 [8]바벨론 왕 느부갓네살의 열아홉째 해 오월 칠일에 바벨론 왕의 신복 시위대장 느부사라단이 예루살렘에 이르러 [9]여호와의 성전과 왕궁을 불사르고 예루살렘의 모든 집을 귀인의 집까지 불살랐으며 [10]시위대장에게 속한 갈대아 온 군대가 예루살렘 주위의 성벽을 헐었으며 [11]성 중에 남아 있는 백성과 바벨론 왕에게 항복한 자들과 무리 중 남은 자는 시위대장 느부사라단이 모두 사로잡

아 가고 ¹²시위대장이 그 땅의 비천한 자를 남겨 두어 포도원을 다스리는 자와 농부가 되게 하였더라 ¹³갈대아 사람이 또 여호와의 성전의 두 놋 기둥과 받침들과 여호와의 성전의 놋 바다를 깨뜨려 그 놋을 바벨론으로 가져가고 ¹⁴또 가마들과 부삽들과 부집게들과 숟가락들과 섬길 때에 쓰는 모든 놋그릇을 다 가져갔으며 ¹⁵시위대장이 또 불 옮기는 그릇들과 주발들 곧 금으로 만든 것이나 은으로 만든 것이나 모두 가져갔으며 ¹⁶또 솔로몬이 여호와의 성전을 위하여 만든 두 기둥과 한 바다와 받침들을 가져갔는데 이 모든 기구의 놋 무게를 헤아릴 수 없었으니 ¹⁷그 한 기둥은 높이가 열여덟 규빗이요 그 꼭대기에 놋 머리가 있어 높이가 세 규빗이요 그 머리에 둘린 그물과 석류가 다 놋이라 다른 기둥의 장식과 그물도 이와 같았더라 ¹⁸시위대장이 대제사장 스라야와 부제사장 스바냐와 성전 문지기 세 사람을 사로잡고 ¹⁹또 성 중에서 사람을 사로잡았으니 곧 군사를 거느린 내시 한 사람과 또 성 중에서 만난 바 왕의 시종 다섯 사람과 백성을 징집하는 장관의 서기관 한 사람과 성 중에서 만난 바 백성 육십 명이라(왕하 25:1-19).

느부갓네살은 B.C. 587-586년 약 2년 동안(18개월) 예루살렘을 포위하고 토성을 쌓았다(왕하 25:2). 예루살렘은 굶주림과 고통 속에서 B.C. 586년 7월에 함락 당했다. 느부갓네살은 예루살렘에 있는 왕궁, 가옥을 불태우고 심지어 솔로몬 성전도 불태우고 파괴했다(왕하 25:8-21; 렘 39:10). 여리고로 도망친 시드기야는 붙잡혀 아들들이 처형당하는 모습을 목격하면서, 두 눈이 뽑혀 바벨론으로 끌려갔다(왕하 25:7). 느부갓네살은 수많은 성전의 기물들을 바벨론으로 옮겨갔다(왕하 25:13-17; 렘 52:17-23). 그리고 수많은 유다 사람들이 포로가 되어 바벨론으로 끌려갔다. 이것이 제3차 바벨론 포로였다.

7. 스룹바벨 성전

하나님은 바벨론 포로생활을 통해 이스라엘 백성들이 스스로 우상숭배에 대한 죄를 회개하는 기회로 삼았다. 그리고 예루살렘 성과 성전 재건이라는 새로운 비전을 주었다.

> ¹다리오 왕 제이 년 여섯째 달 곧 그 달 초하루에 여호와의 말씀이 선지자 학개로 말미암아 스알디엘의 아들 유다 총독 스룹바벨과 여호사닥의 아들 대제사장 여호수아에게 임하니라 이르시되 ²만군의 여호와가 이같이 말하여 이르노라 이 백성이 말하기를 여호와의 전을 건축할 시기가 이르지 아니하였다 하느니라(학 1:1-2).

바벨론에 멸망당한 이스라엘 백성들은 패전의 고통에서 벗어나지 못했다. 그들은 절망과 패배의 고통, 내일에 대한 비전을 상실했다. 바벨론에 패망하기 전, 이미 예레미야는 회복의 메시지를 선포했었다. 하나님은 70년 후에 바벨론을 멸하겠다고 말씀하셨다.

> ¹¹이 모든 땅이 폐허가 되어 놀랄 일이 될 것이며 이 민족들은 칠십 년 동안 바벨론의 왕을 섬기리라 ¹²여호와의 말씀이니라 칠십 년이 끝나면 내가 바벨론의 왕과 그의 나라와 갈대아인의 땅을 그 죄악으로 말미암아 벌하여 영원히 폐허가 되게 하되 ¹³내가 그 땅을 향하여 선언한 바 곧 예레미야가 모든 민족을 향하여 예언하고 이 책에 기록한 나의 모든 말을 그 땅에 임하게 하리라 ¹⁴그리하여 여러 민족과 큰 왕들이 그들로 자기들을 섬기게 할 것이나 나는 그들의 행위와 그들의 손이 행한 대로 갚으리라(렘 25:11-14).

바벨론의 심판은 이스라엘의 회복이다. 하나님은 이스라엘이 70년 만에 고국으로 돌아올 것을 말씀하셨다.

> 여호와께서 이와 같이 말씀하시니라 바벨론에서 칠십 년이 차면 내가 너희를 돌보고 나의 선한 말을 너희에게 성취하여 너희를 이 곳으로 돌아오게 하리라(렘 29:10).

하나님은 예레미야에게 회복의 증표로 아나돗에 있는 하나멜의 밭을 살 것을 말씀하셨다.

> ^{7}보라 네 숙부 살룸의 아들 하나멜이 네게 와서 말하기를 너는 아나돗에 있는 내 밭을 사라 이 기업을 무를 권리가 네게 있느니라 하리라 하시더니 ^{8}여호와의 말씀과 같이 나의 숙부의 아들 하나멜이 시위대 뜰 안 나에게 와서 이르되 청하노니 너는 베냐민 땅 아나돗에 있는 나의 밭을 사라 기업의 상속권이 네게 있고 무를 권리가 네게 있으니 너를 위하여 사라 하는지라(렘 32:7-8).

다리오(Darius I B.C. 522-486)가 페르시아 왕 통치 원년에 다니엘은 예레미야의 글을 읽다가 70년 후에 회복하리는 말씀을 깨달았다.

> ^{1}메대 족속 아하수에로의 아들 다리오가 갈대아 나라 왕으로 세움을 받던 첫 해 ^{2}곧 그 통치 원년에 나 다니엘이 책을 통해 여호와께서 말씀으로 선지자 예레미야에게 알려 주신 그 연수를 깨달았나니 곧 예루살렘의 황폐함이 칠십 년만에 그치리라 하신 것이니라(단 9:1-2).

다니엘은 금식하며 베옷을 입고 재를 덮어쓰고 하나님께 간절히 기도했다(단 9:3). 다니엘의 간절한 기도(단 9:4-19)에 하나님은 응답하여 가브리엘 천사를 통해 예루살렘을 중건하라는 메시지를 주셨다(단 9:21-27).

유다 포로들이 고향 이스라엘로 귀환한 것은 고레스 왕의 칙령(B.C. 538)에 의해서였다. 이사야는 고레스를 "기름 부음 받은 자"라고 표현했는데 이는 하나님의 도구로 사용되어 포로 유대인들을 고국으로 귀환하도록 명령했던 사람이기 때문이었다(사 45:1, 13). 고레스가 중요한 이유는 첫째, 사람들이 고국으로 돌아갈 수 있도록 허락했고(대하 36:22-23) 둘째, 예루살렘 성전을 건축하도록 명령하며, 재건에 소용되는 재원들을 지원해 주었기 때문이다(대하 36:23; 스 1:1-2, 6-11). 고레스의 정책들은 현재 대영박물관에 소장되어 있는 '고레스 원통 비문'(Cyrus Cylinder)과 일치한다.

〈그림 3〉 고레스 원통 비문

고레스의 칙명은 여호와께서 예레미야에게 말씀하신 것을 이룬 것이다. 하나님은 역사를 초월하고 모든 민족과 제국들조차도 움직이시는 만유의 주이심을 보여준다.

²²바사의 고레스 왕 원년에 여호와께서 예레미야의 입으로 하신 말씀을 이루시려고 여호와께서 바사의 고레스 왕의 마음을 감동시키시매 그가 온 나라에 공포도 하고 조서도 내려 이르되 ²³바사 왕 고레스가 이같이 말하노니 하늘의 신 여호와께서 세상 만국을 내게 주셨고 나에게 명령하여 유다 예루살렘에 성전을 건축하라 하셨나니 너희 중에 그의 백성된 자는 다 올라갈지어다 너희 하나님 여호와께서 함께 하시기를 원하노라 하였더라(대하 36:22-23).

¹바사 왕 고레스 원년에 여호와께서 예레미야의 입을 통하여 하신 말씀을 이루게 하시려고 바사 왕 고레스의 마음을 감동시키시매 그가 온 나라에 공포도 하고 조서도 내려 이르되 ²바사 왕 고레스는 말하노니 하늘의 하나님 여호와께서 세상 모든 나라를 내게 주셨고 나에게 명령하사 유다 예루살렘에 성전을 건축하라 하셨나니(스 1:1-2).

고레스가 칙령을 반포하면서 B.C. 538년에 유다 총독으로 세스바살이 임명되었다. 세스바살은 고레스가 준 여호와의 성전 그릇과 바벨론에 포로로 끌려 왔던 유다 사람들을 데리고 고국으로 향했다(스 1:7-11). 귀향자들의 수는 모두 42,360명, 그 외 남종과 여종이 7,337명, 노래하는 남녀가 200명이었고 가축들은 말 736마리, 노새 245마리, 낙타 435마리 나귀 6,720마리였다(스 2:64-67). 이스라엘 백성들에게 70여 년 전 포로로 끌려갔던 16,000km의 노정은 고통과 절망뿐이었지만, 귀환자들에게 되돌아오는 노정은 기쁨과 감사였다. 그들은 비전을 품고 예루살렘으로 돌아왔다. 그들은 각각 성읍에 정착했다. 여호와의 성전을 재건하면서 어떤 족장들은 힘 되는 대로 금 61,000디릭(약 512.4kg), 은 5,000마네(약 2.85t), 제사장의 옷 100벌을 예물로 드렸다(스 2:69-70).

세스바살을 뒤이어 스룹바벨과 예수아(여호수아)가 유다 공동체를 이끌었다. 스룹바벨과 예수아는 하나님의 제단을 만들고 모세의 율법에 기록한 대로 번제를 그 위에서 드리려 하였다(스 3:2). 그러나 무리가 모든 나라 백성을 두려워하여 제단을 그 터에 세우고 그 위에서 아침, 저녁으로 여호와께 번제를 드리고 초막절을 지켜 번제를 매일 정수대로 날마다 드렸다(스 3:3-4). 이후 항상 드리는 번제와 초하루와 여호와의 모든 거룩한 절기의 번제와 사람이 여호와께 기쁘게 드리는 예물을 드렸다(스 3:5-6). 일곱째 달 일일부터 여호와께 번제를 드렸지만 여호와의 성전 지대는 아직 세워지지 않았다(스 3:7). 그래서 스룹바벨과 예수아는 목수와 석수를 채용하고 고레스의 명대로 레바논에서 백향목을 운반하여 성전 공사를 시작했다(스 3:6-8).

그러나 유다와 베냐민의 대적들이 하나님 여호와의 성전을 건축한다는 소식을 듣고 건축을 방해했다(스 4:1-4). 그들은 다리오가 즉위할 때까지 관리들에게 뇌물을 주어 그 계획을 방해했고(스 4:5), 아하수에로(Ahasuerus)가 즉위할 때 그들은 글을 올려 유다와 예루살렘 주민을 고발했다(스 4:6). 비슬람, 미드르닷, 다브엘과 그의 동료들, 방백 르훔, 서기관 심새가 아닥사스다 왕에게 상소문을 올려 예루살렘 백성들을 고발하였다(스 4:7-8). 그래서 하나님의 성전 공사가 페르시아 왕 다리오 제2년까지 중단되었다(스 4:24).

방해에도 불구하고 하나님의 성전 재건은 하나님의 뜻이었기 때문에 다시 시작되었다. 선지자 학개와 스가랴가 하나님의 이름으로 유다와 예루살렘에 거주하는 유다 사람들에게 예언했다(스 5:1). 스룹바벨과 예수아는 중단됐던 성전을 다시 재건했다(스 5:2). 하지만 유브라데 강 건너편 총독 닷드내와 스달보스내와 그들의 동관들이 다리오에게 글을 올려 방해하려 했다(스 5:3-17). 다리오는 조서를 내려 문서 창고에서 기록을 찾아오도록 명하였고 악메다 궁성에서 한 두루마리를 찾았다(스 6:1-2). 그 기록에서는 고레스 왕 원년에 여호와의 성전을 건축할 것과 그에 소용되는 경비를 왕실에서 낼 것과 바벨론 왕 느부갓네살이 성전에서 가져온 그릇을 줄 것을 담은 내용이 담겨져 있었다(스 6:3-5).

놀라운 역전이었다. 하나님의 승리였다. 다리오는 방해 글을 올린 자들에게 하나님의 성전 공사를 막지 말고 유다 총독과 장로들이 "하나님의 이 성전을 제자리에 건축하게 하라"고 명령했다(스 6:7). 유다의 장로들이 선지자 학개와 스가랴의 권면을 따라 성전을 건축했다. 하나님의 명령과 페르시아 왕 고레스, 다리오, 아닥사스다의 조서를 따라 성전을 건축했고 다리오 왕 제6년 아달월 3일에 성전 건축을 끝냈다(스 6:14-15). 그러나 제2성전으로 불리는 스룹바벨 성전은 솔로몬 성전보다는 못했다. 솔로몬의 성전을 보았던 제사장들과 레위 사람들과 나이 많은 족장들은 스룹바벨 성전의 기초가 놓임을 보고 대성통곡하였다(스 3:12; 학 2:3).

스룹바벨 성전에 또다시 위기가 찾아왔다. B.C. 167년 안티오쿠스 에피파네스 4세(Antiochus Epiphanes IV)가 희생 제단에 '멸망케 하는 물건'(단 11:31)을 세움으로써 성전을 더럽혔다. 안티오쿠스는 새롭고 보다 작은 제단을 성전 안 번제단 위에 세우고 제우스(Zeus)에게 바쳤다. 그리고 유다 전역에 '하늘의 주'를 위한 제단들이 세워졌다. 예루살렘의 시장과 영토 전역, 모든 도시와 마을들에 세워졌으며 이방 제단에서 의무적으로 희생제물을 드려야 했으며, 거절하는 사람들에게 엄중한 처벌을 내렸다. 또한 할례를 시행하지 못하게 했으며, 부정한 돼지고기를 제단에 드리도록 했다.[10]

이 때문에 마카비 가문이 일어나 신앙의 순수성을 일깨우고 독립운동을 삼 년 동안 벌였다. 마카비 가문은 에피파네스에게 승리하고 약 100년

---

10 F. F. 브루스, 『구약사』, 유행열 옮김 (서울: CLC, 1993), pp. 205-207.

동안 하스모니안 왕조를 세웠다. 하스모니안 왕조 동안에 스룹바벨 성전은 솔로몬 성전과 같이 이스라엘의 예배 중심이 되었다.

8. 에스겔 성전

에스겔의 환상 중에 '새 성전'이 등장한다(겔 40-48장). 새 성전에 대한 많은 해석들이 있다.

첫째, 솔로몬의 성전이다.

둘째, 바벨론 포로에서 돌아와 건축하게 된 제2성전이다.

셋째, 실제 건축된 성전이 아니라 포로 귀환 이스라엘에게 주어진 이상적인 성전을 의미한다.

넷째, 하늘 성전이다.

다섯째, 종말론적 관점에서 보는 마지막 성전이다.

여섯째, 신약의 교회를 상징한다.

이런 다양한 견해는 해석의 다양한 방법론적인 입장에서 서 있기 때문이다.

첫째, 문자적-예언적(literal-prophetic) 해석으로 에스겔은 이스라엘 백성들이 예루살렘으로 다시 돌아올 것을 기대했고 성전의 환상은 실제 성전이 될 것이라는 입장이다.

둘째, 상징적-기독교적(symbolic-Christian) 해석으로 요한계시록에 나타난 성전과 결부하여 신약의 교회를 상징한다는 입장이다.

셋째, 세대주의적(dispensatiolist) 해석으로 에스겔 40-48장을 왕국 시대 동안의 가나안 땅에서의 이스라엘로 제시한다. 이들은 문자적으로 새 성전이 실제로 건축될 것이라고 본다.

넷째, 상징적-묵시적(symbolic-apocalyptic) 해석으로 새 성전을 묵시로 보며 실제 성전이 아닌 말씀을 전하기 위한 상징적 수단이라는 주장이다.[11]

하나님은 B.C. 573년 4월경(사로잡힌 지 25년, 성이 함락된 후 14년 첫째 달 10일)에 에스겔에게 하나님의 이상 중에서(in visions of God) 성전을 보여주여 주셨다(겔 40:1-3). 놋같이 빛난 사람이 성전의 동쪽을 향한 문(40:4-16), 바깥뜰(40:17-19), 북쪽을 향한 문(40:20-23), 안뜰 남쪽 문(40:28-31), 안뜰 동쪽 문(40:42-34), 안뜰 북쪽 문(40:35-37), 안뜰 북쪽 문에 있는 부속 건물들(40:38-47), 성전 문 현관(40:48-49), 성소와 지성소 그리고 골방들(41:1-11), 서쪽 건물과 성전의 넓이(41:12-20), 나무 제단과 성전의 문들(41:21-26), 제사장의 방(42:1-14), 성전의 사면 담을 측량했다(42:15-20). 그 사람(하나님)은 에스겔을 동쪽을 향한 문으로 데리고 갔다(겔 43:1). 동문으로 향하여 여호와의 영광이 성전에 가득하였다.

> ²이스라엘 하나님의 영광이 동쪽에서부터 오는데 하나님의 음성이 많은 물 소리 같고 땅은 그 영광으로 말미암아 빛나니 ³그 모양이 내가 본 환상 곧 전에 성읍을 멸하러 올 때에 보던 환상 같고 그발 강 가에서 보던 환상과도 같기로 내가 곧 얼굴을 땅에 대고 엎드렸더니 ⁴여호와의 영광이 동문을 통하여 성전으로 들어가고 ⁵영이 나를 들어 데리고 안뜰에 들어가시기로 내가 보니 여호와의 영광이 성전에 가득하더라(겔 43:2-5).

하나님은 에스겔에게 말씀하셨다.

---

11 김상래, 「구약논단」 Vol 16. (서울: 한국구약학회, 2004), pp. 216-217.

> 인자야 이는 내 보좌의 처소, 내 발을 두는 처소, 내가 이스라엘 족속 가운데에 영원히 있을 곳이라 이스라엘 족속 곧 그들과 그들의 왕들이 음행하며 그 죽은 왕들의 시체로 다시는 내 거룩한 이름을 더럽히지 아니하리라(겔 43:7).

에스겔이 환상으로 본 성전은 여호와의 영광이 가득했다. 그리고 더 이상 이스라엘의 죄들로 인해 더럽혀지지 않을 것이다. 이스라엘의 죄악으로 여호와의 거룩한 이름은 더럽혀졌기 때문에 하나님은 노하심으로 이스라엘을 멸망시키셨다(겔 43:8). 이제는 그들의 음란과 왕들의 시체를 하나님으로부터 멀리 제거해 버리면, 여호와 하나님은 이스라엘 가운데 영원히 살 것이다(겔 43:9). 그리고 하나님은 에스겔에게 명령하셨다.

> [10]인자야 너는 이 성전을 이스라엘 족속에게 보여서 그들이 자기의 죄악을 부끄러워하고 그 형상을 측량하게 하라 [11]만일 그들이 자기들이 행한 모든 일을 부끄러워하거든 너는 이 성전의 제도와 구조와 그 출입하는 곳과 그 모든 형상을 보이며 또 그 모든 규례와 그 모든 법도와 그 모든 율례를 알게 하고 그 목전에 그것을 써서 그들로 그 모든 법도와 그 모든 규례를 지켜 행하게 하라(겔 43:10-11).

하나님은 "산 꼭대기 지점의 주위는 지극히 거룩하리라"고 말씀하시며 성전의 법에 대해 말씀하셨다(겔 43:12). 번제단의 모양과 크기(겔 43:13-17), 번제단의 봉헌을 말씀하셨다(겔 43:18-27). 하나님은 에스겔을 데리고 성소의 동쪽을 향한 바깥 문에 돌아올 때 문이 닫혔다(겔 44:1). 하나님은 말씀하셨다.

이 문은 닫고 다시 열지 못할지니 아무도 그리로 들어오지 못할 것은 이스라엘 하나님 나 여호와가 그리로 들어왔음이라 그러므로 닫아 둘지니라(겔 44:2).

그러나 왕은 문 현관으로 들어가 앉아 여호와 앞에서 음식을 먹고 나갈 것이다(겔 44:3) 에스겔은 하나님이 에스겔을 데리고 북문을 통해 성전 앞에 이르렀을 때 "여호와의 영광이 여호와의 성전에 가득"한 것을 보았고 얼굴을 땅에 대고 엎드렸다(겔 44:4). 하나님은 반역한 이스라엘에게 전할 말씀을 주셨다.

> ⁶… 주 여호와께서 이같이 말씀하시기를 이스라엘 족속아 너희의 모든 가증한 일이 족하니라 ⁷너희가 마음과 몸에 할례받지 아니한 이방인을 데려오고 내 떡과 기름과 피를 드릴 때에 그들로 내 성소 안에 있게 하여 내 성전을 더럽히므로 너희의 모든 가증한 일 외에 그들이 내 언약을 위반하게 하는 것이 되었으며 ⁸너희가 내 성물의 직분을 지키지 아니하고 내 성소에 사람을 두어 너희 직분을 대신 지키게 하였느니라(겔 44:6-8).

마음과 몸에 할례를 받지 못한 이방인은 성소에 들어오지 못한다(겔 44:9). 레위 사람도 우상을 섬기며 하나님을 떠났기에 죄악을 담당해야 한다(겔 44:10, 12-13). 그러나 메시아가 오면 성전은 회복되고 다시 건축될 것이며(사 2:2-4; 겔 40-42장) 희생제물도 다시 드려질 것이다(사 56:7; 렘 33:18; 17:26; 31:14; 겔 43장). 여호와께서 다시 레위 사람들을 세워 성전에서 백성의 번제의 희생과 다른 희생물을 잡아 백성 앞에서 수종을 들게 되며, 성전에서 수종을 드는 일을 맡길 것이다(겔 44:11, 14). 사독의 자손 레위 사람

제사장은 여호와의 성소의 직분을 지켜 여호와께 수종을 들며, 그 앞에서 기름과 피를 드릴 것이다(겔 44:15).

레위인들의 의무는 다음과 같다.

① 제사장의 옷을 거룩하게 하며(겔 44:17-19),
② 머리털을 밀지도 길게 자라게도 깎지도 말며(겔 44:20),
③ 포도주를 마시지 말고(겔 44:21),
④ 과부나 이혼한 여인에게 장가들지 말고 오직 처녀나 제사장의 과부에게 장가들어야 한다(겔 44:22).
⑤ 거룩한 것과 속된 것을 구별하며(겔 44:23),
⑥ 송사는 규례대로(겔 44:24),
⑦ 안식일을 거룩하게 하며(겔 44:24),
⑧ 시체를 가까이 해 더럽히지 말며(겔 44:25),
⑨ 성소에 들어갈 때 속죄제를 드리며(겔 44:27),
⑩ 산업을 주지 말며(겔 44:28),
⑪ 소제와 속죄제, 속건제의 제물을 먹고 이스라엘 중 구별해 드리는 물건을 레위인들에게 돌리며(겔 44:29),
⑫ 처음 익은 열매와 모든 예물 중 각종 거제 제물을 제사장에게 돌리며(겔 44:30),
⑬ 새나 가축이 저절로 죽은 것과 찢겨서 죽은 것은 제사장이 먹지 말아야 한다(겔 44:31).

이스라엘은 다시 열방 가운데서 중보적 위치가 될 것이다(미 4:1-3; 사 45:14; 66:23; 슥 14:16-19). 회복된 옛 언약은 영원한 평화의 새 언약으로 이어

지게 된다(사 54:8; 61:8; 겔 16:60; 36:24-28; 렘 31:31-37).[12]

이처럼 에스겔은 하나님께서 회복시킬 마지막 성전의 환상을 보았다. 느브갓네살이 성전 건물을 파괴했지만 결코 하나님께서 임재하신 하나님의 성전은 소멸되지 않는다. 주의 영은 에스겔을 여호와의 전 동문 곧 동향한 문에 이르도록 했다(겔 11:1). 사람들이 예루살렘이 멸망할 것을 말하지만 하나님은 회복할 것과 땅을 다시 기업이 되게 하며 모든 미운 물건과 가증한 것을 제할 것이다(겔 11:3-18). 하나님은 약속하셨다.

> [19]내가 그들에게 한 마음을 주고 그 속에 새 영을 주며 그 몸에서 돌 같은 마음을 제거하고 살처럼 부드러운 마음을 주어 [20]내 율례를 따르며 내 규례를 지켜 행하게 하리니 그들은 내 백성이 되고 나는 그들의 하나님이 되리라(겔 11:19-20).

하나님의 영광은 성전으로부터 하강하여 동쪽으로 이동했다(겔 11:22-23). 그곳에서 이스라엘 포로들은 성소를 갖게 되었다. 왜냐하면 하나님께서 "그들이 도달한 나라들에서 내가 잠깐 그들에게 성소가 되리라"고 말씀하셨기 때문이다(겔 11:16).

하나님의 성전이 파괴될 수 없는 이유는 성전은 단순히 건물이 아니라 하나님의 임재의 상징이요, 하나님 자신의 영광이기 때문이다. 선지자들의 메시지의 핵심은 오직 여호와 하나님께서 징계당한 자들에게 유일한 희망, 회복, 구조, 치유자라는 사실이다(겔 34:11; 사 40:10; 51:12; 호 6:1-2).[13] 하나님은 에스겔에게 보이신 성읍의 이름은 "여호와 삼마"(여호와께서 거기 계

---

[12] 에드먼드 P. 클라우니, "마지막 성전," 『구약신학논문집』, 윤영탁 역편 (서울: 성광문화사, 1987), p. 134.

[13] 에드먼드 P. 클라우니, "마지막 성전," p. 133.

시대)인데(겔 48:35) 생명의 강이 하나님의 집으로부터 흘러 나와서 열방을 치료하는 잎사귀를 나무들 사이로 흘러가는 새 성전이 될 것이다(겔 47:1-12). 하나님은 새 하늘과 새 땅을 창조하실 것이다(사 65:17; 66:22).

베드로는 예수께서 이루실 "우리는 그의 약속대로 의가 있는 곳인 새 하늘과 새 땅을 바라보도다"라고 고백했다(벧후 3:13). 사도 요한도 예수께서 최후 승리로 이루실 새 하늘과 새 땅을 바라보았다.

> 또 내가 새 하늘과 새 땅을 보니 처음 하늘과 처음 땅이 없어졌고 바다도 다시 있지 않더라(계 21:1).

그곳은 짐승들이 평화로이 살 것이며(사 11:6-9; 35:9) 달과 해는 더 밝은 빛을 발할 것이고(사 30:26) 낮과 밤은 더 이상 존재하지 않을 것이다(사 60:20). 하나님의 영광만이 가득한 곳이 될 것이다. 이사야와 같이 사도 요한도 예수 그리스도께서 이루실 최후의 승리 후에 새 하늘과 새 땅에서 이루실 아름다움을 환상을 보았다.

> ³내가 들으니 보좌에서 큰 음성이 나서 이르되 보라 하나님의 장막이 사람들과 함께 있으매 하나님이 그들과 함께 계시리니 그들은 하나님의 백성이 되고 하나님은 친히 그들과 함께 계셔서 ⁴모든 눈물을 그 눈에서 닦아 주시니 다시는 사망이 없고 애통하는 것이나 곡하는 것이나 아픈 것이 다시 있지 아니하리니 처음 것들이 다 지나갔음이러라 ⁵보좌에 앉으신 이가 이르시되 보라 내가 만물을 새롭게 하노라 하시고 또 이르시되 이 말은 신실하고 참되니 기록하라 하시고 ⁶또 내게 말씀하시되 이루었도다 나는 알파와 오메가요 처음과 마지막이라 내가 생명수 샘물을 목마른 자에게 값없이 주리니 ⁷이기는 자는 이것들

을 상속으로 받으리라 나는 그의 하나님이 되고 그는 내 아들이 되리라(계 21:3-7).

9. 헤롯 성전

스룹바벨 성전은 안티오쿠스 에피파네스 4세(B.C. 168년)와 폼페이우스(Pompey, B.C. 63년) 시대에 손상을 입었고 헤롯에게 정권이 넘어가는 과정에서 추가적으로 손상을 입었다.[14] 이두메인이었던 헤롯은 유대인의 왕이 되었을 때 유대인들의 환심을 사서 정치적 지지를 얻기 위해 성전 건축을 계획했다. 헤롯은 왕에 오른 지 제15년에 성전을 재건하였다. 성전 주위를 성벽으로 둘러쌓았는데 대지 면적은 그 전(前) 성전 터의 두 배에 달했다. 헤롯은 성전 건축 비용으로 엄청난 양의 재정을 지출했는데 대회랑(大回廊)에 세워진 북쪽의 성전과 성채가 그것을 증명한다. 대회랑은 헤롯이 기초부터 신축했으며, 성채는 막대한 비용을 들여 증축했다(『유대 전쟁사 Ⅰ』 21장 1).[15]

요세푸스는 성전이 18개월 동안 지어졌으며 신성한 율법들을 범하지 않도록 특별히 훈련된 제사장들을 고용했다고 전한다. 성전 경내의 거대한 외벽들을 짓는데 18년 걸렸으며, 제1차 유대 반란(요 2:20) 때까지 크고 작은 증축과 보수가 이뤄졌다. 성전은 개당 2-5톤의 무게의 돌로 옹벽으로 세워졌다. 남쪽 벽에는 50톤이나 되는 돌도 있다. 벽은 북쪽 벽이

---

14 토마스 V. 브리스코, 『두란노 성서지도』, 강사문 외 9인 공역 (서울: 두란노, 2008), p. 241.
15 요세푸스, 『유대 전쟁사 Ⅰ』, p. 184.

315m, 남쪽 벽이 278m, 동쪽 벽이 468m, 서쪽 벽이 485m나 되었다.[16] 그러나 헤롯 성전(Herod's Temple)은 B.C. 19년에 시작되었지만, 헤롯이 죽은 이후 A.D. 64년에 이르러서야 완성되었다.

10. 성전이 된 예수

1) 예수님의 성전 인식

성전은 하나님의 임재의 장소로 헤롯 성전도 동일했다. 유대인이었던 예수께서도 성전은 동일한 의미를 가졌다. 베들레헴에서 태어난 아기 예수는 헤롯 성전에서 모세의 율법대로 정결예식을 행하셨다(눅 2:22-24, 27, 39). 소년 예수는 12살 때 부모와 함께 유월절을 예루살렘에서 보냈다. 예수는 부모와 함께 고향을 가지 않고 예루살렘에 남아 있었다. 그는 예루살렘 성전에서 선생들과 대화하고 있었다. 부모는 아들을 찾기 위해 예루살렘으로 돌아와 성전에 있는 아들 예수를 보고 말했다.

> 아이야 어찌하여 우리에게 이렇게 하였느냐 보라 네 아버지와 내가 근심하여 너를 찾았노라(눅 2:48).

예수는 부모님께 대답했다.

> 어찌하여 나를 찾으셨나이까 내가 내 아버지 집에 있어야 될 줄을 알

---

16 토마스 V. 브리스코, 『두란노 성서지도』, p. 241.

지 못하셨나이까(눅 2:49).

소년 예수는 성전을 "내 아버지의 집"이라고 인식했다. 공생애 때는 성전을 "하나님의 전/집"으로(마 12:4; 막 2:26), "만민이 기도하는 집"으로(막 11:17; 눅 19:46; 마 21:13), 하나님이 거하시는 장소로(마 23:21) 말씀하셨다

복음서에 예수님이 성전에서 제사를 드렸다는 기록은 없다. 그러나 성전에 대한 존경심을 가지고 있었고 하나님의 성전임을 부인하지 않았다. 유대인들에게 성전은 하나님께 제사, 예물, 기도를 드리는 장소였다. 그러나 대제사장들과 장로들은 성전을 "강도의 소굴"로 만들고(마 11:17; 눅 19:46; 마 21:13), 소, 양, 비둘기를 파는 "시장"으로 바꾸어 버렸다고 책망하셨다(요 2:16). 예수님은 노끈으로 채찍을 만들어 양과 소를 다 성전에서 내쫓으셨다. 돈 바꾸는 사람들의 돈을 쏟고 상을 엎으시고 비둘기를 파는 사람들에게 말씀하셨다.

이것을 여기서 가져가라 내 아버지의 집으로 장사하는 집을 만들지 말라(요 2:16).

예수님은 성전을 변질시키는 대제사장들과 장로들, 그리고 환전상과 제물을 파는 자들을 향해 분노했다. 하스모니안 왕조부터 시작해 헤롯 대왕과 그 아들들의 통치로 성전은 정치와 종교 지도자들의 돈과 권력의 장이 되었다. 예수님은 정치인들과 야합한 종교 지도자들의 죄 때문에 예루살렘이 멸망할 것(마 23:37 이하)과 성전이 파괴될 것을 예언하셨다(막 13장).

예수님은 성전세에 대한 특별한 태도를 취하셨다. 예수님은 성전세를 내야할 어떠한 기본적인 의무도 거부하셨다. 성전세는 성전 예식을 돕기 위해 사용되었다. 구약에는 '속전'(atonement money)이라고 불렀다(출 30:16).

성전세를 성전의 모든 예식과 이스라엘을 속하는 속죄제를 포함하는 모든 제사의식들을 돕는 일에 사용되었다(느 10:33). 예수께서 성전세를 거부하셨다는 것은 성전에서 드려지는 제사의 의무를 거부한다는 뜻이다. 그러나 불필요한 마찰을 피하기 위해서 성전세를 내셨다.

> ²⁴가버나움에 이르니 반 세겔 받는 자들이 베드로에게 나아와 이르되 너의 선생은 반 세겔을 내지 아니하느냐 ²⁵이르되 내신다 하고 집에 들어가니 예수께서 먼저 이르시되 시몬아 네 생각은 어떠하냐 세상 임금들이 누구에게 관세와 국세를 받느냐 자기 아들에게냐 타인에게냐 ²⁶베드로가 이르되 타인에게니이다 예수께서 이르시되 그렇다면 아들들은 세를 면하리라 ²⁷그러나 우리가 그들이 실족하지 않게 하기 위하여 네가 바다에 가서 낚시를 던져 먼저 오르는 고기를 가져 입을 열면 돈 한 세겔을 얻을 것이니 가져다가 나와 너를 위하여 주라 하시니라(마 17:24-27).

예수님은 의무가 아니라 자유롭게 세금을 내셨다.[17]
그렇다면 예수님은 왜, 성전세를 내지 않으려 하셨을까?
하나님의 성전을 인정하기 싫으셨을까?
그렇지 않다. 예수님과 시몬 베드로의 대화를 보면 그 이유를 알 수 있다. 예수님은 시몬에게 물으셨다.

> 시몬아 네 생각은 어떠하냐 세상 임금들이 누구에게 관세와 국세를 받느냐 자기 아들에게냐 타인에게냐?(마 17:25b).

---

[17] 데이브드 E. 홀베르다, 『예수와 이스라엘』, 류호영 옮김 (서울: CLC, 1999), pp. 99-100.

베드로는 대답했다.

> 타인에게니이다(마 17:26a).

예수님은 베드로에게 말씀하셨다.

> 그렇다면 아들들은 세를 면하리라(마 17:26b).

왕의 아들이 세금을 내지 않는 것처럼, 예수님은 하나님의 아들이기 때문에 성전세를 내지 않는다고 말씀하셨다. 그러나 사람들이 실족하지 않도록 베드로에게 바다에 가서 낚시를 던져 먼저 오르는 고기를 가져 입을 열면 돈 한 세겔을 얻을 것이고 그 돈을 가져다가 나와 너를 위하여 주라고 말씀하셨다(마 17:27). 예수님은 너무나 특별한 방법으로 돈을 구해 성전세를 내셨다.

2) 성전보다 큰 이

예수님은 안식일에 밀 이삭을 비벼 먹는 제자들을 비판하는 바리새인들(마 12:1-5)에게 말씀하셨다.

> 내가 너희에게 이르노니 성전보다 더 큰 이가 여기 있느니라(마 12:6).

예수님의 공생애 사역 전체는 성전의 기능과 관계가 있다. 마태복음

12:16은 자신을 성전과 동일시하셨음을 강조한 것이다.[18] 예수님의 사역은 성전이 상징하는 실제적인 성취였다. 예수님은 속죄제, 속건제, 대속죄일 예식과 관계없이 직접적으로 죄를 사하셨다(마 9:6; 막 2:10).

죄인과 세리들과 함께 음식을 먹으며(마 9:11; 막 2:16) 그들의 친구가 되셨다(마 11:19; 눅 7:34). 나병환자와 죽은 자들을 손으로 만지시고 더러운 자들과 혈루증(血漏症)을 앓는 여인에 의해 만져지기도 하셨다. 주목할 만한 것은 더러움이 예수님을 오염시키지 못했으며 오히려 더러운 자가 깨끗하게 된 것이다.[19] 예수님이 여리고 삭개오의 집에 들어갔을 때 무리들은 "저가 죄인의 집에 유하러 들어갔도다"라고 수근 거렸다(눅 19:7). 예수님은 그들에게 보란 듯이 삭개오에게 "오늘 구원이 이 집에 이르렀으니 이 사람도 아브라함의 자손임이로다"라고 말씀하셨다(눅 19:9).

전에는 예식법의 상징과 성전 제사를 통해 얻어졌던 깨끗하게 됨과 용서 그리고 치료가 이제는 예수님의 말씀과 치료의 손실을 통해 오는 선물이 되었다. 성전과 성전 제사는 "보라 세상 죄를 지고 가는 하나님의 어린 양이로다"(요 1:29)를 가리키는 한 표징이었다.[20] 예수님은 하나님의 아들이다. 하나님께서 말씀하신 성전의 기능은 오직 예수 그리스도를 통해서만 완성되었다. 하나님의 아들 예수 그리스도는 성전 정화 사건을 통해 성전의 진정한 의미를 살리셨다. 그가 진정한 성전의 기능을 사역 가운데 보이셨다. 그는 돌로 된 성전보다 더 큰 분이었다.

---

18 그레고리 K. 비일, 『성전신학』 (서울: 새물결플러스, 2014), p. 237.
19 그레고리 K. 비일, 『성전신학』, p. 101.
20 그레고리 K. 비일, 『성전신학』, p. 101.

3) 제자들의 깨달음

예수님은 유대인의 유월절이 가까웠을 때 예루살렘에 올라가셨다(요 2:13). 헤롯 성전에 들어간 예수님은 너무나 놀라셨다. 성전 안에는 소, 양, 비둘기를 파는 사람들과 돈 바꾸는 환전상이 앉아 있었다(요 2:14). 예수님은 노끈으로 채찍을 만들어 양과 소를 성전에서 다 내쫓고 환전상들의 상을 엎어버리셨다(요 2:15). 그리고 비둘기를 파는 자들에게 "내 아버지의 집으로 장사하는 집을 만들지 말라"고 말씀하셨다(요 2:16). 제자들은 성경 말씀에 주의 전을 사모하는 열심이 나를 삼키리라 한 것을 기억하였다(요 2:17). 유대인들이 예수께 나와 "네가 이런 일을 행하니 무슨 표적을 우리에게 보이겠느냐"라고 물었다(요 2:18). 예수님은 그들을 향해 대답하셨다.

너희가 이 성전을 헐라 내가 사흘 동안에 일으키리라(요 2:19).

유대인들은 "이 성전은 46년 동안에 지었거늘 네가 삼일 동안에 일으키겠느냐"고 비웃었다(요 2:20). 유대인들이 보기에 헤롯 대왕이 건축하기 시작하면서 지금까지 46년 동안 지어지는 거대한 건축물을 단 3일 만에 새로 일으키겠다는 것은 허풍에 불과했을 것이다(B.C. 19/20년부터 시작된 성전공사는 A.D. 62-64년에 완공되었다). 그러나 사도 요한은 예수께서 말씀하신 진정한 의미를 밝히고 있다.

그러나 예수는 성전된 자기 육체를 가리켜 말씀하신 것이라(요 2:21).

사실 요한이나 제자들조차도 예수께서 헤롯 성전을 두고 "사흘 동안 일으키리라"는 말씀을 이해하지 못했다.

그렇다면 요한의 이해는 무엇인가?

요한은 예수께서 삼일 만에 성전을 "다시 건축하겠다"고 말씀하지 않고 "일으키겠다"고 말씀을 중요하게 기록했다.

예수님의 말씀은 돌로 된 성전이 아니라 "성전된 자기 육체"였음을 알게 되었을까?

요한은 그 비밀을 소개한다.

> 죽은 자 가운데서 살아나신 후에야 제자들이 이 말씀하신 것을 기억하고 성경과 예수께서 하신 말씀을 믿었더라(요 2:22).

예수님이 말한 성전은 돌로 지어진 성전이 아니라 십자가의 죽음 그리고 부활을 통해 성취하시는 완전한 성전을 말씀하신 것이다.

4) 죽음과 부활의 시간

예수님의 "이 성전을 헐라 내가 사흘 동안에 일으키리라"는 말씀은(요 2:19) "성전된 자기 육체를 가리켜 말씀"하신 것이었다(요 2:21). 대제사장들과 온 공회가 예수님을 죽이려고 거짓 증거와 거짓 증인들을 많이 세웠지만 실패하자 두 사람이 와서 "이 사람의 말이 내가 하나님의 성전을 헐고 사흘 동안에 지을 수 있다"고 증언했다(마 26:60-61). 십자가에 못 박힌 예수님을 보며 지나가는 사람들이 "성전을 헐고 사흘에 짓는 자여 네가 만일 하나님의 아들이어든 자기를 구원하고 십자가에서 내려오라"고 조롱했다(마 27:40).

예수님은 십자가에서 내려오지 않았다. 왜냐하면 십자가의 죽음이 없으면 구원이 있을 수 없으며 성전을 새로 일으킬 수 없었기 때문이다. 예수님은 "다 이루었다" 고백하시고 죽으셨다(요 19:30). 이날은 안식일 전날로 유대인의 준비일이었다(요 19:42). 아리마대의 부자 요셉이 빌라도에게 예수님의 시체를 가져가기를 청하여(마 27:57-58; 요 19:38), 유대인의 장례 예법대로 니고데모가 가져온 몰약과 침향 섞은 100리트라쯤 되는 향품을 바르고 세마포로 쌌다. 십자가에 못 박히신 곳 동산에 있는 사람을 장사한 일이 없는 새 무덤, 즉 바위 속에 판 요셉의 새 무덤에 넣어 두고 큰 돌을 굴려 무덤 문에 놓았다(마 27:59-60; 요 19:39-41). 빌라도의 명에 의해 굴을 인봉하고 경비병이 지켰다(마 29:62-66).

십자가에 죽으신 예수님은 돌무덤 속에서 3일 동안 있었다. 그러나 안식일이 다 지나고 안식 후 첫날이 되려는 새벽에 부활하셨다(마 28:1; 요 20:1). 천사는 여자들에게 예수께서 죽은 자 가운데서 살아나셨음을 말했다.

> [5]천사가 여자들에게 말하여 이르되 너희는 무서워하지 말라 십자가에 못 박히신 예수를 너희가 찾는 줄을 내가 아노라 [6]그가 여기 계시지 않고 그가 말씀 하시던 대로 살아나셨느니라 와서 그가 누우셨던 곳을 보라 [7]또 빨리 가서 그의 제자들에게 이르되 그가 죽은 자 가운데서 살아나셨고 너희보다 먼저 갈릴리로 가시나니 거기서 너희가 뵈오리라 하라 보라 내가 너희에게 일렀느니라 하거늘(마 28:5-7).

> 너희가 십자가에 못 박히신 나사렛 예수를 찾는구나 그가 살아나셨고 여기 계시지 아니하니라(막 16:6).

초대 교회에서 3일 만의 부활은 제자들에게 의해 선포되었다. 베드로는 "하나님이 사흘 만에 다시 살리사"(행 10:40), 바울은 "장사 지낸 바 되셨다가 성경대로 사흘 만에 다시 살아나사"(고전 15:4), "예수 안에 죽은 자의 부활이 있다"고 선포했다(행 4:2). 부활은 사도들의 제일 중요한 복음 증거의 핵심이었다. 성전을 새로 일으키라는 말씀은 자신의 부활을 말씀하신 것이다. 3일이라는 죽음의 시간을 지나 부활을 통해 구원과 그리스도인들 개개인에게 임하실 참된 성전을 이루셨다.

5) 성전의 완성

예수님은 수가 성 여인에게 구원이 유대인 곧 예수 자신에게 나오며 아버지께 드리는 참된 예배에 대해 말씀하셨다.

> ²¹… 이 산에서도 말고 예루살렘에서도 말고 너희가 아버지께 예배할 때가 이르리라 ²²너희는 알지 못하는 것을 예배하고 우리는 아는 것을 예배하노니 이는 구원이 유대인에게서 남이라 ²³아버지께 참되게 예배하는 자들은 영과 진리로 예배할 때가 오나니 곧 이 때라 아버지께서는 자기에게 이렇게 예배하는 자들을 찾으시느니라 ²⁴하나님은 영이시니 예배하는 자가 영과 진리로 예배할지니라(요 4:21-24).

수가 성 여인은 예수님의 말씀에 곧 오시게 될 "메시아 곧 그리스도"가 그렇게 할 것이라 말했다(요 4:25). 예수님은 "내가 그라"(Ἐγώ εἰμι 에고 에이미)고 대답하셨다(요 4:26). 자신에 메시아/그리스도임을 밝히셨다. 메시아는 참된 예배를 회복할 분이다. 하나님은 에스겔 선지자에게 느브갓네살에 의해 파괴된 돌로 된 성전이 아닌 참된 하나님의 임재와 영광이 있는 참된 성전을 환상으로 보여주셨다. 하나님께서 보내실 메시아는 성전의 회복, 예배의 회복을 가져올 것이다. 예수님은 수가 성 여인에게 자신이 바로 아버지 하나님께 드리는 참된 예배를 회복할 메시아라고 선포하셨다.

　메시아로 오신 예수님의 탄생 기사는 성전 안에서 시작된다. 아기 예수의 정결 예식을 행하기 위해 성전에 갔을 때 시므온과 안나는 아기 예수가 메시아임을 선포했다(눅 2:22-38). 12살 유월절 때 성전에 남겨진 예수를 부모가 찾았을 때 예수는 그들에게 "어찌하여 나를 찾으셨나이까 내가 내 아버지 집에 있어야 될 줄을 알지 못하셨나이까"라고 대답했다(눅 2:49). 유대인이라면 그 누구도 하나님을 "아버지"라고 못했다. 그런데 소년 예수가 성전을 "내 아버지의 집"이라 말했다. 하나님을 "아버지"라 한 것은 가히 혁명적인 표현이었다. 이후 예수님의 전 사역 가운데 하나님을 아버지로 불렀다(마 5:24, 48; 6:8 등등).

　예수님이 나귀 새끼를 타고 예루살렘에 입성한 사건도 성전의 완성을 보여준다(마 21:2-3). 마태는 "이는 선지자를 통하여 하신 말씀을 이루려 하심이라"고 증거 했다(마 21:4). 이사야는 시온에서 구원이 나올 것을 예언했고 스가랴는 메시아가 새끼 나귀를 타고 오실 것을 예언했다.

> 여호와께서 땅끝까지 선포하시되 너희는 딸 시온에게 이르라 보라 네 구원이 이르렀느니라 보라 상급이 그에게 있고 보응이 그 앞에 있느니라 하셨느니라(사 62:11).

> 시온의 딸아 크게 기뻐할지어다 예루살렘의 딸아 즐거이 부를지어다 보라 네 왕이 네게 임하시나니 그는 공의로우시며 구원을 베푸시며 겸손하여서 나귀를 타시나니 나귀의 작은 것 곧 나귀 새끼니라 (슥 9:9).

예수님이 새끼 나귀를 타고 예루살렘으로 입성할 때 수많은 무리들은 외쳤다.

> 호산나 다윗의 자손이여 찬송하리로다 주의 이름으로 오시는 이여 가장 높은 곳에서 호산나(마 21:9).

예루살렘에 도착한 메시아 예수는 곧 바로 성전으로 들어가셨다. 성전 안에서 장사꾼들과 돈 바꾸는 자들을 쫓아내면서 "내 집은 기도하는 집이라 일컬음을 받으리라 하였거늘 너희는 강도의 소굴을 만드는도다"라고 말씀하셨다(마 21:13). 누가와 마태는 이러한 일련의 사건을 통해 예수께서 예언된 메시아로 오셨다고 증거 했다. 예수님이 메시아로 예루살렘에 입성한 이유는 참된 성전의 완성이다. 시인은 장차 올 메시아가 "건축자가 버린 돌이 집 모퉁이의 머릿돌이 되었다"고 예언했다(시 118:22). 예수님은 이 말씀이 자신이 성취할 것을 포도원 비유를 할 때 말씀하셨다.

> [42]... 너희가 성경에 건축자들이 버린 돌이 모퉁이의 머릿돌이 되었나니 이것은 주로 말미암아 된 것이요 우리 눈에 기이하도다 함을 읽어 본 일이 없느냐 [43]그러므로 내가 너희에게 이르노니 하나님의 나라를 너희는 빼앗기고 그 나라의 열매 맺는 백성이 받으리라(마 21:42-43).

베드로도 모퉁이의 머릿돌 되신 예수님에 대해 기록했다.

> [4]사람에게는 버린 바가 되었으나 하나님께는 택하심을 입은 보배로운 산 돌이신 예수께 나아가 [5]너희도 산 돌 같이 신령한 집으로 세워지고 예수 그리스도로 말미암아 하나님이 기쁘게 받으실 신령한 제

사를 드릴 거룩한 제사장이 될지니라 ⁶성경에 기록되었으되 보라 내가 택한 보배로운 모퉁잇돌을 시온에 두노니 그를 믿는 자는 부끄러움을 당하지 아니하리라 하였으니 ⁷그러므로 믿는 너희에게는 보배이나 믿지 아니하는 자에게는 건축자들이 버린 그 돌이 모퉁이의 머릿돌이 되고 ⁸또한 부딪치는 돌과 걸려 넘어지게 하는 바위가 되었다 하였느니라 그들이 말씀을 순종하지 아니하므로 넘어지나니 이는 그들을 이렇게 정하신 것이라(벧전 2:4-8).

예수님은 이미 이 땅에 오실 때 성전 된 자기 육체를 나타내셨다. 성전은 하나님의 영광, 임재, 말씀의 장소였는데 사도 요한은 예수님이 이 땅에 오심을 "말씀이 육신이 되어 우리 가운데 거하시매 우리가 그의 영광을 보니 아버지의 독생자의 영광이요 은혜와 진리가 충만하더라"라고 증거 했다(요 1:14). 요한은 예수님이 이 땅에 오심으로 "본래 하나님을 본 사람이 없으되 아버지 품속에 있는 독생하신 하나님이 나타내셨다"고 말한다(요 1:18).

> 나를 본 자는 아버지를 보았거늘…(요 14:9).
> 나와 아버지는 하나이니라(요 10:30).
> 말씀이 하나님과 함께 계셨으니 이 말씀은 곧 하나님이시니라 … 말씀이 육신이 되어(요 1:1, 14).
> 그는 참 하나님이시요 영생이시라(요일 5:20).
> 그는 근본 하나님의 본체시나(빌 2:6).
> 이는 하나님의 영광의 광채시요 그 본체의 형상이시라(히 1:3).

이와 같이 성경은 예수님이 하나님의 아들인 동시에 하나님이라 증거 한다. 성전은 하나님의 임재의 장소였다. 예수님은 하나님이다. 하나님이신 예수께서 육신으로 이 땅에 오신 것이 성전의 완성을 이루신 것이다.

11. 성전에서 교회로

1) 교회의 단어 의미

구약은 '교회'라고 직접 사용한 단어는 없다. 신약의 교회(ἐκκλησία 에클레시아)로 번역된 단어는 히브리어로 '카할'(קהל)로 '부르다'는 의미이다. 다른 하나는 야다에서 유래한 에다(עדה)로 '지정된 장소에 모인다'라는 의미를 담고 있다. 에다는 약속에 따라 모이는 모임을 말하고 카할은 백성들의 실제 모임을 말한다. 에다는 70인역에서 수나고게(synagogue 회당)로 번역된다. 이 두 단어가 합해져 카할 에다로 표현된다. 즉 '회중의 모임'이다(출 12:6; 민 14:5; 렘 26:17).[21] 신약에서 회당은 유대인들의 종교적 모임, 교육, 공적 예배의 장소로 사용되는 건물을 지칭했다(마 4:23; 행 13:43; 계 2:9; 3:9). 에클레시아는 '불러내다'라는 의미를 지니며 보통 교회를 지칭하는 단어로 사용되었다.

---

21   루이스 벌코프, 『조직신학 하』, 권수경 · 이상원 공역 (서울: 크리스챤다이제스트, 1994), p. 811.

2) 예수님의 죽음과 부활로

성전은 예수 그리스도의 죽음과 부활로 인해 새로운 개념인 교회로 바뀐다. 그러나 성전의 하나님의 임재와 예배/제사라는 근본적 의미는 바뀌지 않는다. 예수님은 하나님께서 주신 성전의 진정한 의미를 회복하기 원하셨으며 돌로 된 성전이 아니라 예수님의 죽음과 부활로 이뤄지는 영적인 성전을 이루셨다(요 2:21). 예수님은 "성전보다 더 큰 이"였다(마 12:6). 교회에 대한 예수님의 말씀은 오직 마태복음에만 나온다. 마태의 기록은 예수께서 직접 말씀하셨는지 아니면 부활 이후 오순절 성령 임하심과 함께 그리스도인들의 모임인 '에클레시아'로서의 교회를 마태가 복음서를 기록하면서 사용했는지는 학자들 간에 많은 논의를 하고 있다. 하지만 예수님은 헤롯 성전이 십자가의 죽음과 부활의 구원으로 인해 새로운 하나님의 백성들의 모임으로서의 교회를 말한 것은 분명하다.

> 또 내가 네게 이르노니 너는 베드로라 내가 이 반석 위에 내 교회를 세우리니 음부의 권세가 이기지 못하리라(마 16:18).

> 만일 그들의 말도 듣지 않거든 교회에 말하고 교회의 말도 듣지 않거든 이방인과 세리와 같이 여기라(마 18:17).

예수님의 십자가의 죽음과 부활은 돌로 된 성전에서 그리스도인들의 모임인 교회로 바뀌었다. 예수님은 돌로 된 성전의 유한성을 말씀하셨다.

[1]예수께서 성전에서 나와서 가실 때에 제자들이 성전 건물들을 가리

> 켜 보이려고 나아오니 ²대답하여 이르시되 너희가 이 모든 것을 보지 못하느냐 내가 진실로 너희에게 이르노니 돌 하나도 돌 위에 남지 않고 다 무너뜨려지리라(마 24:1-2).

예수님의 예언대로 헤롯 성전은 A.D. 70년에 파괴되었다. 그러므로 돌로 지어진 성전은 더 이상 의미가 없다. 성전 파괴가 있기 전에 이미 예수님은 수가 성에서 만난 여인에게 성전의 예배보다 진정한 예배를 드릴 때가 온다고 말씀하셨다.

> ²¹예수께서 이르시되 여자여 내 말을 믿으라 이 산에서도 말고 예루살렘에서도 말고 ²²너희가 아버지께 예배할 때가 이르리라 너희는 알지 못하는 것을 예배하고 우리는 아는 것을 예배하노니 이는 구원이 유대인에게서 남이라 ²³아버지께 참되게 예배하는 자들은 영과 진리로 예배할 때가 오나니 곧 이 때라 아버지께서는 자기에게 이렇게 예배하는 자들을 찾으시느니라 ²⁴하나님은 영이시니 예배하는 자가 영과 진리로 예배할지니라(요 4:21-24).

예수님은 성전의 진정한 기능 회복을 말씀하셨다. 하나님께 영과 진리로 예배드리는 때가 올 것이다. 수가 성 여인은 메시아 곧 그리스도가 그 일을 할 줄 알았으며(요 4:25) 예수님은 "내가 그라 하시니라"고 확언하셨다(요 4:26). 메시아로 오신 예수님의 가장 큰 일 중 하나는 예배의 회복이며 성전의 회복이었다. 헤롯 성전의 파괴로 이제 돌로 된 성전이 아닌 예수 그리스도를 믿음으로 구원받은 성도들의 모임인 교회를 만드셨다.

3) 믿음의 공동체 등장

예수님은 지상 사역이 끝나고 감람산(Mt. Olive)에서 승천하시며 성령을 보내실 것을 약속하셨다(행 1:8). 오순절 날 강력한 성령이 제자들과 성도들에게 임하였다(행 2:1-4). 성령의 임하심을 보고 유월절을 기키기 위해 예루살렘에 온 경건한 디아스포라 유대인들은 놀라는 자들도(행 2:7-12) 조롱하는 자들도 있었다(행 2:13). 성령 충만한 베드로는 담대히 복음을 선포했다(행 2:14-35). 그는 "너희가 십자가에 못 박은 이 예수를 하나님이 주와 그리스도/메시아가 되게 하셨느니라"고 선포했다(행 2:36). 복음을 들은 유대인들은 마음이 찔려 "형제들아 우리가 어찌할꼬"라고 고백했다(행 2:37). 베드로는 그들에게 계속 선포했다.

> [38]… 너희가 회개하여 각각 예수 그리스도의 이름으로 세례를 받고 죄 사함을 받으라 그리하면 성령의 선물을 받으리니 [39]이 약속은 너희와 너희 자녀와 모든 먼 데 사람 곧 주 우리 하나님이 얼마든지 부르시는 자들에게 하신 것이라(행 2:38-39).

베드로가 전한 복음을 듣고 세례받은 유대인들은 3,000명이었다(행 2:41). 그들은 예수 그리스도를 믿는 신자들이 되었다. 초대 복음의 공동체는 이전 유대교와 다른 새로운 공동체였다.

> [42]그들이 사도의 가르침을 받아 서로 교제하고 떡을 떼며 오로지 기도하기를 힘쓰니라 [43]사람마다 두려워하는데 사도들로 말미암아 기사와 표적이 많이 나타나니 [44]믿는 사람이 다 함께 있어 모든 물건을 서로 통용하고 [45]또 재산과 소유를 팔아 각 사람의 필요를 따라 나눠 주

> 며 ⁴⁶날마다 마음을 같이 하여 성전에 모이기를 힘쓰고 집에서 떡을 떼며 기쁨과 순전한 마음으로 음식을 먹고 ⁴⁷하나님을 찬미하며 또 온 백성에게 칭송을 받으니 주께서 구원받는 사람을 날마다 더하게 하시니라(행 2:42-47).

초대 교회 공동체는 헤롯 성전이 파괴되기 이전이었기 때문에 성전을 중심으로 모였다. 그러나 성전만이 아니라 날마다 성도들의 집에서 모여 아름다운 믿음의 삶을 나눴다. 초대 믿음 공동체도 성전은 중요했다. 베드로와 요한, 그리고 제자들에게 성전은 기도하며(행 3:1) 부활하신 예수 그리스도를 전하는 장소가 되었다(행 3:11-26). 대제사장과 사두개인들이 예수 안에서 죽은 자의 부활을 전하는 것을 싫어했지만(행 4:1-2), 베드로와 요한은 "십자가에 못 박고 하나님이 죽은 자 가운데서 살리신 나사렛 예수 그리스도의 구원"을 담대히 전했다(행 4:10-12). 베드로는 "하나님께서 기름 부으신 거룩한 종 예수" 곧 메시아를 보내셨다고 기도 드렸다(행 4:24-30). 그때 모인 곳이 진동하더니 무리가 다 성령이 충만하여 담대히 하나님의 말씀을 전했다(행 4:31). 초대 공동체의 특징은 성령의 충만함을 받아 예수님의 십자가의 죽음과 부활, 메시아 되심을 담대히 선포함에 있다. 그리고 그들의 삶은 아름다운 공동체의 모습을 보였다.

> 믿는 무리가 한마음과 한 뜻이 되어 모든 물건을 서로 통용하고 자기 재물을 조금이라도 자기 것이라 하는 이가 하나도 없더라(행 4:32).

그러나 사도행전 5장에서 믿음의 공동체를 파괴하는 사건이 등장한다. 아나니아와 삽비라 사건이다. 바나바는 밭을 팔아 그 값을 가지고 사도들의 발 앞에 두었다(행 4:36-37). 아나니아와 삽비라도 밭을 팔아 사도들에게 그 값을 주었지만 일부는 감추었다. 이것이 성령을 속이는 죄가 되어 죽임을 당했다(행 5:1-10). 그들의 죽음 때문에 "온 교회와 이 일을 듣는 사람들이 다 크게 두려워"하였다(행 5:11).

사도행전 5:11에서 처음으로 예수님을 메시아로 고백하는 믿음의 공동체를 교회라고 지칭한다. 초대 교회는 건물이 아니며 믿음의 공동체를 일컫는다. 고고학을 통해 3세기 초까지 그리스도인들의 예배장소는 구별된 교회의 건물들이 아니라 개인의 집들이었음이 확증되었다. 초대 교회는 가정으로 모이는 모임과 집 전체가 그리스도인들의 모임의 장소였다(롬 16:5; 고전 16:19; 골 4:15).[22] 그러나 그리스도인들이 많아지면서 내부적인 문제들이 등장했다.

> 그때에 제자가 더 많아졌는데 헬라파 유대인들이 자기의 과부들이 매일의 구제에 빠지므로 히브리파 사람을 원망하니(행 6:1).

믿는 자들이 많아지면서 성령 충만했던 모습과는 달리 헬라파 유대인들과 히브리파 유대인들 간 구제 문제로 다툼이 일어났다. 그래서 제자들은 각자 해야 할 일을 나누었다.

> [2]열두 사도가 모든 제자를 불러 이르되 우리가 하나님의 말씀을 제쳐 놓고 접대를 일삼는 것이 마땅하지 아니하니 [3]형제들아 너희 가운데서 성령과 지혜가 충만하여 칭찬 받는 사람 일곱을 택하라 우리가 이 일을 그들에게 맡기고 [4]우리는 오로지 기도하는 일과 말씀 사역에 힘쓰리라 하니(행 6:2-4).

---

22 G. E. 래드, 『신약신학』, p. 756.

교회는 사역을 세분화했다. 제자들은 기도와 말씀 사역에 힘썼고 사도들은 기도하고 안수하여 일곱 집사를 세우고 구제하는 일을 맡겼다(행 6:5-6). 교회가 안정화되자 "하나님의 말씀이 점점 왕성하여 예루살렘에 있는 제자의 수가 더 심히 많아지고 허다한 제사장의 무리도 이 도(the faith)에 복종"하게 되었다(행 6:7).

4) 복음과 교회의 확장

예루살렘에서 교회가 점점 더 확장되었지만 예루살렘에 국한되어 있었다. 예수님의 말씀은 아직 성취되지 못했다. 성령이 임하면 복음은 예루살렘부터 전 세계로 확장된다(행 1:8). 하나님은 복음의 확장을 위해 스데반의 죽음을 전환점으로 삼으셨다(행 6:10-7:60). 스데반의 순교 때문에 "예루살렘에 있는 교회에 큰 박해가 있어 사도 외에는 다 유대와 사마리아 모든 땅으로 흩어"지게 되었다(행 8:1).

드디어 "오직 성령이 너희에게 임하시면 너희가 권능을 받고 예루살렘과 온 유대와 사마리아와 땅 끝까지 이르러 내 증인이 되리라 하시니라"(행 1:8)는 말씀이 성취되었다. 빌립은 사마리아 성으로 가서 하나님의 나라와 그리스도의 이름을 전하며 놀라운 기적을 베풀었다(행 8:5-13). 이 소식을 듣고 베드로와 요한도 사마리아로 가서 복음을 전했다(행 8:14-25). 천사의 말을 듣고 빌립은 이사야 53장을 읽고 있던 에디오피아 여왕 간다게의 내시에게 예수 그리스도를 전하고 세례를 베풀었다(행 8:26-39). 빌립은 그 후 여러 성과 가이사랴에 가서 복음을 전했다(행 8:40).

하나님은 베드로에게 환상을 통해 유대인만을 위한 복음이 아니라 이방인까지 포함하는 복음을 깨닫게 하셨다. 베드로는 가이사랴의 백부장에게 메시아 되신 예수께서 십자가의 죽음과 부활, 하나님의 아들 되심을 선포하고 세례를 주었다(행 10장). 베드로가 예루살렘으로 올라갔을 때 할례자들이 무할례자인 백부장의 집에 들어가 함께 했음을 비난받자 하나님께서 보여준 환상을 설명함으로써(행 11:2-18) 이방인까지 구원하시고자 하시는 하나님의 뜻을 전했다.

5) 바울의 복음 전파

교회는 바울의 복음 전파에 의해 확장되었다 해도 과언이 아니다. 스데반의 죽음을 보았던 사울(행 7:58)은 교회를 잔멸하여 각 집에 들어가 남녀를 끌어다가 감옥에 가두었다(행 8:3). 예수님의 제자들에게 여전히 위협과 살기가 등등했던 사울(행 9:1)은 "그 도를 따르는 사람을 만나면 남녀를 막론하고 결박하여 예루살렘으로 잡아" 오기 위해 대제사장에게 공문을 받아 다메섹으로 향했다(행 9:2-3). 사울은 그곳에서 부활하신 예수님을 만나 예수 그리스도를 전하는 자가 되었다(행 9:3-9). 이름도 사울(히브리어 이름)에서 바울(헬라어 이름)로 바꾸었다(행 13:9). 바울은 안디옥을 중심으로 소아시아와 유럽에 복음을 전하고 최종적으로 로마에서 복음을 전했다(행 13-28장). 예루살렘교회를 제외하면 신약의 거의 모든 교회는 사도 바울에 의해 개척되거나 그에 의해 복음을 들은 그리스도인들에 의해 세워졌다.

6) 성전과 교회에 대한 바울의 관점

예수님의 십자가의 죽음과 부활로 성전의 패러다임이 전환되었다. 사도 바울은 예수님의 성전 개념을 그리스도인 한 사람 한 사람으로 바꾼다.

> ¹⁶너희는 너희가 하나님의 성전인 것과 하나님의 성령이 너희 안에 계시는 것을 알지 못하느냐 ¹⁷누구든지 하나님의 성전을 더럽히면 하나님이 그 사람을 멸하시리라 하나님의 성전은 거룩하니 너희도 그러하니라(고전 3:16-17).

> 하나님의 성전과 우상이 어찌 일치가 되리요 우리는 살아 계신 하나님의 성전이라 이와 같이 하나님께서 이르시되 내가 그들 가운데 거하며 두루 행하여 나는 그들의 하나님이 되고 그들은 나의 백성이 되리라(고후 6:16).

십자가에서 죽으시고 부활하심으로 구원을 완성하신 예수 그리스도께서 성전을 새롭게 하셨다. 이제 예수님을 믿어 구원 얻은 그리스도인 하나하나가 성전이 되었다. 그리스도인은 예수 그리스도를 마음에 품은 사람들이다.

> 영접하는 자 곧 그 이름을 믿는 자들에게는 하나님의 자녀가 되는 권세를 주셨으니(요 1:12).

예수님을 믿고 구원받은 사람은 하나님의 자녀가 된다. 구원받은 하나님의 자녀들에게 성부, 성자, 성령께서 함께 거하신다. 그렇기 때문에 사도 바울은 "너희가 하나님의 성전인 것과 하나님의 성령이 너희 안에 계시는 것을 알지 못하느냐"고 말했다(고전 3:16). 예수님 때문에 유대인뿐 아니라 그리스도 밖에 있었고 이스라엘 나라 밖의 사람이라 약속의 언약들에 대하여는 외인이요 세상에서 소망이 없고 하나님도 없었던 이방인조차 그리스도 예수 안에서 그리스도의 피로 가까워졌다(엡 2:12-13). 원수 된 모든 것을 십자가로 소멸하셨다(엡 2:16). 그래서 믿는 그리스도인들을 통해 하나님의 성전을 세워갔다.

> [20]너희는 사도들과 선지자들의 터 위에 세우심을 입은 자라 그리스도 예수께서 친히 모퉁잇돌이 되셨느니라 [21]그의 안에서 건물마다 서로 연결하여 주 안에서 성전이 되어 가고 [22]너희도 성령 안에서 하나님이 거하실 처소가 되기 위하여 그리스도 예수 안에서 함께 지어져 가느니라(엡 2:20-22).

그리스도인들은 성삼위께서 거하시는 처소인 성전이다. 이제는 돌로 된 성전이 아니라 구원받은 하나님의 백성들, 그리스도인들 개개인이 하나님의 영광스러운 성전이 되어 거룩한 삶을 살도록 하셨다. 바울에게 있어 교회는 하나였다(고전 10:32; 12:28; 14:4). 교회는 예수 그리스도를 믿는 공동체이며, 각 개인조차도 하나님의 성전으로서의 교회이다. 그리스도인들은 "그리스도의 몸"이며(엡 4:12, 15), 그리스도는 "교회의 머리"가 되신다(엡 1:12; 5:23; 골 1:18). 교회는 "이스라엘 나라"이며(엡 2:12), 하나님의 성전이다(엡 2:21-22).

초대 교회는 가정교회였다. 바울은 교회를 각 도시나 지역에 있는 그리스도인들이나 가정교회를 함께 지칭했다. 바울은 교회인 성도들에게 편지를 보냈다.

> 로마에서 하나님의 사랑하심을 받고 성도로 부르심을 받은 모든 자 (롬 1:7).
> 고린도에 있는 하나님의 교회 곧 그리스도 예수 안에서 거룩하여지고 성도라 부르심을 받은 자들(고전 1:2).

갈라디아 여러 교회들에게(갈 1:2).

에베소에 있는 성도들과 그리스도 예수 안에 있는 신실한 자들에게(엡 1:1).

그리스도 예수 안에서 빌립보에 사는 모든 성도(빌 1:1).

골로새에 있는 성도들 곧 그리스도 안에서 신실한 형제들에게(골 1:2).

초대 교회는 건물을 중심으로 하지 않았다. 예수 그리스도를 믿는 성도들의 연합, 모임을 지칭했다. 그러나 시간이 흐르면서 기독교가 확장되고 더욱 확립되면서 모이는 성도들뿐 아니라 건물로서의 교회를 지칭하게 되었다.

제9장
메시아와 하나님 나라

1. 하나님 나라의 시작

성경은 "하나님의 나라"(the Kingdom of God)를 소개하는 책이라 할 수 있다. 하나님께 적용되는 나라(말쿠트 מלכות)의 의미는 천상적인 왕으로서 권위, 통치를 지칭한다(시 45:6; 103:19).

> ¹¹그들이 주의 나라의 영광을 말하며 주의 업적을 일러서 ¹²주의 업적과 주의 나라의 위엄 있는 영광을 인생들에게 알게 하리이다 ¹³주의 나라는 영원한 나라이니 주의 통치는 대대에 이르리이다 (시 145:11-13).

구약은 하나님뿐 아니라 인간에게 적용할 때도 통치, 지배, 왕권 등의 추상적, 역동적 의미로 사용된다. 유대교 문학과 신약의 헬라어 나라(바실레이아 Βασιλεία)도 영역, 영토라는 공간적 의미보다는 구약과 동일한 의미를 지닌다.[1] 구약에는 '하나님의 나라'라는 표현은 없으나 하나님께서 이스라엘의 왕으로(출 15:18; 민 23:21; 신 33:51; 사 43:15), 온 세상의 왕(왕하 19:15; 사 6:5; 렘 46:18; 시 29:10 99:1-4)이시며 그의 백성들을 다스리게 될 날에 대해 언급한다(사 24:23; 33:33; 52:7; 습 3:15; 슥 14:9).[2] 하나님은 과거나 현재, 미래에도 동일하게 왕이시며 다스리신다. 하나님의 나라는 바로 하나님께서 다스리시는 왕국을 말한다.

그렇다면, 하나님 나라는 언제부터 시작되었을까?

하나님의 나라는 영원 전부터 존재했다. 하나님은 알파와 오메가, 처음과 마지막(계 1:8; 21:6; 22:13)이신 영원하신 하나님이시다(사 40:28). 하나님은 "산이 생기기 전, 땅과 세계도 주께서 조성하시기 전 곧 영원부터 영원까지 주는 하나님"이시다(시 90:2). 영원하신 하나님은 창조 전부터 이미 영적 하나님의 나라 곧 천국에 계신다(요 3:13). 예수님은 영적인 천국을 지상과 같은 집이 있는 곳으로 표현하셨다.

> 내 아버지 집에 거할 곳이 많도다 그렇지 않으면 너희에게 일렀으리라 내가 너희를 위하여 거처를 예비하러 가노니(요 14:2).

사도 요한은 밧모섬에서 환상을 보았다. 예수께서 승리의 왕으로 재림하실 때 사탄에게 완전한 승리를 얻으시고 구원받은 하나님의 백성들은 새 하늘과 새 땅, 거룩한 새 예루살렘 성과 하나님의 장막(the dwelling of God)에서, 아픔과 고통과 죽음이 없는 천국에서 하나님과 함께 영원히 사는 환상이다(계 21:1-21). 영원하신 하나님, 왕이신 하나님께서 통치하시는

---

1 양용의, 『하나님의 나라 어떻게 이해할 것인가』 (서울: 성서유니온선교회, 2005), pp. 22-23.

2 G. E. 래드, 『신약신학』, p. 83.

곳이 바로 하나님의 나라이기 때문에 하나님의 나라는 영원 전부터 존재하고 있었다.

1) 창조와 함께 시작된 하나님의 나라

하나님은 영원이라는 시간 속에서, 어느 한 시점에 곧 "태초"에 천지(天地)를 창조하셨다(창 1:1). 하나님은 6일 동안 우주만물을 창조셨다(창 1:1-31). 하나님께 창조된 우주만물은 하나님께 속한 나라의 영토이며, 하나님의 통치를 받는다. 창조하신 모든 피조 세계가 하나님 나라의 영토이며, 피조물들이 모두 하나님의 통치를 받는 대상들이다. 특별히 하나님의 백성들은 여섯째 날에 "하나님의 형상과 모양"으로(창 1:27), 흙으로 지어 생기를 불어 넣어 살아 있는 영적인 존재가 된 인간(창 2:7)이 바로 하나님의 통치와 사랑을 받는 백성들이다.

하나님 나라의 아름다움은 안식일을 통해 볼 수 있다. 하나님은 일곱째 날에 창조를 마치시고 안식하셨다(창 2:2). 안식일의 의미는 창세기 2:3에서 드러난다.

> 하나님이 그 일곱째 날을 복되게 하사 거룩하게 하셨으니 이는 하나님이 그 창조하시며 만드시던 모든 일을 마치시고 그날에 안식하셨음이니라(창 2:3).

하나님은 여섯째 날 창조된 인간과 함께 안식을 누리시며 복되게 하신 날을 거룩하도록 하셨다. 안식일은 하나님의 통치의 가장 근간이 되는 날이다. 하나님의 첫 백성들은 아담과 하와였다. 그리고 하나님께서 아담을 위해 하나님 나라의 영토 중에 특별한 에덴의 동산에 가장 아름답고 특별한 영토를 건설하셨다(창 2:8-15). 하나님은 만왕의 왕으로서, 하나님의 나라의 에덴 동산이라는 영토에서, 하나님의 백성인 아담에게 첫 언약을 하셨다.

> ¹⁶… 동산 각종 나무의 열매는 네가 임의로 먹되 ¹⁷선악을 알게 하는 나무의 열매는 먹지 말라 네가 먹는 날에는 반드시 죽으리라 (창 2:16-17).

하나님 나라의 백성된 아담은 왕이신 하나님의 첫 명령을 받은 존재가 되었다. 하나님의 창조 세계, 특별히 에덴 동산과 아담은 가장 이상적인 하나님 나라의 전형(a type)이다. 하나님 나라에서, 하나님의 백성들이, 하나님의 통치를 받고 순종하며 살아갈 때 하나님께서 주시는 평화로운 안식과 거룩한 날에 하나님의 복을 누린다. 이러한 나라는 타락된 인류 가운데 메시아가 다시 오면 세워질 참된 하나님의 나라의 전형으로 그려진다(사 60-67장). 이사야는 다윗의 자손으로 오시는 메시아가 올 때 타락 이전의 아름다운 하나님의 나라가 세워질 것이라고 예언했다(사 11:6-9).

2) 상실된 하나님의 나라: 오시는 메시아

그렇다면 왜, 메시아가 이 땅에 오셔야 할까?

그 이유는 아담의 죄 때문에 아름다운 하나님의 나라는 상실되었기 때문이다. 아담은 하나님 나라의 백성으로 왕이신 하나님의 첫 명령을 받았다(창 2:14-15). 그러나 아담은 선악과를 먹음으로 왕이신 하나님의 명령을 불순종했다(창 3:6). 아담의 불순종으로 인간은 죽음과 이 땅에서 고통스러운 삶, 해산의 고통이 더해졌으며, 뱀(사탄)과 원수가 되는 심판을 받게 되었다(창 3:15-19). 더욱이 수치심이 생겼고 하나님 앞에 당당히 나아갈 수 없는 죄인이 되었다(창 3:7-10).

    아담의 범죄는 이 땅 위에 세워진 아름다운 하나님의 나라의 파괴를 의미했다. 하나님 나라 자체가 파괴된 것이 아니라 하나님 나라를 거부하는 죄인 된 인간이 되었다. 하나님의 통치를 거부하게 한 것은 사탄이다. 사탄은 하나님의 피조물이지만 하나님과 같아지고자 하는 교만으로 타락된 존재가 되었다(사 14:12-15; 겔 28:2, 12-19). 사탄과 귀신들은 하나님 나라에 살면서 하나님의 통치를 거부하며 하나님께 대항하는 자들이다. 마치 한 국가에 살면서 대통령의 통치를 거부하고 대항하는 반정부군, 또는 게릴라들과 같은 자가 바로 사탄과 타락한 천사들이다. 사탄은 인간에게 찾아와 하나님 나라에 살면서도 하나님의 통치를 받지 못하도록 유혹한다. 그래서 세상은 사탄의 나라처럼 그려진다.

> 우리의 씨름은 혈과 육을 상대하는 것이 아니요 통치자들과 권세들과 이 어둠의 세상 주관자들과 하늘에 있는 악의 영들을 상대함이라 (엡 6:12).

    성경은 두 종류의 인류의 역사를 그리고 있다.

    첫째, 하나님의 나라에 살면서 하나님의 통치를 거부하는 인간들의 역사이다. 곧 죄인들의 역사이다.

    둘째, 하나님의 통치를 거부하는 죄인들을 하나님의 나라에서, 하나님의 통치를 받는, 하나님의 백성으로 부르시는 '하나님의 구원 역사'이다. 죄악 가운데 노아와 그 가족을 구원하셨고, 아브람을 구원하셨고, 모세와 이스라엘을 구원하셨다. 하나님의 구원 역사의 최종점이 바로 메시아로 오신 예수님이다.

2. 다시 시작되는 하나님의 나라

1) 아담부터 노아까지

하나님은 범죄 때문에 아담을 에덴 동산에서 쫓아 내셨지만(창 3:24), 아담과 인류에게 주신 "그의 근원이 된 땅을 갈게"하셨다(창 3:23). 아담은 하나님 나라의 특별한 영토인 에덴 동산에서 살 수 없었지만 하나님께서 통치하시는 새로운 땅에서 살게 되었다. 하나님은 아담과 하와에게 가인과 아벨, 그리고 아벨 대신 셋을 주심으로써 인류가 하나님의 백성이라는 사실을 잊지 않으셨다. 하나님 나라의 땅, 백성, 통치가 계속되었다(창 5장).

노아의 때 사람들의 죄악으로 인해 하나님의 심판이 내려질 때 땅 위에 세워진 하나님의 나라는 중단될 위기에 놓였다. 그러나 하나님의 구원 역사는 계속되었다. 하나님은 방주를 통해 노아와 가족, 택하신 동물들로 하여금 새로운 땅에서, 새로운 백성들로, 통치에 순종하는 자들로 세우셨다(창 6-9장).

2) 족장들에게

하나님은 셈의 후손으로 메시아의 계보를 이어가면서 아브라함을 택해 구원 역사를 더욱 구체화시켰다. 아브라함, 이삭, 야곱, 그리고 열 두 아들을 통해 하나님의 나라가 한 개인이 아니라 가족, 종족, 민족으로 형성하도록 하셨다. 하나님께서 아브라함과 이삭, 야곱에게 약속하신 것은 "땅, 씨(후손, 더 나아가 민족), 복, '나는 네 하나님이 되고, 너는 나의 백성이 되리라'는 약속"이었다. 죄악으로 가득한 인간, 하나님의 나라에서 하나님의 통치를 거부하는 자들에게서 아브라함을 택해 부르셨다. 아브라함은 하나님의 말씀에 순종함으로써 통치를 받아들였고, 하나님께서 약속하신 땅에서 하나님의 나라의 영토를 세웠고, 아브라함과 그의 후손들이, 후에 이스라엘 민족이 하나님의 백성이 됨으로써 하나님의 나라를 세워갔다.

3) 이스라엘 민족으로

야곱과 그의 가족 70명은 애굽으로 들어갔다(출 1:1-5). 하나님께서 아브라함과 언약대로였다.

> [13]... 너는 반드시 알라 네 자손이 이방에서 객이 되어 그들을 섬기겠고 그들은 사백 년 동안 네 자손을 괴롭히리니 [14]그들이 섬기는 나라를 내가 징벌할지며 그 후에 네 자손이 큰 재물을 이끌고 나오리라 (창 15:13-14).

이스라엘의 백성이 출애굽한 이유도 아브라함의 언약 때문이었다. 하나님은 이스라엘의 고통의 소리를 들으시고, 아브라함의 언약을 기억하셨다.

> [23]여러 해 후에 애굽 왕은 죽었고 이스라엘 자손은 고된 노동으로 말미암아 탄식하며 부르짖으니 그 고된 노동으로 말미암아 부르짖는 소리가 하나님께 상달된지라 [24]하나님이 그들의 고통 소리를 들으시고 하나님이 아브라함과 이삭과 야곱에게 세운 그의 언약을 기억하사 [25]하나님이 이스라엘 자손을 돌보셨고 하나님이 그들을 기억하셨더라(출 2:23-25).

여호와는 열 가지 재앙으로 애굽의 바로와 신하들, 그들의 신(神)들을 심판하시고(민 33:4) "사백삼십 년이 끝나는 그날에 여호와의 군대가 다 애굽 땅에서 나"옴으로써 아브라함의 언약은 성취되었다(출 12:41). 출애굽한 이스라엘은 하나님의 군대가 되었다. 하나님은 애굽 땅에서 이스라엘을 인도한 목적을 "너희의 하나님이 되려고 너희를 애굽 땅에서 인도하여 낸 자니 나는 여호와이니라"고 말씀하셨다(레 22:33). 출애굽은 아브라함의 후손들로 하여금 하나님의 나라를 세우고자 하신 하나님의 뜻이었다. 그들이 들어갈 가나안 땅은 하나님 나라의 영토였다. 하나님의 군대 이스라엘은 하나님의 백성이 되어, 시내산에서 하나님의 율법을 받아 하나님 나라의 영토 가나안으로 들어가게 되었다.

4) 가나안 땅에서

모세가 죽은 뒤 여호수아가 이스라엘의 지도자가 되었다(수 1:2). 하나님은 아브라함에게 가나안 땅을 "너와 네 후손들"에게 주시기로 약속하셨다. 하나님은 모세에게 나타나 조상 아브라함, 이삭, 야곱에게 "가나안 땅 곧 그들이 거류하는 땅을 그들에게 주기로 그들과 언약하였더니"라고 말씀하셨다(출 6:4). 하나님은 가나안 땅에 들어가기 직전, 여호수아에게 "너희 발바닥으로 밟는 곳은 모두 내가 너희에게 주었노니"라고 말씀하셨다(수 1:3). 여호수아와 이스라엘은 홍해의 기적같이 갈라지고 마른 땅이 된 요단강을 건넜다(수 3:17). 하나님의 능력으로 여리고, 아이, 하솔 등을 정복하고 열두 지파에게 약속된 땅을 분배했다(수 14:1-21:43). 하나님의 약속은 완전히 성취되었다.

[43]여호와께서 이스라엘의 조상들에게 맹세하사 주리라 하신 온 땅

> 을 이와 같이 이스라엘에게 다 주셨으므로 그들이 그것을 차지하여 거기에 거주하였으니 ⁴⁴여호와께서 그들의 주위에 안식을 주셨으되 그 조상들에게 맹세하신 대로 하셨으므로 그들의 모든 원수들 중에 그들과 맞선 자가 하나도 없었으니 이는 여호와께서 그들의 모든 원수들을 그들의 손에 넘겨 주셨음이니라 ⁴⁵여호와께서 이스라엘 족속에게 말씀하신 선한 말씀이 하나도 남음이 없이 다 응하였더라 (수 21:43-45).

하나님께서 통치하는 땅에서 이스라엘 백성들은 하나님의 계명에 순종해야 한다. 만일 그렇지 않으면 약속의 땅은 잃어버릴 것이다. 여호수아 23:4-16은 이스라엘 백성이 하나님과의 계약과 계명을 기억하면 아름다운 땅을 차지할 것이라고 말하지만 신명기 4:26, 6:16, 11:17, 28:12, 63, 29:27, 여호수아 23:13, 15-16, 그리고 열왕기상 9:7, 13:34, 14:15 등은 여호와의 계명을 위반하면 땅을 잃게 될 것이라고 말한다.³ 실제로 분열왕국 때 이스라엘의 범죄는 앗수르와 바벨론에 의해 약속의 땅이 침략당하고 백성들은 포로로 잡혀갔다. 여호수아는 온 이스라엘 앞에 맹세하였다.

> ¹⁴그러므로 이제는 여호와를 경외하며 온전함과 진실함으로 그를 섬기라 너희의 조상들이 강 저쪽과 애굽에서 섬기던 신들을 치워 버리고 여호와만 섬기라 ¹⁵만일 여호와를 섬기는 것이 너희에게 좋지 않게 보이거든 너희 조상들이 강 저쪽에서 섬기던 신들이든지 또는 너희가 거주하는 땅에 있는 아모리 족속의 신들이든지 너희가 섬길 자를

---

3 김영진,『이스라엘의 구원자, 야웨』(서울: 이레서원, 2007), p. 20.

오늘 택하라 오직 나와 내 집은 여호와를 섬기겠노라(수 24:14-15).

백성들도 "우리가 결단코 여호와를 버리고 다른 신들을 섬기기를 하지 아니하오리니"라고 맹세했다(수 24:16). 여호수아는 하나님께서 주신 땅에서, 하나님의 백성이 되기로 맹세한 이스라엘 백성들에게, 여호와의 율법을 돌에 새겨 증거를 삼았다(수 24:26-27). 여호수아서는 아브라함에게 약속하신 땅에서, 그 후손들이, 하나님의 말씀 곧 율법으로 통치되는 하나님 나라의 실현이었다. 하나님은 모세에게 "너희는 너희의 하나님 여호와께서 자기 이름을 두시려고 택하실 그곳"에서 예물을 드리고, 하나님을 만날 것을 말씀하셨다(신 12:11). 하나님의 이름을 두려고 택하신 곳은 아브라함이 이삭을 제물로 드리려 했던 모리아산, 곧 하나님의 성전이 세워질 곳이다. 하나님께서 이스라엘에게 선물로 주신 땅에서 하나님은 성전을 통해 임재하시며, 하나님을 통치하시는 하나님의 나라였다.

3. 왕을 거부하는 이스라엘

여호수아와 함께 이스라엘은 가나안 땅을 정복했으나 완전히 정복하지는 못했다. 여호수아는 죽고 새로운 시대가 도래했다. 사사기는 이스라엘 백성의 가나안 정착 이후부터 왕조의 형성 이전까지 이스라엘의 사회적·종교적 상황을 보여주며, 새로운 변화 속에 하나님의 관계가 어떻게 변화되는지, 하나님이 요구하시는 삶이 무엇인지를 보여준다.[4] 이스라엘은 나머지 땅을 정복하기 위해 모두 나아가야 했지만, 여호수아가 죽은

---

4 김영진, 『이스라엘의 구원자, 야웨』, p. 22.

뒤 누가 먼저 올라가야 할까를 여호와께 물었다(삿 1:1). 여호와는 유다가 올라갈 것을 말씀하셨지만 유다는 하나님의 명령에 불순종하고 형제 시므온 지파와 함께 올라갔다(삿 1:2-3).

사사기는 유다 지파부터 어둠의 그림자가 드리워진다.

> 여호와께서 유다와 함께 계셨으므로 그가 산지 주민을 쫓아내었으나 골짜기의 주민들은 철 병거가 있으므로 그들을 쫓아내지 못하였으며 (삿 1:19).

유다 지파는 하나님과 함께할 때 가나안 땅 족속들을 쫓아냈지만 가나안 땅 족속들의 강력한 철병거의 힘을 보았을 때 완전히 쫓아내지 못했다. 이스라엘 모든 지파도 가나안 족속들을 다 쫓아내지 못했고 의지적으로도 쫓아내지 않았다.

> 베냐민 자손은 예루살렘에 거주하는 여부스 족속을 쫓아내지 못하였으므로 여부스 족속이 베냐민 자손과 함께 오늘까지 예루살렘에 거주하니라(삿 1:21).

> [27]므낫세가 … [28]주민들을 쫓아내지 못하매 가나안 족속이 결심하고 그 땅에 거주하였더니 이스라엘이 강성한 후에야 가나안 족속에게 노역을 시켰고 다 쫓아내지 아니하였더라(삿 1:27-28).

> [30]스불론은 기드론 주민과 나할롤 주민을 쫓아내지 못하였으므로 가나안 족속이 그들 중에 거주하면서 노역을 하였더라 [31]아셀이 악고 주민과 … 쫓아내지 못하고 [32]아셀 족속이 … 쫓아내지 못함이었더

> 라 ³³납달리는 … 쫓아내지 못하고 그 땅의 주민 가나안 족속 가운데 거주하였으나 벧세메스와 벧아낫 주민들이 그들에게 노역을 하였더라 ³⁴아모리 족속이 단 자손을 산지로 몰아넣고 골짜기에 내려오기를 용납하지 아니하였으며 ³⁵결심하고 헤레스 산과 아얄론과 사알빔에 거주하였더니 요셉의 가문의 힘이 강성하매 아모리 족속이 마침내는 노역을 하였으며(삿 1:30-35).

하나님과 온전히 함께하지 못한 이스라엘, 그들은 하나님의 명령을 불순종하고 가나안 땅 족속들을 다 쫓아내지 못했다. 그 결과는 가나안의 유혹을 받아 이스라엘이 우상을 숭배하는 계기가 되었고, 쫓아내지 못한 족속들 때문에 역으로 압제 당하는 고통을 받게 되었다. 하나님은 이스라엘에게 말씀하셨다.

> ¹…내가 너희를 애굽에서 올라오게 하여 내가 너희의 조상들에게 맹세한 땅으로 들어가게 하였으며 또 내가 이르기를 내가 너희와 함께 한 언약을 영원히 어기지 아니하리니 ²너희는 이 땅의 주민과 언약을 맺지 말며 그들의 제단들을 헐라 하였거늘 너희가 내 목소리를 듣지 아니하였으니 어찌하여 그리하였느냐 ³그러므로 내가 또 말하기를 내가 그들을 너희 앞에서 쫓아내지 아니하리니 그들이 너희 옆구리에 가시가 될 것이며 그들의 신들이 너희에게 올무가 되리라 하였노라(삿 2:1-3).

이스라엘은 결단해야 했다.
가나안 땅에서 여호와를 섬길 것인가?
우상을 섬길 것인가?

그러나 이스라엘은 전적으로 하나님을 신뢰하지 않아 하나님의 시험을 통과하지 못했다. 이스라엘은 가나안의 우상인 바알(Baal)과 아스다롯(Ashtoreths)을 섬겼다. 결국 우상은 이스라엘 백성들의 가시와 올무가 되었다.

> [13]곧 그들이 여호와를 버리고 바알과 아스다롯을 섬겼으므로 [14]여호와께서 이스라엘에게 진노하사 노략하는 자의 손에 넘겨 주사 그들이 노략을 당하게 하시며 또 주위에 있는 모든 대적의 손에 팔아 넘기시매 그들이 다시는 대적을 당하지 못하였으며 [15]그들이 어디로 가든지 여호와의 손이 그들에게 재앙을 내리시니 곧 여호와께서 말씀하신 것과 같고 여호와께서 그들에게 맹세하신 것과 같아서 그들의 괴로움이 심하였더라 [16]여호와께서 사사들을 세우사 노략자의 손에서 그들을 구원하게 하셨으나 [17]그들이 그 사사들에게도 순종하지 아니하고 오히려 다른 신들을 따라가 음행하며 그들에게 절하고 여호와의 명령을 순종하던 그들의 조상들이 행하던 길에서 속히 치우쳐 떠나서 그와 같이 행하지 아니하였더라(삿 2:13-17).

이스라엘은 하나님을 전적으로 신뢰하지 못해 가나안 땅을 다 정복하지 못했다. 여호와께서 "가나안의 모든 전쟁들을 알지 못한 이스라엘을 시험하려 하시며 이스라엘 자손의 세대 중에 아직 전쟁을 알지 못하는 자들에게 그것을 가르쳐 알게 하려"하셨다(삿 3:1-2). 결국, 여호와의 명령을 순종하는지 알고자 했던 하나님의 바람은 산산이 부서졌다.

> 이스라엘 자손이 여호와의 목전에 악을 행하여 자기들의 하나님 여호와를 잊어버리고 바알들과 아세라들을 섬긴지라(삿 3:7).

사사기는 영적으로 어두웠던 시대이다. 왕이신 여호와를 떠나 우상을 섬겼다. 사사기는 12명의 사사[5]가 등장할 때 "배교(우상숭배로 하나님을 배반하다)→ 이방의 압제(하나님께서 이방 민족들에게 이스라엘을 '…손에 파셨다')→ 회개와 구원을 위한 기도→ 사사를 통한 구원→ 평화"가 반복적으로 나타난다. 사사기는 삼손의 기사가 끝나면서 더 이상 사사가 등장하지 않는다. 하나님께서 더 이상 돕지 않는 가장 영적 타락이 심한 상황을 미가와 단 지파 이야기(삿 17-18장) 때 "그때에 이스라엘에 왕이 없었고"(삿 18:1)라고 기록한다. 영적 타락과 지도자의 부재가 바로 왕이신 여호와 하나님의 부재였던 것이다(삿 19:1). 사사기는 "그때에 이스라엘에 왕이 없으므로 사람이 각기 자기의 소견에 옳은 대로 행하였더라"(삿 21:25)라는 말로 끝을 맺는다. 왕이신 여호와 하나님이 이스라엘에 없었던 것이다. 그들은 하나님을 떠난 것이다.

4. 왕정과 하나님의 통치

1) 사무엘에게

왕이신 하나님의 부재로 인해 이스라엘은 각기 자기의 소견에 옳은 대로 행하였다. 제사장 엘리는 늙었고 하나님의 음성을 듣지 못했다. 그의 아들들은 하나님을 알지 못했고 하나님께 드리는 제물에 손을 대는 범죄와 회막 문에서 수종드는 여인들과 성관계를 갖는 범죄를 저질렀다(삼상

---

[5] 사사들의 활동(삿 3:7-16:31)이 나타난다. 각 사사 별로 옷니엘(3:7-11), 에훗, 삼갈(3:12-31), 드보라(4-5장), 기드온(6:1-8:35), 돌라(10:1-2), 야일(10:3-5), 입다(10:6-12:7), 입산(12:8-10), 엘론(12:11-12), 압돈(12:13-15), 삼손(13:1-16:31)이 활동한다.

2:12-22). 그 결과 홉니와 비느하스는 한 날에 죽으리라는 하나님의 심판을 받게 되었다(삼상 2:24).

이때 영적 어둠에 빛을 비추는 사무엘이 등장했다. 소망이 없던 사사 시대같이 아기의 소망이 없던 한나가 등장한다. 그러나 하나님은 소망 없던 그녀의 기도를 듣고 태의 문을 열어 새로운 희망의 시대를 열었다(삼상 1장). 기도 응답의 아들 사무엘이 태어났다. 한나는 "내가 여호와께 그를 구하였다"는 뜻으로 사무엘이라 이름 붙였다(삼상 1:20). 아이 사무엘은 여호와의 말씀이 희귀하여 이상이 흔히 보이지 않았을 때(삼상 3:1) 하나님의 음성을 들었다(삼상 3:4-14). 단에서 브엘세바까지 온 이스라엘이 사무엘은 여호와의 선지자로 세우심을 입은 줄 알았다(삼상 3:20). 여호와께서 실로에서 다시 나타셔서 사무엘에게 말씀하시므로 영적 어둠이 사라지게 되었다(삼상 3:21).

블레셋이 쳐들어 왔을 때 사무엘은 온 이스라엘에게 선포했다.

> …만일 너희가 전심으로 여호와께 돌아오려거든 이방 신들과 아스다롯을 너희 중에서 제거하고 너희 마음을 여호와께로 향하여 그만을 섬기라 그리하면 너희를 블레셋 사람의 손에서 건져내시리라 (삼상 7:3).

온 이스라엘은 바알들과 아스다롯을 제거하고 여호와만 섬겼다(삼상 7:4). 사무엘은 기도했고 하나님은 이스라엘에게 승리를 안겨 주었다(삼상 7:5-11). 사무엘은 미스바와 센 사이에 돌을 세워 "여호와께서 여기까지 우리를 도우셨다 하고 그 이름을 에벤에셀"이라고 했다(삼상 7:12). 사무엘은 사사로, 제사장으로 이스라엘을 다스렸다.

그러나 사무엘의 아들들이 사사로 세워졌지만 뇌물을 받고 판결하는 불법을 자행했다(삼상 8:1-3). 백성들은 사무엘에게 나와 요청했다.

> 보소서 당신은 늙고 당신의 아들들은 당신의 행위를 따르지 아니하니 모든 나라와 같이 우리에게 왕을 세워 우리를 다스리게 하소서 (삼상 8:5).

하나님께로 향한 마음도 잠시 이스라엘은 왕을 요구했다. 이스라엘 백성들이 하나님의 대리 통치인 사사를 거부한 것은 하나님을 거부한 것이다. 모든 이방 나라들처럼 왕을 요구한 것은 하나님의 통치가 아닌 인간의 통치를 받겠다는 요구였다. 사무엘이 여호와께 기도했을 때 하나님은 백성들의 요구에 대한 생각을 말씀하셨다.

> [7]… 백성이 네게 한 말을 다 들으라 이는 그들이 너를 버림이 아니요 나를 버려 자기들의 왕이 되지 못하게 함이니라 [8]내가 그들을 애굽에서 인도하여 낸 날부터 오늘까지 그들이 모든 행사로 나를 버리고 다른 신들을 섬김같이 네게도 그리하는도다 [9]그러므로 그들의 말을 듣되 너는 그들에게 엄히 경고하고 그들을 다스릴 왕의 제도를 가르치라(삼상 8:7-9).

하나님은 이스라엘에게 왕의 제도를 가르쳐 주셨다(삼상 8:10-17). 하나님은 이스라엘이 인간적 왕을 세울 때 "그날에 너희는 너희가 택한 왕으로 말미암아 부르짖되 그날에 여호와께서 너희에게 응답하지 아니하시리라"라고 말씀하셨다(삼상 8:18). 그러나 백성은 사무엘의 말 듣기를 거절하며 대답했다.

> ¹⁹…아니로소이다 우리도 우리 왕이 있어야 하리니 ²⁰우리도 다른 나라들같이 되어 우리의 왕이 우리를 다스리며 우리 앞에 나가서 우리의 싸움을 싸워야 할 것이니이다(삼상 8:19-20).

하나님은 사무엘을 통해 말씀하시고 통치하셨지만 이스라엘 백성들을 결국 여호와를 왕으로 섬기기를 거절했다. 하나님 나라의 통치자를 거부한 것이다.

2) 사울에게

왕이신 여호와를 거절한 이스라엘에게 이방 나라들처럼 외형적으로 훌륭한 이미지를 가진 사울이 등장한다(삼상 9:1-2). 하나님은 이스라엘이 원하는 왕으로 사울을 택해 기름 부었다(삼상 10:1). 기름을 붓는 본질적 목적은 다른 권세나 권력에 대응할 수 있는 권위를 부여해 주는 것이다. 이 때문에 이스라엘의 왕은 여호와의 기름 부음 받은 자, 곧 메시아로 인식되었다.

구약에서 메시아라는 단어는 "여호와(나의, 너의, 그의 등과 같은 소유대명사로 소개)의 메시아"를 뜻하는 어구에 항상 나타난다. 그래서 왕과 백성들 간의 언약체결보다는 여호와와 왕 사이에 맺어진 언약체결로 나타난다.[6] 기름 부음 받은 사울은 여호와의 영이 임해 이스라엘을 구했던 사사 웃니엘(삿 3:10), 입다(삿 11:29), 삼손(삿 13:25; 15:14)같이 여호와의 영이 크게 임했다(삿 10:10).

사울은 암몬 사람 나하스가 쳐들어 왔을 때 여호와의 영이 크게 감동

---

[6] 윌리엄 J. 덤브렐, 『언약 신학과 종말론』, 장세훈 옮김 (서울: CLC, 2003), p. 82.

하여 크게 승리했다(삼상 11:6-11). 사울은 "여호와께서 오늘 이스라엘 중에 구원을 베푸셨음이니라"라고 전쟁의 승리를 여호와께 돌렸다(삼상 11:13). 사무엘은 이스라엘 백성들에게 다시 한 번 왕을 요구한 죄를 지적하며 여호와만을 섬길 것을 선포했다(삼상 12장).

사울이 이스라엘을 다스린 지 2년에 블레셋이 쳐들어 왔다. 사울은 사무엘 대신에 여호와께 번제를 드리는 범죄를 저질렀다(삼상 13:1-10). 여호와의 영이 임하지 않았을 때 하나님의 명령을 따르지 않았을 때 사울은 죄를 지었다. 사무엘은 사울의 왕위가 오래 가지 못할 것과 여호와께서 그의 마음에 맞는 사람을 구해 하나님의 백성의 지도자로 삼으셨다고 말했다(삼상 13:13-14). 이후 사울은 아말렉을 진멸하라는 하나님의 명령을 어겼다(삼상 15:1-9). 하나님은 말씀하셨다.

> 내가 사울을 왕으로 세운 것을 후회하노니 그가 돌이켜서 나를 따르지 아니하며 내 명령을 행하지 아니하였음이니라(삼상 15:11).

왕이신 하나님을 외면하고 이스라엘 백성의 요구로 세워진 사울 왕은 결국 하나님께 실패했다. 사울은 스스로 자살했고(삼상 31:4) 블레셋 사람들은 사울의 시체를 벧산 성벽에 못 박는 끔찍한 일을 저질렀다(삼상 31:10). 사울은 그렇게 최후를 맞이했다.

하나님의 나라는 끝난 것일까?

실패한 것일까?

3) 다윗에게

다윗은 이스라엘 역사에서 가장 성공한 왕이며 존경받는 왕이다. 사울의 실패는 새로운 하나님의 나라를 이끄는 하나님의 마음에 합한 자(행 13:33) 다윗의 등장을 알렸다. 이스라엘은 사람의 외모를 선택했지만 하나님은 중심으로 보셨다(삼상 16:7). 다윗은 왕으로 선택되어 기름 부음을 받고 여호와의 영에게 크게 감동되었다(삼상 16:13). 다윗은 골리앗과 싸울 때 믿음을 고백했다.

> 여호와의 구원하심이 칼과 창에 있지 아니함을 이 무리에게 알게 하리라 전쟁은 여호와께 속한 것인즉 그가 너희를 우리 손에 넘기시리라(삼상 17:47).

골리앗에 대한 승리로 다윗은 모든 백성들로부터 새로운 권위를 인정받았고 이스라엘의 새 메시아/기름 부음 받은 자, 여호와의 승리를 쟁취하는 자로 묘사됐다.[7] 다윗은 하나님께서 가장 기뻐하시는 왕이 되었다. 다윗의 삶은 전형적으로 참된 여호와 하나님을 왕으로 섬기며, 하나님께서 통치하시는 대리자로서 왕의 모습을 보여주었다.

하나님은 다윗이 자신의 궁전과 하나님의 궤가 초라한 휘장 가운데 거하는 것을 안타까워할 때 나단 선지자를 통해 다윗의 왕권이 영원할 것을 선포하셨다(삼하 7:1-16). 다윗은 이스라엘의 이상적인 목자로 소개되었고(삼상 5:2) 여호와께서 다윗의 지위를 높이시며 그를 "나의 종"(삼하 7:8)으로 부르셨다. 이사야는 다윗의 씨에서 메시아로 오실 것을 예언했다(사 6-11장). 다윗이 하나님께서 기뻐하시는 왕이었듯이 참된 하나님의 나라는 다윗의 후손으로 오시는 영원한 왕권을 가진 메시아가 이룰 것이다.

---

7 윌리엄 J. 덤브렐, 『언약 신학과 종말론』, pp. 86-87.

5. 이스라엘의 배교와 멸망

솔로몬 이후 이스라엘은 북이스라엘과 남유다로 분열되었다. 분열왕국의 코드는 여호와를 버리고 우상을 숭배했다는 것이다. 선지자들은 우상을 숭배하고 범죄한 이스라엘을 향해 회개를 선포했다. 솔로몬이 죽자 여로보암은 북이스라엘 왕이 되어 벧엘과 단에 산당을 짓고 금송아지를 두고, 레위 자손이 아닌 보통 사람을 제사장으로 세우고 마음대로 세웠다. 더욱이 이스라엘 자손들에게 분향하도록 했다(왕상 12:28-30).

이후 이스라엘은 "느밧의 아들 여로보암의 죄, 집, 길"로 대표되는 바알과 아세라 숭배에 빠졌다(왕상 14:16; 15:34; 16:19, 26; 22:52). 특별히 아합은 시돈 사람 엣바알(Ethbaal)의 딸 이세벨을 아내로 맞이하면서 수도 사마리아에 바알 신전을 만들고 아세라 상을 만들어 섬기도록 했다(왕상 16:30-33a).

성경은 아합에 대해 "그는 그 이전의 이스라엘의 모든 왕보다 심히 이스라엘 하나님 여호와를 노하시게 하였더라"라고 평가한다(왕상 16:33b). 분열왕국 시기는 선지자와 우상 숭배자들 간에 '누가 진짜 하나님인가'에 대한 싸움이었다. 풍요와 폭풍을 관장하는 땅의 신 바알, 바알을 섬기는 아합에게 엘리야는 여호와의 말씀을 선포했다.

> 내 말이 없으면 수 년 동안 비도 이슬도 있지 아니하리라(왕상 17:1).

여호와의 선지자 엘리야는 아합에게 바알 선지자들을 모을 것을 요청했고 제단에 불을 내리는 신이 참된 하나님이라 선포했다. 결국 바알은 불을 내리지 못했고 여호와는 불을 내렸다. 바알은 거짓으로 드러났고 선지자 450명은 기손 시내에서 엘리야의 손에 죽었다(왕상 18:15-40). 하나님은 지중해에서 보였던 손만한 작은 구름으로 큰 비를 이스르엘 평원에 내렸다(왕상 18:44-46). 바알 숭배자 아합에게 선포한 하나님의 말씀(왕상 17:1)이 성취되는 순간이었다. 북이스라엘뿐 아니라 남유다조차도 온갖 우상들을 섬겼다. 요시야의 종교개혁은 그 사실을 보여준다(왕하 23:5-24).

북이스라엘은 210년에 걸쳐 몇 개의 왕조와 20명의 통치자가 있었지만(그중에 다윗의 후손은 없었다), 유다는 345년에 걸쳐 단 하나의 왕조에서 20명의 통치자가 나왔다(모두 다윗의 후손이었다).[8] 북이스라엘은 하나님께서 기뻐하시는 통치자 한 명을 배출하지 못한 채 우상 숭배와 죄로 하나님의 심판의 도구인 앗수르에게 멸망당했다.

북왕조의 마지막 왕 호세아는 디글랏-빌레셋 3세의 후계자 살만에셀 5세에 의해 투옥된다(왕하 17:3-4). 이것은 그가 앗수르에게 조공을 보내지 않고 이집트와 역모를 꾀했기 때문이다. 살만에셀 5세는 사마리아를 포위하고 B.C. 722년에 성을 함락시켰다(왕하 17:3-6; 18:9-11). 이는 『바벨론 연대기』(*Babylonian Chronicles*, 제4장 1.5)와도 부합한다.[9] 북이스라엘 사람들은 앗수르로 유배 가서 제국의 구석으로 흩어지게 되었다. 그리고 이스라엘은 앗수르의 한 지방(Samerina)으로 추락했다.[10]

이후 남유다도 하나님의 회개의 메시지를 받아들이지 않았다. 하나님은 바벨론의 느브갓네살을 사용하셔서 남유다의 죄를 심판하셨다. 예루살렘은 B.C. 587/6년 느브갓네살에 의해 파괴되었고 시드기야와 수많은 백성들이 포로로 끌려갔다(왕하 25:1-21; 대하 36:15-21; 렘 52:1-30). 유배생활은 죽음, 추방, 파괴, 유린을 의미했다.[11] 유다 땅에 남은 자들은 "그 땅의 가

---

8 마이크 보몬트, 『All That Bible』, 홍종락 역 (서울: 복있는 사람, 2013), p. 62.
9 레스터 L. 그래비, 『고대 이스라엘 역사』, p. 254.
10 이안 프로반 외 2인, 『이스라엘의 성경적 역사』, p. 551.
11 이안 프로반 외 2인, 『이스라엘의 성경적 역사』, p. 575.

장 가난한 자들"로 묘사된 자들뿐이었다(왕하 25:12; 렘 39:10; 52:16). 이스라엘의 배교는 멸망이었다.

이스라엘을 통해 하나님의 나라를 세우고자 하셨던 하나님의 계획은 실패로 돌아갈 것인가?

하나님 나라의 종말을 고하는 것인가?

6. 회개와 새 언약을 주심

분열왕국은 하나님을 떠난 우상 숭배와 사회에 만연한 죄악으로 인해 앗수르와 바벨론에 의해 멸망당했다. 이것은 하나님의 선포였다. 앗수르는 이스라엘을 향한 하나님의 "진노의 막대기요 그 손의 몽둥이는 내 분노"였다(사 10:5). 하나님은 북이스라엘이 앗수르에 정복당한 이유(왕하 17:7-23)를 말씀하셨다.

> ⁷이 일은 이스라엘 자손이 자기를 애굽 땅에서 인도하여 내사 애굽의 왕 바로의 손에서 벗어나게 하신 그 하나님 여호와께 죄를 범하고 또 다른 신들을 경외하며 ⁸여호와께서 이스라엘 자손 앞에서 쫓아내신 이방 사람의 규례와 이스라엘 여러 왕이 세운 율례를 행하였음이라 (왕하 17:7-8).

선지자 이사야는 북이스라엘이 범죄하여 앗수르에 포로가 될 것과(사 8:4; 10:5, 24; 11:11; 43:14) 바벨론에 멸망당할 것을 선포했다. 이사야는 히스기야에게 선포했다.

> 보라 날이 이르리니 네 집에 있는 모든 소유와 네 조상들이 오늘까지 쌓아 둔 것이 모두 바벨론으로 옮긴 바 되고 남을 것이 없으리라 여호와의 말이니라(사 39:6).

예레미야도 바벨론에 멸망당할 것을 선포했다(렘 20:4; 21:1; 22:25). 그렇다면, 하나님의 나라로 부르신 이스라엘은 끝날 것인가?

아니다. 하나님은 놀라운 회복의 메시지를 선포하셨다(렘 25:11-13; 29:10). 다니엘은 다리오 왕 통치 원년에 예레미야서를 읽다가 이 사실을 깨닫고 기도했다(단 9:2). 70년 만에 고국으로 돌아오리라는 하나님의 약속은 페르시아 왕 고레스에 의해 성취되었다.

> ²¹이에 토지가 황폐하여 땅이 안식년을 누림같이 안식하여 칠십 년을 지냈으니 여호와께서 예레미야의 입으로 하신 말씀이 이루어졌더라 ²²바사의 고레스 왕 원년에 여호와께서 예레미야의 입으로 하신 말씀을 이루시려고 여호와께서 바사의 고레스 왕의 마음을 감동시키시매 그가 온 나라에 공포도 하고 조서도 내려 이르되 ²³바사 왕 고레스가 이같이 말하노니 하늘의 신 여호와께서 세상 만국을 내게 주셨고 나에게 명령하여 유다 예루살렘에 성전을 건축하라 하셨나니 너희 중에 그의 백성된 자는 다 올라갈지어다 너희 하나님 여호와께서 함께 하시기를 원하노라 하였더라(대하 36:21-13).

> ¹바사 왕 고레스 원년에 여호와께서 예레미야의 입을 통하여 하신 말씀을 이루게 하시려고 바사 왕 고레스의 마음을 감동시키시매 그가 온 나라에 공포도 하고 조서도 내려 이르되 ²바사 왕 고레스는 말하노니 하늘의 하나님 여호와께서 세상 모든 나라를 내게 주셨고 나에게

명령하사 유다 예루살렘에 성전을 건축하라 하셨나니(스 1:1-2).

여호와는 선지자들을 통해 포로된 자들이 새로 돌아올 때 회복할 것을 약속하셨다. 에스겔에게 먼저 파괴된 예루살렘 성전이 영적으로 회복되는 환상을 주셨다(겔 47:1-12). 성전에서 흘러나오는 물로 인해 죽은 바다인 염해(the Salt Sea)가 생명이 숨 쉬는 생명수로 변할 것(겔 47:8), 마른 뼈들이 살아난 것처럼 이스라엘은 회복할 것(겔 37:1-11), 다윗의 씨로 오시는 메시아로 이스라엘을 회복시킬 것이다(사 7:13-14; 11:1). 메시아는 공의로운 세상, 아름다운 평화가 임하게 할 것이다(사 11:3-8).

이사야 선지자는 포로생활로부터 귀환을 종(the Servant)으로 오시는 메시아와 연결한다. 네 가지 종의 노래(사 42:1-4; 49:1-6; 50:4-9; 52:13-53:12)[12]에서 여호와의 종으로 오시는 메시아는 이 땅 가운데 고통과 아픔을 겪는 사람들에게 희망과 치유, 구원해 주실 것이다. 메시아는 참된 목자로 오실 것이다(사 40:11). 예수님은 자신이 선한 목자라 하셨다(요 10:11, 14). 호세아 선지자는 죄악으로 가득한 이스라엘에게 선포했다.

> [1]오라 우리가 여호와께로 돌아가자 여호와께서 우리를 찢으셨으나 도로 낫게 하실 것이요 우리를 치셨으나 싸매어 주실 것임이라 [2]여호와께서 이틀 후에 우리를 살리시며 셋째 날에 우리를 일으키시리니 우리가 그의 앞에서 살리라 [3]그러므로 우리가 여호와를 알자 힘써 여호와를 알자 그의 나타나심은 새벽 빛같이 어김없나니 비와 같이, 땅을 적시는 늦은 비와 같이 우리에게 임하시리라 하니라(호 6:1-3).

---

12 윌리엄 J. 덤브렐, 『언약 신학과 종말론』, p. 140.

이사야는 다윗의 후손으로 오실 메시아 때에 "물이 바다를 덮음같이 여호와를 아는 지식이 세상에 충만할 것임이니라" 하고 예언했다(사 11:11). 말씀으로 오신 예수님에 대해 요한은 "우리가 그의 영광을 보니 아버지의 독생자의 영광이요 은혜와 진리가 충만하더라" 하고 선포했다(요 1:14). 예레미야는 회복의 날에 "보라 날이 이르리니 내가 이스라엘 집과 유다 집에 새 언약을 맺으리라" 하고 선포했다(렘 31:31).

새 언약은 "내가 나의 법을 그들의 속에 두며 그들의 마음에 기록하여 나는 그들의 하나님이 되고 그들은 내 백성이 될 것이라"는 여호와의 말씀이었다(렘 31:33). 메시아는 언약을 새롭게 하며 이방의 빛이 되고 "네가 눈먼 자들의 눈을 밝히며 갇힌 자를 감옥에서 이끌어 내며 흑암에 앉은 자를 감방에서 나오게" 할 것이다(사 43:6-7). 그리고 아름다운 회복의 땅이 이루어질 것이다(사 60-66장).

7. 예수: 하나님 나라의 임함

사도 바울은 선포했다.

> ⁴때가 차매 하나님이 그 아들을 보내사 여자에게서 나게 하시고 율법 아래에 나게 하신 것은 ⁵율법 아래에 있는 자들을 속량하시고 우리로 아들의 명분을 얻게 하려 하심이라 ⁶너희가 아들이므로 하나님이 그 아들의 영을 우리 마음 가운데 보내사 아빠 아버지라 부르게 하셨느니라(갈 4:4-6).

여인의 후손으로 오시며, 다윗의 후손으로 오는 고대하던 메시아가 바로 예수 그리스도였다. 마태는 유대인들에게 보내는 복음서 시작을 "아브라함과 다윗의 자손 예수 그리스도/메시아의 계보라"(마 1:1), 마가는 "하나님의 아들 예수 그리스도/메시아의 복음의 시작이라"라는 말로 복음서를 시작했다(막 1:1). 메시아가 올 때 "너희는 광야에서 여호와의 길을 예비하라 사막에서 우리 하나님의 대로를 평탄하게 하라"(사 40:2)는 이사야의 예언이 성취되어야 했다. 마태와 마가는 그 성취가 광야에서 회개의 메시지를 선포한 세례 요한이라 말한다.

> ¹그때에 세례 요한이 이르러 유대 광야에서 전파하여 말하되 ²회개하라 천국이 가까이 왔느니라 하였으니 ³그는 선지자 이사야를 통하여 말씀하신 자라 일렀으되 광야에 외치는 자의 소리가 있어 이르되 너희는 주의 길을 준비하라 그가 오실 길을 곧게 하라 하였느니라 (마 3:1-3; 참고 막 1:2-8).

세례 요한이 준비한 길로 예수님은 걸어 오셨다. 예수님은 요단강에서 세례 요한에게 세례를 받고(마 3:13-15; 막 1:9), 하나님의 아들로 인정을 받아(마 3:16-17; 막 1:10-11) 성령에게 이끌려 광야에서 사탄의 시험/유혹을 받았지만 승리하셨다(마 4:1-12; 막 1:12-13). 이후 갈릴리에서 하나님의 복음을 전하기 시작하셨다. 메시아의 첫 말씀은 "때가 찼고 하나님의 나라가 가까이 왔으니 회개하고 복음을 믿으라"였다(막 1:14-15). 메시아는 온전한 하나님의 나라를 세우기 위해 오셨다.

그러나 유대인들은 포로귀환 이후 400년의 신구약 중간기를 거치면서 변질된 메시아를 기대하고 있었다.

첫째, 유대인들은 정치적 회복에 대한 소망으로 메시아가 주도하는 군

사 행동에 의해 로마 제국으로부터 독립을 소망하고 있었다.[13]

둘째, 특별히 바리새인들 사이에 만연된 거룩한 국가 공동체에 대한 이상이었다. 바리새인들은 철저한 율법 준수를 통해 하나님 나라 백성으로 살아가면서 하나님께서 그의 메시아를 보내서 그들을 높이실 것을 확신하고 있었다.

셋째, 묵시적 소망으로 하나님께서 영원한 나라를 세우기 위해 구름을 타고 영광중에 임하시는 인자에 대한 소망이었다(단 7:13-14).[14] A.D. 1세기 당시 유대인들은 변질된 정치적 메시아를 기대했다.

그러나 예수님은 하나님의 참된 메시아로 오셨다. 로마의 압제에서 해방하는 메시아가 아니라 죄인들을 구원하며, 성전을 회복하며, 치유와 자유를 주며, 예배를 회복시키는 메시아이다. 그러기 위해 메시아 예수는 하나님의 말씀을 가르치며(특별히 하나님 나라), 병든자를 치유하시고, 더러운 귀신을 쫓아내는 공생애 3대 사역을 감당하셨다. 예수께서는 승천하기 전까지 하나님의 나라의 일을 가르치셨다.

> 예수께서 온 갈릴리에 두루 다니사 그들의 회당에서 가르치시며 천국 복음을 전파하시며 백성 중의 모든 병과 모든 약한 것을 고치시니 (마 4:23).

> 그가 고난받으신 후에 또한 그들에게 확실한 많은 증거로 친히 살아

---

13 예수님은 유대인들이 기대하는 "정치적 메시아"를 철저히 거절하셨다. "그 사람들이 예수께서 행하신 이 표적을 보고 말하되 이는 참으로 세상에 오실 그 선지자라 하더라 그러므로 예수께서 그들이 와서 자기를 억지로 붙들어 임금으로 삼으려는 줄 아시고 다시 혼자 산으로 떠나 가시니라"(요 6:14-15).

14 존 브라이트, 『하나님의 나라』, 김인환 역 (서울: 크리스챤다이제스트, 1997), pp. 236-237.

> 계심을 나타내사 사십 일 동안 그들에게 보이시며 하나님 나라의 일
> 을 말씀하시니라(행 1:3).

예수께서 전하는 하나님의 나라는 하나님의 통치였다. 그래서 눈에 보이는 것이 아니다. 하나님을 믿으면 하나님의 백성이 되고, 하나님의 통치를 받는 것이다. 이 때문에 예수님은 하나님의 나라를 "여기 있다 저기 있다고도 못하리니 하나님의 나라는 너희 안에 있느니라"고 말씀하셨다(눅 17:21).

세례 요한은 감옥에서 제자들을 보내 예수께 "오실 그이가 당신이오니이까 우리가 다른 이를 기다리오리이까"라고 물었다(마 11:3). 예수님은 "내가 메시아다"라 하지 않으셨다. 대신 "맹인이 보며 못 걷는 사람이 걸으며 나병환자가 깨끗함을 받으며 못 듣는 자가 들으며 죽은 자가 살아나며 가난한 자에게 복음이 전파된다 하라"고 말씀하셨다(마 11:5).

이 말씀은 오실 메시아가 할 사역이었다(사 43:4-7). 예레미야의 새 언약은 예수께서 자신의 몸과 피를 주시는 새 언약을 통해 이루셨다(막 14:24-25). 죄 때문에 하나님과 단절되었던 사람들은 예수님의 십자가의 피로 화평을 이루었다(골 1:20). 예수님은 하나님을 아버지라 부르심으로(마 11:25-27; 26:42; 막 14:36; 눅 10:21-22; 23:34, 36; 요 11:41; 17:1) "너희는 다시 무서워하는 종의 영을 받지 아니하고 양자의 영을 받았으므로 우리가 아빠 아버지라고 부르짖느니라"고 하셨다(롬 8:15).

예수님의 오병이어(五餠二魚)와 칠병이어(七餠二魚)의 기적은 하나님의 구체적인 통치를 표현한다.

> 하나님의 통치는 메시아적 잔치의 형태를 가지며 굶주린 자들을 그
> 들의 필요에 따라 배불리 먹이는 것이다. 마치 모세가 광야에서 하나

님의 기적을 통해 제공되는 사건과 같다(출 16:4; 요 6:31).[15]

빌립보 가이사랴에서 제자들에게 "너희는 나를 누구라 하느냐"라는 질문에서 베드로는 "주는 그리스도/메시아시니이다"라고 대답했다(막 8:28-29). 베드로는 예수님을 메시아라고 인식했다. 예수님은 곧 바로 이사야의 고난의 종으로서, 메시아의 참된 사명인 "인자가 많은 고난을 받고 장로들과 대제사장들과 서기관들에게 버린 바 되어 죽임을 당하고 사흘 만에 살아나야 할 것"을 가르치셨다(막 8:31).

이후 변화산 사건에서 엘리야와 모세와 함께 있었다. 마침 구름이 와서 그들을 덮으면서 구름 속에서 "내 사랑하는 아들이니 너희는 그의 말을 들으라"는 하나님의 음성이 들렸다(막 9:7). 시내산에서 구름 가운데 하나님께서 모세에게 율법을 주셨듯이 변화산에서 하나님은 구름 가운데서 예수님을 메시아로 인정하셨다. 그리고 예수님은 곧바로 이 사실을 "인자가 죽은 자 가운데서 살아날 때까지는 본 것을 아무에게도 이르지 말라"고 경고하셨다(막 9:9). 예수께서 메시아인 이유이다.

예수님은 그의 죽으심으로 새 언약과 "너희 가운데 네 형제 중에서 너를 위하여 나와 같은 선지자 하나를 일으키시리니"(신 18:15)라는 예언의 성취자였다. 제자들은 "서기관들이 엘리야가 먼저 와야 하리라 하나이까"라 물었다(막 9:11). 예수님은 "엘리야가 과연 먼저 와서 모든 것을 회복하거니와 어찌 인자에 대하여 기록하기를 많은 고난을 받고 멸시를 당하리라"고 말씀하셨다(막 9:12). 먼저 올 엘리야는 세례 요한이었으며, 예수님은 십자가의 고난과 죽음과 부활로 고난받는 종으로 오시는 메시아 예언을 성취하셨다.

---

15 양용의, 『하나님의 나라 어떻게 이해할 것인가』, p. 194.

8. 초대 교회의 선포의 중심 메시아

승천하신 예수님의 명령대로(행 1:4-5) 사도들과 함께 모인 사람들은 오순절 날 함께 모여 성령을 기다렸다. 그리고 그들은 성령의 임하심과 충만함으로 받았다(행 2:1-4). 베드로는 빌립보 가이사랴에서 예수님은 그리스도/메시아라 고백했었다(마 16:16). 십자가에 죽으시고 부활하신 예수님을 체험한 베드로, 그의 고백은 진정한 믿음으로 고백으로, 사실의 고백으로 변했다. 그리고 오순절 성령 체험 이후 성령에 충만해 담대히 예수께서 구약에 예언되었던 메시아/그리스도이심을 전하기 시작했다.

> ³¹미리 본 고로 그리스도의 부활을 말하되 그가 음부에 버림이 되지 않고 그의 육신이 썩음을 당하지 아니하시리라 하더니 ³²이 예수를 하나님이 살리신지라 우리가 다 이 일에 증인이로다(행 2:31-32).

베드로는 계속해서 "너희가 십자가에 못 박은 이 예수를 하나님이 주와 그리스도가 되게 하셨느니라" 하고 선포했다(행 2:36). 사도들은 "…날마다 성전에 있든지 집에 있든지 예수는 그리스도라고 가르치기와 전도하기를 그치지" 않았다(행 5:42). 스데반은 "너희 조상들이 선지자들 중의 누구를 박해하지 아니하였느냐 의인이 오시리라 예고한 자들을 그들이 죽였고 이제 너희는 그 의인을 잡아 준 자요 살인한 자가 되나니"라고 선포했다(행 7:52). 빌립도 사마리아 수가 성 여인 때문에 예수께서 그리스도/메시아로 믿게 된 사마리아 성(요 4:29-42)에 가서 그리스도/메시아를 전파했다(행 8:5).

사도 바울은 예수님을 어떻게 이해했을까?

다메섹에서 부활하신 예수님을 만난 사울/바울은 유대인들이 기대하던 메시아가 바로 예수님이라고 굳게 믿었다. 사울은 곧바로 각 회당에서 예수께서 하나님의 아들이심을 전파했다(행 9:20). 그리고 "사울은 힘을 더 얻어 예수를 그리스도라 증언하여 다메섹에 사는 유대인들을 당혹하게" 하였다(행 9:22). 사울은 바울이라는 이름으로 로마 제국을 두루 다니며 예수 그리스도의 복음을 전했다. 바울이 전한 복음의 핵심은 예수께서 그리스도/메시아라는 진리였다.

바울은 교회들에게 보내는 서신서에서 예수께서 그리스도/메시아라는 진리를 전했다. 바울은 세계 각국에 예수를 선포하도록 초대 교회에 요청했다. 그러나 이제 이스라엘에 제한된 메시아가 아니라 이스라엘을 초월하는 메시아였다.[16] 바울은 예수님을 메시아로 소개했다.

> ³… 육신으로는 다윗의 혈통에서 나셨고 ⁴성결의 영으로는 죽은 자들 가운데서 부활하사 능력으로 하나님의 아들로 선포되셨으니 곧 우리 주 예수 그리스도시니라(롬 1:3-4).

바울은 부활의 예수께서 새로운 창조(고후 5:17), 잠자는 자들의 첫 열매(고전 15:20), 새 아담으로 살아 있는 영을 주시는 분(고전 15:45), 부활하사 하나님의 아들로 인정(롬 1:4), 하나님의 능력으로 모든 피조물을 다스리는 분(빌 2:10-11; 골 1:15-20)으로 믿었다. 그래서 모든 그리스도인들은 성령으로 "예수는 주님"이라고 고백할 수 있다(고전 12:1-3). 또한 최후의 만찬으로 피와 살을 통해 새 언약을 이루셨다(고전 11:23-27). 이사야의 예언처럼 예수님은 평강의 원천이다(롬 1:7; 5:1; 16:20). 그리고 다니엘의 인자 예언처럼(7:13) 재림하시는 예수님은 구름 사이에서 오실 것이다(살전 4:16-17). 예수는 메시아이다.

---

16 루크 티머시 존슨, 『살아있는 예수』 손혜숙 역, (서울: 청림출판사, 2012), p. 138.

참고문헌

국내 도서

김세윤. 『"그 '사람의 아들'"(人子)-하나님의 아들』. 홍성희·정태엽 공역. 서울: 도서출판 엠마오, 2002.

_____. 『바울복음의 기원』. 홍성희 역. 서울: 도서출판 엠마오, 1996.

김영진. 『이스라엘의 구원자, 야웨』. 서울: 이레서원, 2007.

박용규. 『초대 교회사』. 서울: 총신대학교출판부, 1998.

송병현. 『다니엘 어떻게 설교할 것인가』. 목회와신학 편집부 엮음. 서울: 두란노 아카데미, 2009.

양용의. 『하나님의 나라 어떻게 이해할 것인가』. 서울: 성서유니온선교회, 2005.

임미영. 『고고학으로 읽는 성경』. 서울: CLC, 2016.

조병호. 『성경과 고대전쟁』. 서울: 통독원, 2012.

한민수. 『하나님의 구원역사 창세기』. 서울: 도서출판 그리심, 2011.

번역 도서

거스리, 도날드. 『그리스도, 그리스도의 사역』. 이중수 역. 서울: 성서유니온, 1997.

고먼, 마이클.『삶으로 담아내는 십자가: 십자가 신학과 영성』. 박규태 역. 서울: 새물결플러스, 2010.

고펠트, 레온하르트.『신약신학 I 』. 박문재 역. 서울: 크리스챤다이제스트, 2000.

골딩게이, 존 E.『WBC. 다니엘』. 채천석 역. 서울: 솔로몬, 2008.

그래비, 레스터 L.『고대 이스라엘 역사』. 류광현 · 김성천 옮김. 서울: CLC, 2012.

덤브렐, 윌리엄 J.『언약 신학과 종말론』. 장세훈 옮김. 서울: CLC, 2003.

라이트, N. T.『하나님의 아들의 부활』. 박문재 역. 서울: 크리스챤다이제스트, 2005.

래드, G. E.『신약신학』. 이창우 옮김. 서울: 성광문화사, 1992.

레이니. 앤손 F · R. 스티븐 나틀리.『성경 역사, 지리학, 고고학 아틀라스』. 강성열 역. 서울: 이레서원, 2010.

마샬, I. 하워드.『신약 기독론의 기원』. 배용덕 옮김. 서울: CLC, 1999.

마틴. 제임스 C. 존 A. 벡. 데이비드 G. 핸슨.『성경 사건 비주얼 가이드』. 류공석 외 7인 공역. 서울: 따뜻한 세상, 2012.

맥그래스, 앨리스터.『한 권으로 읽는 기독교』. 황을호 · 전의우 공역. 서울: 생명의말씀사, 2017.

벌코프, 루이스.『조직신학 하』. 권수경 · 이상원 공역. 서울: 크리스챤다이제스트, 1994.

베일리, 케네스 E.『중동의 눈으로 본 예수』. 박규태 역. 서울: 새물결플러스, 2016.

보몬트, 마이크.『All That Bible』. 홍종락 역. 서울: 복있는 사람, 2013.

보스, 게르할더.『예수의 자기계시』. 이승구 역. 서울: 엠마오, 1991.

브라이트, 존.『하나님의 나라』. 김인환 역. 서울: 크리스챤다이제스트, 1997.

브루스, F. F.『구약사』. 유행열 옮김. 서울: CLC, 1993.

_____.『바울신학』. 정원태 옮김. 서울: CLC, 1987.

브리스코, 토마스 V. 『두란노 성서지도』. 강사문 외 9인 공역. 서울: 두란노, 2008.
비일, 그레고리 K. 『성전신학』. 서울: 새물결플러스, 2014.
스타인, 로버트. 『메시아 예수』. 황영철 옮김. 서울: IVP, 2001.
스토트, 존. 『그리스도의 십자가』. 정옥배 역. 서울: IVP, 1998.
스프로울, R C. 『모든 사람을 위한 신학』. 조계광 역. 서울: 생명의말씀사, 2015.
아이히로트, 발터. 『구약성서신학 I 』. 박문재 역. 서울: 크리스챤다이제스트, 1998.
어거스틴. 『성 어거스틴 참회록』. 김종웅 역. 고양: 크리스챤다이제스트, 2010.
에릭슨, 밀라드 J. 『종말론』. 이은수 옮김. 서울: CLC, 1994.
요세푸스, F. 『유대 고대사 IV』. 성서자료연구원 역. 서울: 도서출판 달산, 1991.
_____. 『유대 전쟁사 II』. 성서자료연구원 역. 서울: 도서출판 달산, 1991.
웬함, 데이비드. 『바울: 예수의 추종자인가 기독교의 창시자인가?』. 박문재 역. 고양: 크리스챤다이제스트, 2002.
웰즈, 데이비드 F. 『기독론』. 이승구 역. 서울: 도서출판 토라, 2010.
존슨, 루크 티머시. 『살아있는 예수』. 손혜숙 역. 서울: 청림출판사, 2012.
채드윅, 핸리. 『초대 교회사』. 박종숙 역. 서울: 크리스챤다이제스트, 1999.
큄멜, W. G. 『주요증인들에 따른 신약성서신학』. 박창건 역. 서울: 성광문화사, 1985.
클라우니, 에드먼드 P. "마지막 성전." 『구약신학논문집』. 윤영탁 역편. 서울: 성광문화사, 1987.
패커, J. I. 『성경에 나타난 열 일곱 주제의 용어들』. 홍병창 역. 서울: 도서출판 엠마오, 1991.
프로반, 이안. 외 2인. 『이스라엘의 성경적 역사』. 김구원 옮김. 서울: CLC, 2013.
프리처드, 제임스 B. 편집. 『고대 근동 문학 선집』. 강승일 외 5인 옮김. 서울: CLC, 2016.

허타도, 래리.『주 예수 그리스도』. 박규태 역. 서울: 새물결플러스, 2011.
허트, 알프레드 J.『고고학과 구약성경』. 강대홍 역. 서울: 도서출판 미스바, 2003.
헤케, 헤르만.『한 권으로 마스터하는 구약성경』. 차준희 역. 서울: 대한기독교서회, 2013.
호튼, 마이클.『천국 가는 순례자를 위한 조직신학』. 박홍규 역. 서울: 부흥과개혁사, 2015.
홀베르다, 데이브드 E.『예수와 이스라엘』. 류호영 옮김. 서울: CLC, 1999.

논문

김상래.「구약논단」Vol 16. 서울: 한국구약학회, 2004.
김희성. "신약성서의 십자가 이해."「教授論叢」, Vol. 16 No, 2004.
원용국. "십자가 형틀에 대한 고고학적 증거."「학술저널 생수」, Vol.5 No. 1987.

사전

아가페 성경 사전 편찬위원회.『아가페 성경사전』. 서울: 아가페출판사, 1991.

인터넷 싸이트

https://en.wikipedia.org/wiki/Big_History#/media/File:CMB_Timeline75.jpg.
https://en.wikipedia.org/wiki/Big_History#/media/File:Solar_sys.jpg.